Ernst Willkomm

Im Bann und Zauber von Leidenschaft und Wahn, von Ernst und Scherz

Licht- und Nebelbilder. Dritter Band

Ernst Willkomm

Im Bann und Zauber von Leidenschaft und Wahn, von Ernst und Scherz

Licht- und Nebelbilder. Dritter Band

ISBN/EAN: 9783956976001

Auflage: 1

Erscheinungsjahr: 2017

Erscheinungsort: Treuchtlingen, Deutschland

Literaricon Verlag UG (haftungsgeschränkt), Uhlbergstr. 18, 91757 Treuchtlingen. Geschäftsführer: Günther Reiter-Werdin, www.literaricon.de. Dieser Titel ist ein Nachdruck eines historischen Buches. Es musste auf alte Vorlagen zurückgegriffen werden; hieraus zwangsläufig resultierende Qualitätsverluste bitten wir zu entschuldigen.

Printed in Germany

Cover: Pierr August Renoir, Coucher de soleil à Douarnenez, 1883

Im Bann und Zauber

von Leidenschaft und Wahn, von Ernst und Scherz.

Licht- und Nebelbilder

von

Ernst Willkomm.

Dritter Band.

Leipzig.
Theodor Thomas.
1862.

Inhalt.

Ein unheimlicher Mann.

Es gibt mehr Ding' im Himmel und auf Erden,
Als Eure Schulweisheit sich träumt.
Shakespeare.

1.

Eine Denunciation.

Das Motto, welches wir unserer Erzählung vorgesetzt haben, wird sich trotz aller Fortschritte der Wissenschaften doch immer bewahrheiten. Die Geheimnisse der Natur sind so mannigfach wie unergründlich, und wie sehr wir uns bemühen mögen, ihre Gesetze zu erforschen, es wird immer ein Rest übrig bleiben, der sich auch dem feinsten Scharfsinne verschließt. In der Geschichte, die unserer Erzählung zu Grunde liegt, ist nichts als die Einkleidung erfunden. Der innerste Kern derselben beruht auf Thatsachen. Diese Thatsachen lassen sich ebensowenig erklären als verläugnen, und eben deshalb müssen wir unsere Leser bitten, sich nur an das Thatsächliche zu halten. Diejenigen, welche nur das für möglich halten, was sie sehen, hören und greifen können, werden darüber lachen, alle Andern können Stoff zum Nachdenken und Forschen daraus schöpfen. —

Wenige Stunden von den Küsten der Nordsee entfernt liegt auf rostbrauner Haidefläche ein altes, verwittertes Schloß, die Moosburg. Die beiden platten Thürme, die es flankiren, ebenso das steile, spitze Dach des Mittelgebäudes sind stundenweit sichtbar; denn in einer Ausdehnung von mehreren Meilen umringen die Moosburg nur wenig angebaute Haidestrecken, die mit ergiebigen Torfmooren abwechseln. Eigentliche Dörfer sind auf diesen Haiden nicht entstanden, wohl aber liegen auf den trockenen Erhebungen zwischen den Mooren viele einzelne Höfe und kleinere Wohnungen zerstreut. Gegen die Küste hin erblickt man eine Reihe Windmühlen, deren mit Segeltuch überspannten Flügel bei sonnigem Wetter einen eigenthümlich freundlichen Anblick in der sonst ungewöhnlich tristen Landschaft gewähren.

Ungefähr eine Viertelstunde von Moosburg nach der Seeseite zu erhebt sich auf niedrigem Hügel eine plump geformte Kirche mit einem sehr weitläufigen Kirchhofe, der mit seinen verfallenen Gräbern, schief stehenden und eingesunkenen Kreuzen überaus verwildert aussieht. Niedrige Haselnußsträucher und einige Linden stehen zerstreut und in unregelmäßigen Zwischenräumen von einander an der zerbröckelnden, hie und da schon ganz eingestürzten Mauer. Quer über diesen Kirchhof läuft zwischen Kreuzen und Gräbern ein Fußsteig fort, der auch an dem etwas seitwärts gelegenen Pfarrhause vorüberführt, später die Erdumwallung des alten Schlosses berührt und hinter dieser sich in verschiedene schmale Steige spaltet, die nach den zwischen Haide und Moor zerstreut liegenden Höfen und Häusern geleiten.

Bald nach Beendigung der Kriege, welche der Weltherrschaft des gallischen Imperators ein Ende machten, starb der Herr von Moosburg. Er hatte nur ein Alter von einigen fünfzig Jahren erreicht. Die Herrschaft, deren größter Reichthum die ergiebigen Torfmoore waren, zu denen weiter einwärts sich auch noch einige Dörfer mit recht wohlhabenden Einwohnern gesellten, fiel den beiden hinterlassenen Kindern desselben, einem bereits majorennen Sohne Adalbert und einer etwas jüngeren Schwester Beatrix zu. Die Mutter Beider war noch während der Feldzüge gestorben, welche der Herr von Moosburg als Oberst mitmachte. Einige schwere Wunden und die unablässigen Strapazen eines langen Lebens im Felde hatten seine Gesundheit geschwächt, die schon im ersten Jahre eingetretener Ruhe ganz zusammenbrach und die Leiden des Kränkelnden unerwartet schnell endigte.

Mit dem Obersten zugleich traf auf Moosburg ein

gewaltig kriegerisch aussehender Mann ein, der gern sprach, unglaubliche Geschichten unter zahlreichen Flüchen erzählte, im Ganzen aber sehr friedliebend war. Der Herr von Moosburg war diesem Manne zu Dank verpflichtet, denn ihm hatte er nach einer blutigen Schlacht seine Errettung aus Feindes Hand und seine spätere Genesung vorzugsweise zu verdanken. Borstendorn nahm als Regimentschirurgus zugleich mit dem Oberst seinen Abschied, und dieser versprach demselben zum Dank für die ihm geleisteten Dienste eine Versorgung als Arzt auf seiner beträchtlichen, nur freilich nicht gerade sehr stark bevölkerten Herrschaft. Borstendorn nahm dies Anerbieten seines Gönners dankbar an. Wußte er doch, daß ihn Sorgen für sein ferneres Fortkommen nicht beunruhigen würden; denn gab es unter der Bevölkerung der zu Moosburg gehörenden Dörfer, Höfe und Hütten auch wenig für einen Chirurgus zu thun, so fand der gern sprechende, am liebsten aber bramarbasirende Feldscheer doch jederzeit eine gedeckte Tafel im Schlosse seines Freundes. Auch war der Oberst ein Bewunderer der Kenntnisse Borstendorns. Ihm vertraute er unbedingt, und da er selbst nicht den geringsten Begriff von medicinischen Dingen hatte, fiel es dem gewesenen Regimentschirurgus nicht schwer, dem Oberst jederzeit durch seine Aussprüche zu imponiren.

Einige Monate wohnte dieser Mann im Schlosse selbst, später bezog er ein Haus, das Herr von Moosburg wohnlich für seinen Freund herrichten ließ und das auf halbem Wege zwischen Schloß und Pastorat auf fruchtbarem Boden lag.

Wie sehr sich aber auch Vorstendorn Mühe gab, den Bewohnern der Haiden um das Schloß Respekt vor seinem Wissen einzuflößen, gelingen wollte ihm dies nicht recht. Einmal war die Mehrzahl dieser Leute gelehrten Aerzten überhaupt nicht hold, und für einen solchen gelehrten Arzt galt ihnen der Regimentschirurgus mit seinem fürchterlichen Schnurrbarte; sodann aber fürchteten sich auch viele vor ihm, denn Vorstendorn sprach, begehrte wirklich Jemand seine Hülfe, immer gleich von Beinabschneiden, von Brennen und Vesicatorien, und dem Mann aus dem Volke ist nichts so sehr verhaßt, als gerade das Messer des Chirurgen. Wäre also Vorstendorn auch wirklich ein Ausbund von Gelehrsamkeit gewesen, eine große Praxis würde er unter den Unterthanen der Herrschaft Moosburg sich schwerlich erworben haben.

Noch bei Lebzeiten des Obersten gewahrte dieser, daß während seiner langjährigen Abwesenheit, zum Theil wohl auch mit in Folge der kriegerischen Begebenheiten, viele Mißbräuche und Uebelstände auf seiner Herrschaft sich eingeschlichen hatten. Es that so ziemlich Jeder, was ihm beliebte, ohne sich um die allerdings vorhandenen gesetzlichen Vorschriften zu kümmern. Die Aufrechthaltung derselben lag dem Gerichtsdirector von Moosburg ob, einem alten Manne, der dies einträgliche Amt über ein halbes Jahrhundert bekleidete und nach und nach stumpf geworden war. Lagen nicht sehr arge Vergehen vor, so drückte er gern ein Auge zu. Diese zu weit getriebene Milde förderte aber nicht die Moralität der Unterthanen von Moosburg. Verbrechen aller Art, namentlich gegen das Eigenthum, mehrten sich mit jedem Jahre, und in der letzten Zeit vor der Rückkehr des Obersten aus dem Kriege kamen auch wiederholte Brandstiftungen vor.

Herr von Moosburg war darüber mehr mißmuthig, als aufgebracht. Er machte dem alten stumpfen Gerichtsdirector in polternder Weise Vorwürfe, verlangte künftighin strengere Handhabung der Gesetze, traf aber selbst keine Anstalten, um seine Befehle ausgeführt zu sehen. Es blieb daher Alles beim Alten, und die verrostete Verwaltungsmaschine von Moosburg schnurrte weiter, ohne daß es besser oder schlechter ward.

Da starb der Oberst und sein Sohn Adalbert trat das Regiment an. Adalbert von Moosburg war ein aufgeweckter, feuriger junger Herr, der während des Vaters Kriegszügen den Studien obgelegen hatte und später auf Reisen gegangen war, um fremde Länder, Menschen und Sitten kennen zu lernen. Ihm hatte die schlotterige Verwaltung der bedeutenden Herrschaft, die ihm und seiner Schwester dereinst als Erbe zufallen mußte, schon längst nicht behagt, allein aus Pietät gegen gealterte Beamte, die ihn als Kind auf den Knieen gewiegt und denen er persönlich ihrer trefflichen Eigenschaften wegen zugethan war, mochte er mit offenen Klagen nicht gegen sie auftreten. Er hoffte, die Heimkehr des Vaters, den er als energischen Charakter kannte, werde bald durchgreifende Aenderungen nach sich ziehen. Daß dies nicht geschah, weil der früh gealterte Oberst das Bedürfniß nach Ruhe fühlte und unerquicklichen Aufregungen jetzt gern aus dem Wege ging, betrübte Adalbert. Dennoch schwieg er, der Zeit und ihrer heilenden Kraft vertrauend. Im Stillen aber traf er Vorkehrungen, von denen er sich bedeutende Vortheile versprach. Milden Vorstellungen, glaubte Adalbert, werde es gelingen, den Vater von der Nothwendigkeit zu überzeugen, die bedeutenderen Stellen auf Moosburg mit jungen und thatkräftigen Männern zu besetzen. Gelang ihm dies, so ließ sich der eingerissene Schlendrian in nicht gar langer Zeit beseitigen, und da die Gesammtheit der Moosburger Einwohner für gut geartet und leicht lenksam gelten konnte, war durch eine kleine Verzögerung im Grunde nichts versäumt. Der Tod des Obersten überhob Adalbert dieses zögernden Vorgehens. Als gebietender Herr von Moosburg durfte er frei handeln und mit größerer Entschiedenheit auftreten. Ungerecht oder undankbar aber mochte er sich nicht zeigen. Deshalb setzte er die wenig brauchbaren Beamten mit Pension in den Ruhestand und rief nun diejenigen Männer herbei, denen er vertrauen durfte und von deren Tüchtigkeit er vollkommen überzeugt war.

Nur den Regimentschirurgus mußte Adalbert in seiner Stellung lassen. Er hatte dies seinem Vater auf dem Sterbebette gelobt. Gleichzeitig nahm der Oberst ihm auch das Versprechen ab, so lange Borstendorn am Leben und rüstig bleibe, die Niederlassung eines andern praktischen Arztes auf der Herrschaft Moosburg nicht zu dulden.

Adalbert glaubte diesen letzten Wunsch des Sterbenden wohl erfüllen zu können, da es nicht denkbar war, daß ein kenntnißreicher Arzt Lust bezeigen würde, in einer Gegend sich niederzulassen, wo es so wenig für Aerzte zu thun gab. Ohnehin war die Zahl der Quacksalber, denen das Volk Vertrauen schenkte, nicht ganz unbedeutend, und mehr als Einer dieser selbstwüchsigen unbefugten Landdoctoren stand in hohem Ansehen.

Die wichtigste Stelle auf Moosburg war unstreitig die des Gerichtsdirectors. Von dem Charakter des Mannes, dem dieses Amt übertragen wurde, hing das Wohl der ganzen Herrschaft ab. Adalbert berief deshalb einen Studienfreund, von dessen juristischen Kenntnissen er eine eben so hohe Meinung hatte, als von seinem Beruf zum Richter, nach Moosburg und wies ihn hier als Gerichtsdirector ein.

Gonthal war wenige Jahre älter als der junge Herr von Moosburg, geraden offenen Charakters, aber mehr still als beredt. Er beobachtete gern und liebte es, sich in neue Verhältnisse erst einzuleben, ehe er durch sein Handeln bestimmend in dieselben eingriff. Eine Wohnung ward dem neuen Gerichtsdirector im Schlosse angewiesen. Es war dies besonders für Adalbert angenehm, der jederzeit mit seinem ersten Beamten in wichtigen und unwichtigen Dingen Rücksprache nehmen und ihm überhaupt die zur Kenntniß der Verhältnisse erforderlichen Instructionen und Winke ertheilen konnte.

In den ersten Tagen nach Gonthals Ankunft waren die beiden befreundeten Männer fast immer beisammen, und der neue Gerichtsdirector erhielt bei seinem Scharfblick und seiner Routine alsbald die gewünschte Uebersicht, so daß Adalbert mit vollem Vertrauen der Zukunft entgegensehen durfte.

Mit seinem Vorgänger, der eine Wohnung außerhalb des Schlosses bezogen hatte, traf Gonthal nicht zusammen, auch Klagende hatten sich während dieser Zeit nicht gemeldet. Er fand also vollkommen Zeit, das Feld seiner zukünftigen Wirksamkeit zu überblicken.

Unter den Ersten, welche Gonthal in rein geschäftlichen Angelegenheiten zu sprechen begehrten, fand sich auch der bramarbasirende Regimentschirurgus auf dem Bureau des Gerichtsdirectors ein. Mit diesem Manne war Gonthal schon mehrmals des Abends zusammengetroffen, da Adalbert die Gewohnheit seines verstorbenen Vaters beibehielt und Vorstendorn fast täglich zu Tische lud. Der gern erzählende und an seinen Aufschneidereien sich offenbar selbst ergötzende Chirurg unterhielt den Gerichtsdirector. Er erzählte nicht übel, und hätte er sich jeder Uebertreibung enthalten, so wäre aus seinen Mittheilungen sogar Manches zu lernen gewesen. So aber wußte man Wahres vom Falschen schwer zu unterscheiden, und man that unter allen Umständen am Besten, so wenig wie möglich zu glauben.

Die Feierlichkeit und Förmlichkeit des Eintrittes Vorstendorns ließ Gonthal vermuthen, daß er irgend ein geschäftliches Anliegen haben müsse. Er nahm deshalb selbst ebenfalls die Amtsmiene an und fragte den Chirurgus nach der Veranlassung seines Besuches.

„Ich komme, um schwere, begründete Klage zu erheben, Herr Gerichtsdirector,“ hob Vorstendorn an, „Klage wegen Beeinträchtigung in meinem Berufe. Man respectirt mich nicht, man wendet sich von mir ab, man gibt sich Leuten in die Hände, die keine wissenschaftlichen Kenntnisse besitzen. Dem muß gesteuert werden, oder die Unordnung, die leider in sehr vielen Dingen auf Moosburg eingerissen ist, wächst uns Allen über den Kopf!“

Gonthal ersuchte den, wie es den Anschein hatte, höchlichst indignirten Chirurgus, seine Klage genau zu formuliren, damit er erfahre, um was es sich handle und ob die Angelegenheit überhaupt vor sein Forum gehöre.

In Folge dieser Aufforderung machte Vorstendorn dem Gerichtsdirector folgende Mittheilung:

„Eine gute halbe Stunde von Moosburg, auf dem wüsten Moor, das Sie von der Thurmzinne des Schlosses bis zur weißschimmernden Dünenkette an der Küste übersehen können, wohnt ein Mann, Namens Simon Habermann. Es ist ein widerwärtiger Geselle, groß wie ein Riese und hager wie ein Gerippe, das dumme Volk aber auf Haide und Moor verehrt ihn wie einen Heiligen. Diesen Mann, Herr Gerichtsdirector, müssen Sie unschädlich machen.“

Gonthal sah aus diesen Worten schon wieder die Irrlichter Vorstendorn'scher Selbsttäuschung blitzen.

Er schlug die Arme übereinander und fragte mit leichtem Lächeln den Denuncianten, was der ihm völlig unbekannte Mann verbrochen habe?

„Dieser Mensch erlaubt sich, Vieh und Menschen zu kuriren," erwiderte der Chirurgus, „und kann doch kaum lesen! Er ist unwissend wie ein Indianer, aber eingebildet, als sei er einer der Weisen Griechenlands!"

„Er spielt also den Arzt?"

„Doctor und Apotheker und Chirurg dazu! Kann und darf nicht geduldet werden!"

„Können Sie Beweise für Ihre Behauptung beibringen?"

„Wenn Sie wünschen, die Menge! Ich habe schlechterdings nichts zu thun und müßte verhungern ohne die Großmuth des Herrn von Moosburg."

„Was für Krankheiten heilt denn Ihr — wie hieß er doch?"

„Simon Habermann — das Volk nennt ihn Simon vom Moor, weil seine halb verfallene Hütte ganz einsam zwischen den Moortümpeln steht. Es friert Einen schon von weitem."

„Ich erinnere mich, das einsame Haus gesehen zu haben. Was aber heilt Simon Habermann?"

„Alles, Herr Gerichtsdirector, innerliche Krankheiten und äußerliche Schäden, was aber das Allerschlimmste ist, er macht seine Kuren ganz gegen die Gesetze der Wissenschaft und der Natur."

„Dann thut er wohl gar Wunder?"

„Das dumme Volk sieht leider in diesem Schalke einen Wunderdoctor!"

„Hat Ihnen Simon Habermann wirklich ärztlicher Hülfe Bedürftige abspänstig gemacht?"

„Nicht einen, ein ganzes Dutzend und mehr! Verrenkt sich Einer den Fuß, so läßt er sich nach dem Moor bringen; bricht Einer einen Arm, Simon Habermann muß ihn durch bloßes Anblasen wieder ganz machen; stürzt sich Einer ein Loch in den Kopf, tief wie ein Ziehbrunnen, ein Brummen Simons vom Moor kleistert es auf der Stelle zu, und an Schmerzen ist gar nicht zu denken!"

„Das Alles kann der Wundermann?"

„Er sagt's und die Menge glaubt's.

„Und Sie, Herr Regimentschirurgus?"

„Ich erkläre ihn für einen gefährlichen, gesetzwidrigen Charlatan und verlange als wohlbestallter Chirurgus der Herrschaft Moosburg, daß ihm fernerhin sein Quacksalbern verboten, und, falls Simon Habermann gegen sothanes Verbot sündiget, selbiger in harte Strafe genommen wird."

„Waren Sie schon Zeuge einer Heilung Habermanns?"

„Glauben Sie, Herr Gerichtsdirector, ich, der ich auf den Eisfeldern Rußlands Wunder der Chirurgie verrichtet habe und manch erfrorenes Glied, das schon halb abgefallen war, glücklich wieder anheilte mitten unter dem Pfeifen russischer Kugeln, glauben Sie, ich könnte mich so weit erniedrigen, einer Kur dieses schlechten Menschen beizuwohnen?“

„Ich glaube wohl, daß Ihnen dies sehr unangenehm sein muß, Herr Regimentschirurgus,“ versetzte Gonthal, „dennoch werden Sie sich entschließen müssen, dieser Tortur sich zu unterziehen. Die bloße Aussage Anderer, die ich nicht als Sachverständige anerkennen kann, genügt mir nicht, befähigt mich wenigstens nicht, den von Ihnen als so gefährlich bezeichneten Mann in seiner geräuschlos betriebenen Heilkunst zu stören. Nur wenn Sie persönlich Zeuge eines Eingriffes Simons in Ihre Rechte gewesen sein werden und außerdem zuverlässige Zeugen beibringen, welche eidlich zu erhärten bereit sind, daß Simon Habermann unbefugter Weise sich als Arzt gerirt, kann und werde ich ihm dies verbieten, im Wiederholungsfalle ihn auch in angemessene Strafe nehmen.“

Vorstendorn versank in nachdenkliches Schweigen. Dann drehte er seinen martialischen Schnurrbart, rollte grimmig die Augen und sagte mit dem Anschein bitterer Enttäuschung:

„Dumm, sehr dumm! Wenn's aber nicht anders geht, muß man sich ja fügen."

Er traf Anstalt, sich zu entfernen. Plötzlich aber trat er Gonthal noch einmal näher und sprach:

„Den besten Beweis von dieses Charlatans schlimmem Treiben können Sie hier im Schlosse selbst erhalten, Herr Gerichtsdirector."

„Hat Einer von dem Dienstpersonal den Wunderdoctor gebraucht?"

Vorstendorn schüttelte finster den Kopf.

„Das Fräulein selbst," erwiderte er mißbilligend. „Von dem Fräulein erfuhr ich zuerst, daß ein Mensch dieser Art auf der Herrschaft Moosburg sein unheimliches Wesen treibt."

„Hat Simon Habermann dem Fräulein denn Hülfe gebracht?"

„Fräulein Beatrix behauptet es, und darin eben liegt das ganze Unglück!"

Gonthal konnte sich eines Lächelns kaum enthalten. Die Kenntnisse Vorstendorns, der nun einmal das Recht kraft seines ihm verliehenen Titels und der Vergünstigung des verstorbenen Obersten besaß, als Arzt und Chirurgus aufzutreten, flößten dem Gerichtsdirector keinen Respect ein. Aehnlich mochte es Adalbert und dessen Schwester ergehen, und dies schien Gonthal die Hauptursache der Denunciation und der

feindseligen Haltung zu sein, welche der Regimentschirurgus gegen den harmlosen Habermann annahm.

„Bei welcher Gelegenheit hat denn Fräulein Beatrix
die Hülfe des Mannes vom Moor in Anspruch genommen?" fragte der Gerichtsdirector.

„Ich weiß es nicht und will es nicht wissen,"
erwiderte Vorstendorn barsch, „denn ich werde nie zugeben, daß sich mit bloßem Ansehen und Anblasen
böse Schäden und schwere Krankheiten heilen lassen!
Es mag möglich gewesen sein vor alten Zeiten, wo
es noch keine rationelle Heilkunst gab, und die Meisten,
die sich Aerzte schimpfen ließen, zu geheimnißvollen
Dingen ihre Zuflucht nehmen mußten, um irgend eine
Wirkung vor blöden leichtgläubigen Augen zu erzielen.
In unsern aufgeklärten Tagen läßt man sich aber
nicht mehr täuschen."

„Es scheint, Fräulein Beatrix nimmt Ihren Gegner in Schutz," bemerkte Gonthal lächelnd.

„Sie thut es nur, um mich zu ärgern und heftig
zu machen. Eben deshalb will ich dem gnädigen Fräulein zeigen, was Arzneikunst heißt, und was es auf
sich hat, einem wirklich examinirten Arzte gegenüber
zu stehen!"

„Und Herr von Moosburg?" fragte Gonthal.

„Herr von Moosburg lacht," erwiderte der Regimentschirurgus, „dennoch sagt er, ich solle dem Narren

seinen Spaß lassen, wie er sich ausdrückt; das Volk glaube einmal an seine Mittel — gerade wie meine Schwester, pflegt er hinzuzufügen — und solchen Glauben oder Unglauben zu stören, führe nie zu etwas Gutem."

„Weiß Herr von Moosburg um Ihren Entschluß?"

„Ueberraschen wird es ihn nicht, wenn er erfährt, daß ich mit meiner Beschwerde mich an Sie gewandt habe."

„Nun, wir wollen sehen, was sich in der Sache thun läßt, Herr Regimentschirurgus," versetzte Gonthal. „Ich werde jedenfalls Erkundigungen einziehen über den unberufenen Arzt, werde sehen, daß ich ihn selbst sprechen kann. Inzwischen schaffen Sie die nöthigen Beweise herbei und Sie sollen mit der Gerechtigkeitspflege auf Moosburg vollkommen zufrieden sein!" Mit dieser beruhigenden Versicherung entfernte sich Borstendorn, Gonthal aber beschloß, zuvörderst bei seinem Freunde Adalbert Erkundigungen über Simon Habermann einzuziehen und sodann diesen selbst in seiner Hütte aufzusuchen.

2.

Simon vom Moor.

Gonthal wollte sein Vorhaben noch an demselben Tage ausführen, da er häufig Abends mit Adalbert zusammentraf. Für besonders wichtig hielt er zwar das Anliegen des Regimentschirurgus nicht, allein es lag ihm selbst daran, den Mann kennen zu lernen, der sich eines so seltsamen Rufes erfreute und dessen Anhang unter dem Volke so groß war, daß er unmöglich auf bloßer Täuschung beruhen konnte. Zu seinem größten Erstaunen stand dieser Mann ihm kaum eine Stunde später schon in Person gegenüber. Simon Habermann trat mit den Worten in das Bureau Gonthals:

„Ich vermuthe, Herr Gerichtsdirector, daß Sie die Absicht haben, mich citiren zu lassen. Deshalb komme ich von selber. Was ich bei Ihnen soll, ist mir bekannt.“

Gonthal musterte den Eingetretenen mit forschenden Blicken. Simon war über gewöhnliche Mannesgröße, sehr hager, dabei aber muskulös. Den mit starkem weißen Haar bedeckten Kopf trug er etwas vorgebeugt. Sein Gesicht war scharf geschnitten, kantig und dergestalt von Wind und Sonne gebräunt, daß man ihn gern für einen in europäischer Kleidung einherschreitenden Araber halten konnte. Die große Adlernase verlieh ihm ein geierartiges Ansehen, besonders wenn er sprach und seine blitzenden grauen Augen unter den überhängenden weißen Brauen wie Irrlichter funkelten.

„Sie heißen Habermann?“ fragte Gonthal, eine kalte, gleichgültige Miene annehmend.

„Simon Habermann, auch Simon vom Moor.“

„Wie konnten Sie auf die Vermuthung kommen, daß ich Sie auf's Amt würde citiren lassen? Sind Sie sich irgend einer Schuld bewußt?“

„Ich nicht, Herr Gerichtsdirector, aber andere Leute meinen, ich thue Unrecht, und darum verfolgen Sie mich.“

„Andere Leute?“ wiederholte Gonthal.

„Eigentlich ist's nur ein Einziger,“ fuhr Habermann fort, „ein Zugewanderter, kein Eingeborner.“

„Wie nennt er sich?“

Ueber Simons scharfe Züge flog ein pfiffiges Lächeln.

„Der Herr Gerichtsdirector kennen den Mann besser als ich. Er ist vor kaum einer Stunde bei Ihnen gewesen, um mich zu verklagen.“

„Woher wissen Sie dies?“

„Ich weiß es.“

„Dann hat Ihnen der Regimentschirurgus selbst Anzeige davon gemacht.“

„Ich sah den Herrn nicht seit drei Tagen!“

„Und Sie wollen doch wissen, daß dieser Mann bei mir war?“

Abermals flog ein unbeschreiblich kluges, fast übermüthiges Lächeln über Simons Gesicht, während das Auge des Mannes blitzartig scharf Gonthal traf.

„Ich kannte seine Gedanken schon gestern und wollte ihm eigentlich zuvorkommen,“ sprach er. „Nur weil ich ihm den Spaß nicht verderben mochte, unterließ ich es. Jetzt sind der Herr Gerichtsdirector unterrichtet, und ich will mir Bescheid holen.“

Gonthal sah sich in eine höchst seltsame Lage versetzt, indeß durfte er schon aus Klugheit nicht merken lassen, daß Simon vom Moor ihn vollständig entwaffnet hatte und gänzlich beherrschte. Allem Anscheine nach wußte der schlaue Mann bereits, wie groß seine Macht war, und konnte sich der ohne alle Mühe errungenen Vortheile ihm gegenüber nach Bequemlichkeit bedienen.

„Sie erleichtern mir und sich selbst eine Vernehmung, die ich nach dem Gehörten anstellen muß, wenn Sie sich frei gegen mich aussprechen,“ sagte der Gerichtsdirector. „Der Regimentschirurgus Borstendorn hat Beschwerde geführt. Es ist meine Pflicht, zu untersuchen, ob diese Beschwerde begründet ist, und wenn sich bestätigt, was er mir mitgetheilt hat, ihn gegen Sie in Schutz zu nehmen.“

„Ich war allezeit ein gehorsamer Unterthan meiner gnädigen Herrschaft,“ erwiderte Habermann.

„Der Regimentschirurgus behauptet,“ fuhr Gonthal fort, „Sie gäben sich unberufener Weise mit Heilung Kranker ab. Ist das wahr?“

„Aufdränge ich mich keinem,“ versetzte Simon vom Moor, „wenn aber der Eine oder Andere mich flehendlich bittet, ich solle ihm doch helfen, da kann ich's in meiner Gutmüthigkeit nicht immer lassen.“

„In seiner Gutmüthigkeit!“ dachte Gonthal. „Der Mann sieht eher bösartig als gutmüthig aus!“ Laut aber sagte er in strengem Tone: „Sie geben demnach zu, daß Sie als Winkelarzt praktiziren?“

„Ja, Herr Gerichtsdirector!“

„Sie thun damit etwas Unerlaubtes.“

„Gewiß, aber nichts Unrechtes.“

„Eine unerlaubte Handlung ist, juristisch genommen, immer auch unrecht.“

„Kann sein, Herr Gerichtsdirector, dennoch aber wirke ich Gutes, wenn ich mir etwas zu thun erlaube, was, wie Sie sagen, unerlaubt ist.“

„Es ist aus zwei Gründen unerlaubt, Habermann,“ fuhr Gonthal fort. „Einmal, weil Sie dem Herrn Regimentschirurgus als auf der Herrschaft Moosburg eingesetztem Arzt Schaden zufügen, und sodann, weil Sie sich in Dinge mischen, die Sie nicht verstehen!“

„Nicht verstehen?“ wiederholte Simon, und sein graues, stechendes Auge ruhte mit unheimlichem Glanze auf Gonthal. „Wer sagt das!“

„Ein Mann, der medicinische Kenntnisse besitzt und dem mithin ein Urtheil zusteht.“

„Der Herr Regimentschirurgus weiß und versteht nichts von meinem Thun,“ erwiderte Simon Habermann sehr bestimmt. „Ich lasse ihm seine gelehrten Kenntnisse unangetastet und helfe mir stets mit den Mitteln, die ich besitze.“

„Was sind das für Mittel?“

„Wenn ich sie bekannt mache, nützen sie Niemand mehr!“

„Aha!“ erwiderte Gonthal. „Da liefe Ihr Kuriren doch wohl auf das hinaus, was der Herr Regimentschirurgus Ihnen gerade zum Vorwurf macht und weshalb er auf ein gerichtliches Verbot drang. Sie machen ungebildeten, leichtgläubigen Menschen blauen Dunst vor und umgeben sich mit dem Halbdunkel des Geheimnisses. Um die armen Bethörten bequemer prellen zu können, spielen Sie mit gutem Geschick den Wunderdoctor. Verlassen Sie sich darauf, diese Beschäftigung sollen Sie am längsten betrieben haben!“

„Wenn der Herr Gerichtsdirector mir verbietet, mildthätig und menschenfreundlich zu sein, so werde ich es künftighin unterlassen,“ sagte mit großer Ruhe Simon Habermann. „Ich wollte diesen Bescheid nur von Ihnen selbst hören, Herr Gerichtsdirector. Es genügt, daß ich es weiß, nur citiren lasse ich mich ungern. Es wäre sogar möglich, daß ich dann nicht in Gutem auf's Amt käme!“

„Das Amt besitzt Mittel, Ungehorsame zu zwingen,“ versetzte Gonthal. „Indeß freut es mich, daß Sie bereit sind, Ihr unbefugtes Wirken aufzugeben. Welches Geschäft betreiben Sie sonst?“

„Seit ich aufgehört habe, Todtengräber zu sein, nähre ich mich vom Handel mit Beeren.“

„Warum hörten Sie auf, Todtengräber zu sein?“

„Weil mir das Geschäft verleidet ward.“

„Es wäre mir angenehm, die Veranlassung dieses Verleidetwerdens näher kennen zu lernen.“

„Der Herr Pastor kennt sie.“

„Ich werde mich bei diesem Herrn nach Ihnen erkundigen.“

„Darum möchte ich den Herrn Gerichtsdirector bitten.“

„Sie sind entlassen, Simon Habermann,“ sagte jetzt Gonthal. „Vergessen Sie nicht, Wort zu halten! Sobald abermals begründete Beschwerde über Sie einläuft, veranstalte ich eine sehr genaue Untersuchung, und dann würde dem heutigen Verbote, von dem weiter nicht öffentlich die Rede sein soll, unabweisbar eine Bestrafung folgen!“

„Ich danke verbindlich, Herr Gerichtsdirector,“ erwiderte Simon vom Moor. „Sie sollen mit mir zufrieden sein, wenn's nur die andern armen Menschen, die das Vertrauen zu mir haben, auch sind.“

Habermann machte eine steife, unbeholfene Verbeugung vor Gonthal und verließ die Amtsstube. Der Gerichtsdirector sah dem Fortgehenden, der ungewöhnlich große Schritte machte und deshalb, obwohl er eigentlich langsam ging, sehr schnell vorwärts kam, gedankenvoll nach. „Ein unheimlicher Mann!“ murmelte er vor sich hin. „Wenn hinter dieser schlauen

Maske sich nur kein Verbrecher zu verbergen bemüht! Ich will dem Menschen scharf auf die Finger sehen und seine Vergangenheit zu durchforschen mir alle erdenkliche Mühe geben!“

3.

Wundergläubige.

Ein glücklicher Zufall führte an einem der nächsten Abende den Pastor nach Moosburg. Gonthal traf Adalbert und Beatrix in lebhaftem Gespräch mit dem Geistlichen. Dieser hatte die einträgliche Stelle erst vor einigen Jahren erhalten, und zwar in Abwesenheit des Obersten, der damals noch als Krieger in der Armee seines Landesfürsten diente.

Pastor Braun war ein Mann von etwa fünfzig Jahren, von feiner Bildung und bedeutendem Wissen. Er war in früherer Zeit Hofmeister gewesen und Erzieher fürstlicher Kinder. Als solcher hatte er große Reisen gemacht, viel gesehen und reiche Erfahrungen eingesammelt. Noch als Erzieher vermählte er sich mit einem ebenfalls hochgebildeten Mädchen. Dieser Ehe entsproßte eine einzige Tochter, Eveline, die jetzt ein Alter von siebzehn Jahren erreicht hatte.

Gonthal hatte Eveline bei seiner ersten Visite flüchtig gesehen. Sie war ihm durch ihre eigenthümliche Schüchternheit, die aber der bestechenden Grazie nicht entbehrte, aufgefallen.

Da der Regimentschirurgus, der nur selten fehlte, heute ausblieb, ward bald nach ihm gefragt. Besonders lebhaft erkundigte sich Pastor Braun nach dem Fehlenden.

„Der gute Borstendorn hat sich schon seit einigen Tagen nicht bei mir sehen lassen," sprach Adalbert. „Der Himmel weiß, was ihm durch den Sinn gefahren sein mag! Im Ganzen quält ihn die Langeweile schmählich seit meines Vaters Tode, und das macht ihn, wie es scheint, bisweilen mißmuthig. Seine Erzählungen finden nicht mehr die gewünschte Theilnahme, und seinen früheren wunderbaren Kuren — denn jetzt drückt ihn die Praxis nicht sehr — fehlen die Bewunderer. An meinem Vater hatte der gute Borstendorn stets einen aufmerksamen und, was mehr sagen will, einen unbedingt gläubigen Zuhörer."

„Irgend etwas behagt dem Manne neuerdings nicht," fiel Pastor Braun ein. „Ich sehe ihn bisweilen spät Abends noch über den Kirchhof gehen nach dem wüsten Moor. Was er dort will oder sucht, weiß der liebe Gott!"

Gonthal lächelte.

„Hat er sich etwa gegen Sie ausgesprochen?“ fragte Adalbert den Gerichtsdirector.

„Vorstendorn ist mit den Moosburger Einrichtungen unzufrieden,“ erwiderte dieser. „Die Gesetze werden schlecht gehandhabt, meint er.“

„Sagte er das Ihnen in’s Gesicht?“ fragte Adalbert.

„So ziemlich.“

„Das sieht dem Bramarbas, der sich vor jedem Kind fürchtet, ganz ähnlich,“ lachte Herr von Moosburg.“ Was gaben Sie ihm zur Antwort?“

„Was ich wußte. Ich versprach für strengere Handhabung der Gesetze Sorge zu tragen.“

„Ueber welche Unzuträglichkeiten beschwert sich der arme unbeschäftigte Regimentschirurgus!“

„Vornehmlich über mangelnde Beschäftigung überhaupt.“

„Das ist gut!“ rief Adalbert vergnügt aus. „Ich glaube, es wäre ihm lieber, ich schlüge meinen Unterthanen Arme und Beine entzwei, damit er nur Arbeit für Scalpell, Säge und Zange vorfände.“

„Vorerst würde er sich wohl zufrieden geben,“ versetzte Gonthal, „wenn der viel vermögende Herr von Moosburg Unberufenen untersagte, dem erfah=

renen und hochgelehrten Herrn Regimentschirurgus Kranke und Leidende wegzuschnappen."

„Im Ernst?" sagte Adalbert. „Sollte er eine bestimmte Persönlichkeit im Auge haben?"

„Einen Mann, der ganz dazu angethan ist, Leuten aus dem Volke die Köpfe zu verrücken."

„Unsern alten Simon vom Moor!" sprach Herr von Moosburg. „Also gegen diesen Allwissenden zieht Borstendorn zu Felde? Wissen Sie was, lieber Gonthal? Hören Sie nicht gar zu viel auf die Lamentationen des ehemaligen Feldscheers und lassen Sie mir den Alten in Ruhe! Ohne seine Geheimmittel und seinen glücklichen Griff wären wir hier in dieser Einöde übel berathen."

„Sie nehmen den Mann also in Schutz, Herr von Moosburg?" sagte Gonthal. „Das ist fatal."

„Weshalb? Simon vom Moor thut Niemand etwas zu Leide. Er lebt ganz still für sich hin, nährt sich mit Einkochen von Beeren, deren Saft er verkauft, ist aber stets willig und zuvorkommend, wenn Jemand seine Hülfe beansprucht oder seinen Rath begehrt. Ich will nicht untersuchen, auf welche Weise er zu seinem seltsamen Wissen gekommen ist, daß er aber mehr weiß als Tausende, und daß er manchem gelehrten Arzte Fragen vorlegen kann, deren Beantwortung diesem, arge Kopfschmerzen verursachen möchte, daran zweifelt keiner, der ihn kennt. Wir selbst sind ihm zu Dank verpflichtet, am meisten meine Schwester, die Simon von einem höchst peinlichen Flechtenübel gründlich und auf eine wirklich wunderbare Weise geheilt hat."

Gonthals Blick streifte von Adalbert fragend auf Beatrix.

„Es ist wirklich so, Herr Gerichtsdirector," bestätigte diese. „Mein Bruder hat die volle Wahrheit gesagt. Kein Arzt konnte mir helfen, das Uebel verschlimmerte sich mit jedem Tage, ich selbst war der Verzweiflung nahe! Da entschloß ich mich endlich, Simon Habermann, der damals noch Todtengräber war, rufen zu lassen. Schon Monate lang hatten zahlreiche Wohlmeinende mir diesen Mann als einzigen Retter empfohlen. Der seltsame Mensch kam, und wie immer, wenn Jemand seine Hülfe begehrt, trat er mir gleich mit den Worten entgegen: „Ich wußte, daß die Gnädige zu mir schicken würde, und habe mich schon vorbereitet!" Dieses Wissenwollen, ich gestehe es, machte einen fast unheimlichen Eindruck auf mich, aber ich nahm mich zusammen und fragte entschlossen, ob er mir helfen könne? „Gnädiges Fräulein müssen mir mehr Vertrauen schenken, als Sie im Augenblicke zu mir haben," sagte er lächelnd, indem seine hellgrauen Augen mit wahrhaft zwingender Gewalt auf mir ruhten. — „Ich glaube fest an Ihre Kunst," erwiderte ich, gebannt von diesem Blick und wirklich innerlich überzeugt, Simon würde mir helfen können. — „Schon recht," versetzte er, „in drei Wochen ist alles vorbei; dann lebt das Gute weiter und das Böse ist gestorben!" Dann murmelte er unverständliche Worte, bekreuzte die krankhafte Stelle, hauchte sie an und entfernte sich. Nach einigen Tagen schon fühlte ich Erleichterung, und ehe noch drei Wochen abgelaufen waren, hatte mein Uebel sich bis auf die letzte Spur verloren."

„Das ist seltsam, immerhin aber denkbar," sprach Gonthal. „Der Mann besitzt jedenfalls magnetische Kräfte, er kennt wohl auch sonst unschädliche Mittel, und gelingt es ihm, den Glauben seiner Patienten zu gewinnen, so mag er des Erfolges in den meisten Fällen gewiß sein. Ich habe demnach möglicherweise unklug gehandelt."

„Wie das?" fragte Adalbert.

„Mich verdroß die übermüthige Weisheitsmiene, mit der Simon Habermann zu mir kam, um mir zu sagen, er wisse, daß der Regimentschirurgus ihn bei mir verklagt habe. Auf Grund der landesgültigen Verordnung, die alles Quacksalbern bei strenger Strafe verbietet, habe ich ihm untersagt, künftighin seine Künste auszuüben."

Adalbert lachte.

„Wenn das alles ist, dann beruhigen Sie sich, mein lieber Gonthal," versetzte Herr von Moosburg. „Mein seliger Vater wollte niemals die Kunst dieses Alten gelten lassen und suchte ihm deshalb immer entgegen zu wirken. Simon aber hörte weder auf Drohungen, noch Verbote. Er half nach wie vor, und da Niemand so undankbar war, ihn zu denunciren, so hat ihn auch niemals eine Strafe getroffen."

„Er versprach mir sehr feierlich, sich fernerhin alles Kurirens zu enthalten," bemerkte Gonthal. „Auch sah er dabei so ehrbar aus, daß ich Grund habe zu glauben, es sei ihm wirklich Ernst gewesen mit seinem Versprechen."

„Sollte dies wirklich geschehen," fiel jetzt Pastor Braun ein, „so würde ich es nicht gerade für ein Glück halten; denn wie man immer von Simon denken mag, er ist und bleibt ein Mann von eigenthümlicher Begabung."

Gonthal fühlte sich beinahe verletzt, daß auch der Geistliche sich zum Anwalt des Alten aufwarf, der ihm nur ungemein schlau und deshalb auch gefährlich, keineswegs aber wunderbar vorkam. Um jedoch nicht unhöflich zu erscheinen, richtete er die Bitte an den Pastor, er möge diese Ansicht mit Gründen unterstützen.

„Wollen Sie mir demnächst die Ehre Ihres Besuches schenken," erwiderte dieser, „so werde ich nicht ermangeln, Ihnen Ausführliches über Simon mitzutheilen. Vorläufig kann ich nur an der Behauptung festhalten, daß der Alte vom Moor wissentlich Niemand täuscht. Sein Wissen ist ihm großentheils angeboren, und wie viel ich auch darüber schon nachgedacht habe, immer kam ich wieder zurück zu der Annahme, es sei diesem sonderbaren Manne jene freilich ganz unerklärbare Gabe, die man im schottischen Hochlande „zweites Gesicht" nennt, in hohem Grade eigen. Die rothe Erde Westphalens, wo die Vorfahren Simons lebten, kennt diese seltsamen Sehernaturen ebenfalls; auch auf mancher Insel an unsern Küsten und in den wilden Gebirgsthälern Deutschlands begegnet man hin und wider ganz ähnlich gearteten Menschen. Die Kraft der Ueberzeugung, die in solchen Personen lebt, erhöht noch den Glauben an sich selbst, und weil sie entschieden mehr wissen als Andere, ohne sich doch dies Wissen durch Lernen angeeignet zu haben, vermögen sie auch größere Wirkungen zu erzielen."

Gonthal war nicht aufgelegt zur Erörterung eines Themas, über das die Meinungen der Verständigen je nach dem Standpunkte der Auffassung stets aus einander gehen werden. Persönlich berührte ihn die ganze Frage unangenehm. Er war nicht gläubig, am allerwenigsten wundergläubig, und doch wollte man ihm diesen greisen Bewohner eines öden Moores im flimmernden Licht eines Propheten, eines Sehers vorstellen. Es ward ihm ganz unheimlich zu Muthe, und in seinem Herzen regte sich der Wunsch, Simon möge sich auf einer offenbar gesetzwidrigen Handlung ertappen lassen, damit er Gelegenheit erhalte, ihn scharf zu verhören und seinem heimlichen Wesen schonunglos nachzuspüren. Daß er selbst im glücklichsten Falle mit bedeutenden Schwierigkeiten zu kämpfen haben würde, verhehlte sich Gonthal nicht, da er sich ja ringsum nur von Gläubigen umgeben sah. Der einzige, der hinsichtlich des Unglaubens ihm zur Seite stand, war der Regimentschirurgus, die Weisheit dieses Bramarbas aber konnte für ihn leider keine Stütze sein. Indeß setzte er seine Hoffnung auf den Zufall, der ja so oft eine große und entscheidende Rolle spielt, und in dieser Hoffnung sah er dem Kommenden gutes Muthes entgegen.

4.

Schauerliche Mittheilungen.

Um nicht neugierig zu erscheinen, ließ Gonthal einige Tage vergehen, ohne der Einladung des Geistlichen zu folgen. In dieser ganzen Zeit fiel nichts Besonderes vor. Simon vom Moor ging einigemale am Schlosse vorüber, eine kleine Butte auf dem Rücken tragend, welche den von ihm selbst bereiteten Saft, mit dem er handelte, enthielt. Auch der Regimentschirurgus besuchte den Gerichtsdirector, war aber stets sehr brummig, da es für ihn durchaus nichts zu thun gab.

Erst Ende der Woche an einem klaren, warmen Juniabend, wo er sich besonders günstig gestimmt fühlte, ging Gonthal nach dem Pfarrhofe, der unfern des verwilderten Kirchhofes so einsam wie die meisten Haidehöfe und Hütten im Moor, zwischen niedrigen, mit Ginster überwucherten Hügeln lag. Eveline gewahrte den Gerichtsdirector von ihrem Fenster aus und eilte ihm entgegen. Das junge Mädchen war heute nicht so scheu und blöde, wie gewöhnlich, was daher kam, daß sie wußte, Gonthal werde eines Tages gegen Abend zu ihrem Vater kommen. Sie gewann durch das heitere, frische Wesen, das sie ungekünstelt zur Schau trug, und der Gerichtsdirector fand Eveline zum ersten Male hübsch. Er sah es deshalb ungern, daß der Pastor es vorzog, mit ihm ganz allein auf dem kleinen Studierzimmer zu bleiben.

„Nun, wie stehen Sie mit Ihrem Propheten vom Moor?“ redete der Geistliche seinen Gast an, als er sich ungestört wußte. „Hat er sein Gelöbniß gehalten?“

„Klagen sind bisher wenigstens nicht eingelaufen,“ versetzte Gonthal, „doch jetzt, Herr Pastor, bitte ich Sie, mir zu meinem eigenen Besten und damit ich mich etwas mehr in Personen und Verhältnisse der Herrschaft Moosburg einlebe, einige Aufschlüsse über Simon Habermann und dessen Vergangenheit zu geben.“

„Das soll geschehen, und zwar so ausführlich, wie ich selbst es vermag,“ sprach Pastor Braun. Zugleich nahm er ein großes schweres Kirchenbuch aus dem untersten Bort seines Bücherschrankes und legte es vor sich auf den Tisch. „Sie wissen bereits,“ fuhr er fort, „daß Simon Habermann vor längerer Zeit auf Moosburg Todtengräber war?“

„Er hat mir dies selbst gesagt."

„Auch die Veranlassung seiner Entlassung?"

„Nein."

„Gerade diese Veranlassung ist wichtig, weil bezeichnend für seine Begabung."

„Offen gestanden, ich begreife nicht, was Sie damit andeuten wollen."

Der Pastor schlug das Kirchenbuch auf und entnahm demselben ein Heft von wenigen eng beschriebenen Blättern. „Diese Blätter," sprach er mit einer gewissen Feierlichkeit, „sind ein Vermächtniß meines Vorgängers. Sie gehören nicht mir persönlich, sie sind im Allgemeinen an Jeden gerichtet, der früher oder später als Pastor von Moosburg wirken soll. Erlauben Sie, daß ich Ihnen das Interessanteste daraus mittheilen darf?"

Gonthals Neugierde war auf's Höchste gestiegen. Er bat den Geistlichen, diese Mittheilungen ungesäumt zu beginnen.

Pastor Braun schlug das Heft auf. Es enthielt, wie Gonthal jetzt bemerkte, eine Art Tagebuch, das jedoch nicht ohne Unterbrechung Tag für Tag fortgesetzt war. Er las:

„Am 3. September 180*. Heute war ich Zeuge eines sonderbaren Ereignisses. Das Moor im Winkel war in Brand gerathen und konnte nur mit großer

Anstrengung gelöscht werden. Einer der eifrigsten Arbeiter verbrannte sich dabei das Gesicht in wahrhaft entsetzlicher Weise. Der Schmerz preßte ihm laute Klagen aus. Niemand wußte, was dem Unglücklichen am dienlichsten sein und seine furchtbaren Schmerzen lindern könne. Da erschien der Todtengräber, Simon Habermann, genannt Simon vom Moor. Er hauchte den Verbrannten an, drückte etwas weiches Leinen auf die schmerzende Wunde und kühlte sie mit frischem Wasser. Sogleich verlor sich der Schmerz, Tags darauf begann die Brandwunde zu heilen, und der Arbeiter war vollkommen wieder hergestellt. Ich hielt es für meine Pflicht, den Todtengräber um das Geheimmittel zu befragen, das er angewandt hatte. Seine Antwort lautete: ich habe den Schmerz besprochen."

„Am 18. November 180*. Vor einigen Tagen wurde mir das Gerücht gemeldet, der Moorhof werde in Flammen aufgehen und der Besitzer dabei seinen Tod finden. Es war mir unlieb, daß ein so thörichtes Geschwätz von Mund zu Mund lief, und ich nahm mir vor, den Urheber desselben zu ermitteln. Zu meinem Erstaunen hielt dies nicht schwer. Jeder, den ich fragte, nannte mir ohne Bedenken Simon vom Moor als den Verbreiter des ärgerlichen Gerüchtes. Ich ließ den Mann sogleich zu mir kommen und hielt ihm sein unbedachtes Geschwätz in verweisendem Tone vor. Darauf fand zwischen mir und Simon folgendes Gespräch statt.

„Es ist kein Geschwätz, denn es wird geschehen, was ich sage."

„Wie wäre das möglich und wer hat es Ihnen offenbart?"

„Ich habe den Brand gesehen."

„Wann und wo?"

„In der Nacht zwischen zehn und elf vor der Thür meiner Hütte."

„Das war Augentäuschung."

„Ein Feuer war's, das in einigen Tagen den Moorhof verzehrt."

„Man muß die Gebäude bewachen und den Besitzer warnen."

„Thun Sie es immerhin, helfen wird es doch nicht."

„Simon beharrte hartnäckig auf seiner Behauptung. Mich beunruhigte das Gerücht und die, wie ich glaubte, krankhafte Ueberreizung des Mannes, der freilich nicht wie ein Schwächling aussah. Ich veranlaßte eine scharfe Ueberwachung des mir verdächtig Scheinenden durch zuverlässige, mir völlig ergebene Leute. Dem Besitzer vom Moorhof machte ich Anzeige, warnte und ersuchte ihn, ja vorsichtig zu sein, nur daß er bei dem Brande seines Hofes selbst umkommen solle, verschwieg ich ihm. Leider blieben alle meine Vorkehrungen fruchtlos. Der Hof brannte wirklich nieder und der Besitzer desselben that einen unglücklichen Fall während des Feuers, der ihm noch vor Tagesanbruch das Leben raubte. Simon ging nicht von meiner Seite in dieser ganzen Zeit, die Todesstunde des Hofbesitzers sagte er mir aber genau vorher.

„Dieser Vorfall erschütterte mich und ich drang mit ernsthaften Bitten in den sonderbaren Mann, mich einzuweihen in ein ebenso wunderbares als düsteres Geheimniß. Meinem Drängen folgte dieses Zwiegespräch:

„Träumten Sie vielleicht, der Besitzer vom Moorhof werde durch einen Unfall um's Leben kommen?

„Ich träume nie, ich weiß nicht, was Träume sind, in der Dämmerung aber und auch in der Nacht sehe ich manches, was sich in Zukunft zutragen muß."

„Seit wann rühmen Sie sich dieser Sehergabe?"

„So lange ich denken kann. Ich muß sie von meinem Großvater geerbt haben."

„Nicht von Ihrem Vater?"

„Mein Vater sah das Künftige nicht voraus."

„Wodurch erfuhren Sie den nahe bevorstehenden Tod des unglücklichen Besitzers vom Moorhof?"

„Der Mann besuchte mich in meiner Hütte und schlug an den Spaten.“

„Das war Einbildung! Sie hatten sich aufgeregt!“

„Ich las in der Schrift und trank Wasser. Es thut's Jeder, dem ich ein Grab aufwerfen soll.“

„Bei späteren Gelegenheiten theilte mir dieser sonderbare Mann noch mancherlei über die Form der Gesichte mit, die er hat und die sich ohne jede Ausnahme stets erfüllen. Um ihn nicht zu verschüchtern oder verstockt zu machen, ging ich willig auf seine Ideen ein. Dadurch gelang es mir, ihn ganz offen zu machen. Meinem Wunsche gemäß nannte er mir alle Personen, die seiner Angabe nach vor ihrem Tode in Person zu ihm kamen, den Spaten berührten, daß er klang, und solchergestalt Simon ihren bevorstehenden Tod anzeigten. Ich notirte mir jede solche Angabe und alle sind in Erfüllung gegangen. Da mußte mir Simon ein Versprechen geben. Ich verlangte von ihm zu wissen, wann ich selbst wohl sterben würde? Er sträubte sich lange, auf meinen Wunsch einzugehen, endlich aber gelobte er mir mit Hand und Mund, im Falle er mich überleben sollte, nach meinem Willen zu thun.“

Bis dahin hatte Gonthal der Lektüre des Pastors schweigend zugehört, jetzt aber unterbrach er ihn, indem er seine Hand auf das Manuscript legte. „Ehe Sie fortfahren," sprach er mit unverkennbarer Aufregung, „beantworten Sie mir nur zwei Fragen."

Braun legte die Aufzeichnung bei Seite und erklärte seine Bereitwilligkeit.

„Halten Sie das in diesem Heft Verzeichnete für wahr?" fragte Gonthal.

„Ich habe kein Recht, daran zu zweifeln," versetzte der Pastor. „Mein Vorgänger war ein von Allen geachteter Ehrenmann, gewissenhaft im Amte, wie im Leben. Uebrigens hat er diese Schrift mit dem Kirchensiegel untersiegelt."

„Hielt Simon vom Moor sein Versprechen?"

„Sie erlauben, daß ich diese Frage durch weiteres Lesen in diesen Blättern beantworte."

Gonthal lehnte sich zurück in den Stuhl und der Geistliche fuhr fort, einige Blätter des Heftes überschlagend:

„Am 10. Januar 180*. Simon vom Moor hat mir vor einer Stunde die Anzeige gemacht, daß er seine Stelle als Todtengräber niederlegen möge. Ich war damit nicht einverstanden, denn der Mann ist pünktlich, arbeitsam und die Launen des Wetters fechten ihn nicht an. Nach dem Grunde dieses Anliegens befragt, gab er an, es sei ihm unangenehm, oft mit Menschen sprechen zu müssen, die für ihn bereits nicht mehr dem Leben recht angehörten. Er habe neuerdings bemerkt, daß er nicht mehr so stark sei, wie ehedem, und das habe denn einige Male zu recht störenden Erörterungen geführt. Er sehe voraus, daß seine Sehergabe ihn mit der Zeit allem Volke verhaßt machen könne, und um diesem trüben Geschick zu entgehen, wünsche er seiner Stelle enthoben zu sein.

„Meinen Vorstellungen schenkte der unheimliche Mann nur geringes Gehör, endlich aber brach er in die Worte aus: „Nun dann will ich schaufeln und graben und die Lebenden als ihre eigenen Todesboten zu mir kommen sehen, bis ich auch für Sie ein Grab werde aufgeworfen haben!“ Das rasche Wort schien Simon zu reuen. Er senkte die Augen und wechselte die Farbe.

„Bin ich etwa schon bei Ihnen gewesen?“ fragte ich.

Simon zitterte und schwieg.

„Geben Sie der Wahrheit die Ehre! Ich hoffe, der Tod findet mich nicht ganz unvorbereitet.“

„Er reichte mir die Hand und drückte sie.

„Sie sind der Erste,“ sprach er, sein Auge langsam zu mir erhebend, „dem ich die Hand reiche, nachdem sie den Spaten in meinem Hause berührt hat. Vorgestern nach Sonnenuntergang — die Nebel lagerten feucht über dem bereiften Moor — sah ich Sie auf meine Hütte zuschreiten. Sie gingen im

Ornat, als wollten Sie einem Kranken oder Sterbenden das letzte Abendmahl reichen. Als Sie näher kamen, sah ich, daß Sie den Kirchenschlüssel in der Rechten trugen. Ich trat zur Seite, Sie sahen mich nicht. Die Thür meiner Hütte ging auf vor Ihnen, als drehe sie ein unhörbarer Wind in ihren Angeln. Sie traten ein, ich folgte. Da erhoben Sie die Hand mit dem Schlüssel, und dreimal fiel der gewichtige Stahl auf meinen Spaten, daß er klang, wie eine Glocke. Darauf wendeten Sie sich, der Talar streifte mein Gewand und im Nebel verschwanden Sie meinen Blicken."

„Solches geschah am 10. Januar 180*, und zur Urkund dieses habe ich meinen Namen darunter geschrieben und es besiegelt mit dem Insiegel der Kirche von Moosburg."

„Am 14. Januar desselben Jahres," schloß Pastor Braun seine Mittheilung, „rührte meinen Vorgänger der Schlag vor dem Altare, am 15. bald nach Sonnenuntergang hauchte er seine Seele aus. Simon vom Moor hat ihn begraben. Es war die letzte Leiche, die er der Erde übergab." Braun schloß das Heft, legte es in das Kirchenbuch und stellte dies wieder an seinen Ort.

„Verlangen Sie mein Urtheil über diese — fabelhafte Geschichte zu hören," sagte nach einer Weile der

Gerichtsdirector, „so muß ich mich mit der sehr prosaischen Antwort behelfen: Ich glaube nicht daran!“

„Haben Sie damit auch etwas bewiesen?“ fragte der Geistliche.

„Gewiß nicht,“ erwiderte Gonthal, „auch ist das gar nicht meine Absicht, aber Sie können und werden mir doch wahrhaftig nicht zumuthen wollen, ich solle mich von Phantomen schrecken und mein klares Urtheil durch sie trüben lassen? Sieht dieser unheimliche Mensch wirklich mehr als wir andern Nüchternen, nun gut, so mag er zusehen, wie er mit seinen Gesichten sich abfindet. Davon sprechen aber und Andere in Furcht jagen soll er nicht! Ihr Herr Vorfahr muß ein sehr energieloser Mann gewesen sein, sonst hätte er andere Maßregeln ergriffen. Seine Aufzeichnungen trugen nur dazu bei, den offenbar überspannten, in seinen Einbildungen verstrickten Mann noch mehr zu verwirren, vielleicht auch ihn in der Meinung, er sei ein Seher, zu bestärken.“

„Was würden Sie thun,“ erwiderte der Geistliche, „wenn Simon vom Moor plötzlich zu Ihnen käme und mit seiner festen sonoren Stimme, seinem zuversichtlichen Wesen sagte: „Herr Gerichtsdirector, in drei oder vier Tagen sind Sie eine Leiche?“

„Wahrscheinlich würde ich ihn auslachen, gewiß aber ihn auf der Stelle verhaften lassen.“

„Um die Prophezeihung zu Schanden zu machen?“

„Um zu sehen, welche Miene er annehmen, welche Rolle er spielen würde.“

„Etwas Aehnliches haben Sie ja schon gethan.“ sagte Pastor Braun. „Ihr Verbot, er solle sich in keiner Weise fernerhin mit der Heilkunst beschäftigen, legt seine Kräfte in Fesseln. Wir wollen nun abwarten, ob Simon vom Moor diese ihm aufgezwungenen Fesseln geduldig tragen und wie lange er sie tragen wird.“

„Ich bin fest entschlossen, bei der ersten Uebertretung meines Befehls, die mir zu Ohren kommt, schonungslos gegen ihn vorzugehen. Mag er meinetwegen die wunderbarsten Naturgaben besitzen, die Verwendung und Anwendung derselben in der von ihm beliebten Weise halte ich für so gemeinschädlich, daß man sie unter allen Umständen verhindern muß.“

Der Geistliche konnte Gonthal nicht unbedingt beistimmen, dieser aber ließ sich nicht irre machen. Gerade deshalb, weil er sich zugestehen mußte, der alte Simon vom Moor sei eine Persönlichkeit, wie es deren wenige gebe, er mache den Eindruck eines Menschen, dem ungewöhnliche Kräfte innewohnten, die zu ergründen, auf ihre ursprüngliche Quelle zurückzuführen seinem juristischen Scharfsinne nicht gelingen wolle, sträubte sich sein geistiger Stolz gegen diese unheimliche Macht, die sich nirgends fassen und bekämpfen ließ. Er wünschte, Simon möchte sich zu einer recht eclatanten ungesetzlichen Handlung fortreißen lassen, damit er Gelegenheit erhalte, ihn zur Verantwortung ziehen zu können. Daß alsdann bei einem scharfen Verhör auch Dinge zu Tage kommen würden, welche den bewunderten Seher vielfach compromittiren müßten, bezweifelte Gonthal keinen Augenblick. Er hatte bereits interessante Erfahrungen in dieser Hinsicht gemacht, und mehr als ein für rechtschaffen, ja fromm gehaltenes Individuum hatte sich vor Gericht in einen ganz gemeinen Schurken verwandelt, der nur die Geschicklichkeit besaß, eine gut eingeübte Rolle auch mit routinirter Gewandtheit vor Nichtargwöhnischen zu spielen.

5.

Eine Prophezeihung Simons.

Eine Woche nach dieser Unterredung Gonthals mit dem Pfarrer zog ein sehr schweres Gewitter über die Gegend. Die Luft war schon Tage lang schwül und drückend gewesen und es ließ sich vermuthen, daß die angesammelten elektrischen Dünste sich in verheerenden Wettern entladen würden. Diese heiße, beengende Atmosphäre gab Simon vom Moor Gelegenheit, wieder einmal eine seiner verfänglichen Aeußerungen laut werden zu lassen. Der Regimentschirurgus, der noch immer nichts zu thun hatte, überbrachte diese Aeußerung dem Gerichtsdirector mit triumphirender Miene.

„Jetzt können und müssen Sie ihn anfassen," sprach Vorstendorn entschieden. „Wie kann der Kerl sich unterstehen, unserm Herrn so mir nichts, dir nichts den rothen Hahn auf's Dach zu setzen!"

„Ist Herr von Moosburg unterrichtet?“ fragte Gonthal.

„Gegen mich hat er nichts geäußert, rund um, auf dem ganzen Moor aber spricht jedes Kind von dem Schloßbrande!“

„Begleiten Sie mich,“ sprach Gonthal. „Ich will sogleich Rücksprache nehmen.“

Der Regimentschirurgus ließ sich nicht zweimal dazu auffordern. Nach einigen Minuten standen beide Männer in Adalberts Vorzimmer. Bediente eilten in auffallender Hast hin und wider und schienen durchaus keine Zeit zu haben.

„Ich muß nöthigerweise Herrn von Moosburg sprechen,“ sagte Gonthal zu einem dieser geschäftigen Menschen. „Treff' ich ihn in seinem Zimmer?“

„Der gnädige Herr befindet sich bei Fräulein Beatrix.“

„Dann meldet uns!“

Der Bediente warf einen mißtrauischen Blick auf Vorstendorn, der brummend und die Augen rollend seinen Schnurrbart drehte, fügte sich aber sogleich dem Verlangen des Gerichtsdirectors. Gleich darauf hörte dieser die Stimme seines Freundes, die etwas hastig dem Bedienten nachrief: .

„Laß die beiden Herren nur unverweilt eintreten.“

Gonthal folgte diesem Rufe. Er fand Adalbert vor einem großen Koffer, der mitten im Zimmer stand und mit einer Menge seltener Kostbarkeiten, zum Theil von großem Werthe, vollgepackt war. Andere Werthgegenstände, meistens von hohem Alter, lagen noch auf Tischen und Stühlen zerstreut. Ueberhaupt herrschte in den sonst sehr sauber gehaltenen Gemächern des Fräuleins eine Unordnung, als sei Beatrix im Begriff, einen Umzug zu veranstalten.

„Was soll dies bedeuten?" fragte Gonthal, die Geschwister begrüßend. „Wollen Sie Moosburg etwa verlassen? Wohl gar auf längere Zeit verreisen?"

Adalbert lächelte, konnte aber doch die innere Unruhe, welche ihn offenbar beherrschte, nicht völlig verbergen.

„Nicht doch, lieber Gonthal," versetzte er mit erzwungener Heiterkeit. „Wir gedenken Beide in Moosburg zu bleiben, aber wir wollen uns gegen alle Eventualitäten sicher stellen."

„Haust etwa eine Räuberbande auf den Haiden und Mooren?" fragte Gonthal, ungläubig lächelnd. „Ich dachte, in den letzten paar Monaten hätte ich unter dem landläufigen Gesindel ganz artig aufgeräumt."

Adalbert bog sich jetzt zu Gonthals Ohr und flüsterte ihm zu:

„Wir fürchten eine Feuersbrunst.“

Der Gerichtsdirector stand wie versteinert. Es vergingen einige Augenblicke, ehe er ausrufen konnte:

„Aber Herr von Moosburg, ist es möglich! Sie lassen sich von einem — einem — unheimlichen Menschen zu Ihren Handlungen bestimmen?“

„Lieber Gonthal,“ erwiderte Adalbert, den Gerichtsdirector an eins der hohen Bogenfenster führend, aus denen man den geräumigen Schloßhof, die Erdumwallung desselben, das wüste Moor, Kirche und Friedhof bequem überblicken konnte, „ich füge mich dem Wunsche meiner Schwester, die sich vor Bangigkeit kaum mehr zu helfen weiß. Sie kennen ihr Vertrauen, das sie auf Simon Habermann setzt. Vor einigen Tagen eröffnete er zuerst meiner Schwester, später auch mir, er sei überzeugt, Schloß Moosburg werde von einem unabwendbaren Unglück bedroht. Nach seinen Mittheilungen sah er mehrere Abende hinter einander eine rothglühende Feuerwolke über demselben stehen.“

„Und darum, meinen Sie, muß es abbrennen?“

„Es wäre nicht das erste und auch nicht das zehnte Mal, daß Simons Wort zur Wahrheit würde. Ich habe vergessen, auf meinen alten Zinnen Blitzableiter anzubringen.“

„Das Gerücht von dieses Alten beunruhigender Prophezeihung ist so eben auch mir zu Ohren gekommen,“

sprach Gonthal. „Ich wollte es Ihnen mittheilen, nicht um Sie damit zu erschrecken, sondern mit Ihnen zu berathen, was in Folge desselben wohl mit dem zu thun sei, der es aufgebracht hat. Die ganze Gegend ist bereits, wie ich höre, voll davon, und Simons Ansehen muß voraussichtlich unglaublich gewinnen, wenn es nicht möglich wird, dem Volke zu beweisen, daß sein Geschwätz allen Grundes entbehrt. Mich dünkt, der Moment ist jetzt gekommen, den Mann einzuziehen."

Adalbert deutete auf die Landschaft, über welcher unbeweglich ein gelblicher Nebel stand, der die Sonne nur wie eine braunrothe Scheibe durchschimmern ließ.

„Betrachten Sie diese Luft, lieber Gonthal," sagte er mit ruhiger Gelassenheit. „Sie kennen nicht unsere Moorgegenden. Wenn dieser Dunst, der jetzt schon nach Schwefel riecht, sich zu Wolken verdichtet, dann haben wir entweder gefährliche Gewitter oder orkanähnliche Stürme zu gewärtigen. Die Einkerkerung Simons vom Moor, dessen Sehergabe Niemand, der ihn seit Jahren kennt, wegläugnen kann, wird die Gesetze der Natur nicht verändern."

„Sie berufen sich auf die Gesetze der Natur," fiel Gonthal ein, „und glauben doch an etwas, das diesen Gesetzen vollkommen widerspricht!"

„Mir will das nicht einleuchten. Ein nicht ergründetes Naturgesetz bleibt deshalb nicht weniger Gesetz. Wir kennen bis jetzt nur das Vorhandensein einer in der menschlichen Natur liegenden Sehergabe, der Ursprung derselben blieb uns zur Zeit noch verborgen."

„Wenn ich Sie recht verstehe, so wünschen Sie, daß Simon vom Moor unangetastet bleiben soll?" sagte Gonthal verstimmt.

„Beobachten Sie ihn, lassen Sie ihn verfolgen, thun Sie Alles, was Sie für räthlich halten oder was Ihnen, wie Sie meinen, Ihre Pflicht gebietet, legen Sie aber jetzt nicht Hand an seine Person. Die ganze Bevölkerung der Herrschaft Moosburg würde Sie einen solchen Eingriff in die persönliche Freiheit entgelten lassen. Sie murrt ohnehin schon, weil Simon sich hartnäckig weigert, Fragenden Antwort zu geben."

Der Regimentschirurgus rollte die Augen drohender als gewöhnlich und drehte sich mit Heftigkeit den Schnurrbart.

„Wäre ganz anders, wenn der Herr Oberst noch lebte," sagte er brummend.

Adalbert beachtete diesen Einwurf nicht, ihm lag nur daran, den Gerichtsdirector von einem Beginnen zurückzuhalten, das er bei der Stimmung seiner Unterthanen für gefährlich hielt.

„Folgen Sie diesmal meinem Rathe," sprach er dringend. „Er ist der beste für Sie, wie für mich! Aber Sie haben freie Hand, zu thun, was Sie wollen, wenn Simon ein falscher Prophet war! Ich wünsche es, und zwar von Herzen, denn sein Wissen und Vorhersehen ist mir so unbequem, daß ich gar nichts dagegen hätte, zeigte er mir seinen Entschluß an, seinen Wohnort mit einem andern vertauschen zu wollen."

Gonthal war genöthigt, dem Wunsche des Herrn von Moosburg sich zu fügen. Er that es mit Widerstreben, innerlich geärgert und doch von banger Unruhe gepeinigt. Die Hütte Simons ward auf seinen Befehl scharf bewacht, Tag und Nacht, zu jeder Stunde. Dem unheimlichen Manne konnte diese im Geheim angeordnete Belagerung seines kleinen Eigenthums nicht verborgen bleiben. Er lächelte darüber, hielt sich aber meistentheils vor dem kleinen Hause auf, um den zu seiner Beaufsichtigung an den Grenzen des Moor lungernden Posten zu zeigen, daß er daheim sei und dem Schlosse Moosburg mit keinem Schritte nahe komme.

Diese Ueberwachung des gefürchteten Sehers währte zwei volle Tage und drei Nächte. Am dritten

Tage verfinsterte sich der Himmel, ein Wettersturm, wie die ältesten Leute sich eines ähnlichen nicht erinnerten, rollte die Brandungswogen der See in solcher Höhe und mit so furchtbarer Gewalt gegen die niedrigen Schutzmauern der Dünen, daß diese an einigen Stellen von den Fluthen durchbrochen wurden und das Salzwasser in dem hinter den Dünen gelegenen fruchtbaren Lande bedeutende Verwüstungen anrichtete. Endlich entlud sich ein lang anhaltendes Gewitter. Ein Blitz zündete den hohen Mittelgiebel von Moosburg, und das auflodernde Feuer zerstörte den obersten Theil des Dachstuhles. Der eigentliche Schloßbau litt wenig von dem Feuer und die getroffenen Vorkehrungen erwiesen sich unnöthig.

Während des Brandes stand Simon Habermann ruhig unter der Thür seiner Hütte, rauchte eine kurze Pfeife und beobachtete mit scharfem Auge den Zug der Feuerwolke, die funkenstreuend weit in die Haide hinaus wehte.

Gonthal knirschte vor Aerger, und es fehlte wenig, so wäre er vor Adalbert hingetreten und hätte diesem angezeigt, daß er es für einen Beweis seiner Freundschaft halten würde, wenn er ihn seiner amtlichen Stellung entheben wolle. Nur der Wunsch, die Natur dieses unheimlichen Mannes, der ihm wie der Dämon von Moosburg vorkam, mit der Zeit ergründen zu können, verbunden mit dem Verlangen, dem Freunde und dessen Unterthanen nützliche Dienste zu leisten, hielt ihn von einem Schritte zurück, den er sonst für vollkommen gerechtfertigt erachtete.

6.

Simon als Arzt.

Aergerlicher noch war Vorstendorn. Hatte das Landvolk rund um Moosburg dem Regimentschirurgus von Anfang an wenig Vertrauen geschenkt, so verlor sich dies nach dem Schloßbrande vollends. Jedermann auf der ganzen weitläufigen Herrschaft wußte, daß Simon Habermann den Brand vorhergesagt, daß er dem Herrn von Moosburg das ihm bevorstehende Schicksal angezeigt habe. Es war ferner kein Geheimniß für die Menge, wie hoch namentlich Fräulein Beatrix den so eigenthümlich begabten Mann achtete, und so wandte sich seit jenem Ereignisse im Stillen jeder Hülfsbedürftige dem zurückgezogen lebenden Alten auf dem Moor wieder zu. Dabei aber verstand Simon es doch so einzurichten, daß Gonthal niemals Gelegenheit fand, ihn anzufassen und der Nichtachtung seines Verbotes zu überführen.

Herbst und Winter vergingen ohne auffälliges Ereigniß. Hin und wider hörte man wohl von Aeußerungen, die Simon Habermann gethan haben sollte, sie ließen sich aber niemals genau verfolgen. Simon selbst hielt sich ruhig, und zu einer wirklichen Kur ließ er sich nicht bereden. Zu prophezeihen mochte es nichts geben. Hatte der sonderbare Mann auf seinem Moor oder wenn er durch die endlosen Haiden pilgerte, keine Vision, so erfuhr Niemand etwas von ihm. Er war dann nur fleißiger Beerensammler, ging mit dem gewonnenen Ertrage derselben hausirend von Hof zu Hof, von Ort zu Ort, ertheilte heimlich Fragenden in aller Ruhe seine Rathschläge, wenn kein Verdächtiger ihn beobachtete, und kümmerte sich im Uebrigen weder um das, was im Schlosse, noch außerhalb desselben vorging.

Den Gerichtsdirector, der Simon stets mit argwöhnischen Blicken betrachtete, mied er, ebenso den Regimentschirurgus. Dieser bekam übrigens im Laufe des Winters doch etwas zu thun. Einzelne Umwohner des Schlosses hatten Unglück. Sie fielen auf Glatteis und beschädigten sich so schwer, daß die eigenen Hausmittel, die man etwa anwendete, doch nicht ausreichten. Simon vom Moor aber hütete sich wohl, bei so eclatanten Fällen, die nicht lange verborgen bleiben konnten, mit seinen Rathschlägen den Beschädigten hülfreich beizuspringen. Da blieb denn zuletzt nur der Feldscheer mit seinen Zangen und Sägen übrig.

Vorstendorn war höchlichst erfreut, daß die Wissenschaft, wie er sich laut und bramarbasirend rühmte, den Sieg über den unwissenden Charlatan davon trage. Er behandelte die zum Theil schwer Verletzten auf seine Weise, pflasterte, schnitt und legte gewaltige Verbände an, hatte aber wenig Glück. Was Simon vom Moor in zwei bis drei Tagen ohne Anwendung vieler Medicamente gründlich heilte, dazu brauchte Vorstendorn Wochen. Die Leidenden mußten viele Schmerzen aushalten, fast regungslos im Zimmer bleiben, magerten ab und standen endlich gänzlich entkräftet als halbe Krüppel wieder von ihrem Schmerzenslager auf. Zwar suchte der vielerfahrene Regimentschirurgus den Leuten mit gelehrten Phrasen, deren Sinn sie nicht verstanden, zu beweisen, daß eine Heilung auf andere Weise gar nicht möglich gewesen sei, allein überzeugen konnte er damit die Ungläubigen und leicht ungeduldig Werdenden nicht. Zum Ueberfluß beging Vorstendorn dabei noch die Unvorsichtigkeit, daß er den Quacksalber vom Moor, wie er wegwerfend Simon nannte, regelmäßig verkleinerte und ihn als einen Menschen darzustellen suchte, den eigentlich Jeder meiden, verachten und als einen Zauberer ansehen müsse.

Dies unkluge Schimpfen und Verläumden machte dem Regimentschirurgus viele Feinde, um die er sich jedoch nicht im Geringsten kümmerte. Mehr noch schadete ihm eine völlig mißglückte Kur, bei welcher Vorstendorn, wie er sich selbst gestehen mußte, nicht ohne Schuld war. Der Todtengräber Peter Lassen brach das Bein, und zwar zweimal. Auf Beinbrüche verstand sich der alte Regimentschirurgus seiner eigenen Behauptung nach aus dem Grunde. Er wollte derartige Schäden tausendfältig geheilt haben. Der Verunglückte vertraute sich daher mit einiger Zuversicht Vorstendorn an, um so lieber, als Peter Lassen nicht auf dem freundschaftlichsten Fuß mit seinem Vorgänger stand, wenigstens dessen Versuchen in der Heilkunst keinen Vorschub leisten mochte.

Vorstendorn heilte nun allerdings die beiden Brüche Peter Lassens, weil er aber kein vorsichtiger Arzt war, stand der Unglückliche mit einem völlig schief angeheilten Schienbeine wieder auf. Von Stund' an nannte ihn Jeder den schiefbeinigen Peter.

Lassen ergrimmte darüber, verklagte Vorstendorn bei dem Amte und begehrte Schadenersatz für die Verunstaltung, an der Niemand als der unwissende Feldscheer schuld sei. Peter ward mit seiner Klage ab- und zur Ruhe verwiesen, und Vorstendorn blies sich mehr denn je auf. Simon vom Moor aber zuckte lächelnd die Achseln und erklärte wiederholt, der doppelte Bruch wäre ganz leicht und in viel kürzerer Zeit zu heilen gewesen, ja, wenn Peter Lassen sich nichts aus etwas Schmerzen mache, so wolle er ihm, vorausgesetzt, daß der gestrenge Herr Gerichtsdirector vom Schlosse ihm die Erlaubniß dazu gebe, das Bein noch einmal zerbrechen und es ihm dann so wieder anheilen, daß es eben so gerade, gesund und stark werde, wie das gesunde. Peter Lassen konnte sich zu diesem Manöver freilich nicht entschließen, gesetzt aber, er hätte wirklich den Muth dazu gehabt, das Wagniß zu bestehen, so würde doch Gonthal zu einer so gefährlichen Operation einem Manne, den er noch immer für einen schlauen Betrüger hielt, seine Einwilligung nie gegeben haben.

Diese Vorfälle erzeugten unter der Mehrzahl der Umwohner des Schlosses Moosburg eine sehr gereizte Stimmung gegen den Regimentschirurgus. Die unruhigsten Köpfe beriethen sich, was wohl zu thun sei, um den brutalen, anmaßenden, unliebsamen Mann, den der verstorbene Herr aus dem Kriege mit heimgebracht und ihnen zum Doctor aufgedrungen hatte, los zu werden. Gewalt brauchen konnte und durfte man nicht, sonst wäre eine Verjagung Vorstendorns jedenfalls das Einfachste gewesen. Nach längerem Berathen, bei denen Peter Lassen, als ganz besonders betheiligt, mit zugegen ward, beschlossen die Unzufriedenen, an den Schloßherrn eine Deputation zu schicken und förmlich um Entlassung Vorstendorns nachzusuchen.

Adalbert war dieser Vorfall äußerst unangenehm. Im Stillen gab er seinen Unterthanen Recht, weil er die Kenntnisse des Regimentschirurgus selbst nicht sehr hoch anschlug, in die gänzliche Entlassung des alten Herrn konnte und wollte er aber nicht willigen. Die Bittenden mußten sich mit der Versicherung begnügen, Adalbert würde die Sache reiflich erwägen und daran denken, einen jungen, gründlich gebildeten Arzt, sobald es sich thun lasse, nach Moosburg berufen. Der Name Simon Habermann wurde weder von Adalbert, noch von den Petirenden genannt.

Der Regimentschirurgus hörte von diesem Schritte seiner Gegner und trat nur noch schroffer auf. Es leuchtete ihm ein, daß der Quacksalber vom Moor, der bäuerische Ignorant, für immer aus dem Felde geschlagen sei. Einen andern aber, und wäre es Aesculap selbst gewesen, fürchtete der Mann der Erfahrung nicht, der auf hundert Schlachtfeldern Wunder seiner Kunst an schon Halbtodten verrichtet hatte.

So kam der Frühling heran. Der im Ganzen ziemlich gelinde Winter hatte die Arbeiten auf Schloß Moosburg bedeutend gefördert. Der zum Theil niedergebrannte Dachstuhl des eigentlichen Mittelbaues war ganz im alten spitzgiebligen Styl wieder aufgerichtet worden und sollte noch vor dem Osterfeste durch die Aufsetzung des üblichen Kranzes feierlich gerichtet werden. Zu diesem Feste fanden sich von Moor und Haide viele Zuschauer ein, die in dem geräumigen Schloßhofe, wo noch eine Menge Bauholz aufgeschichtet lag, genügenden Platz fanden. Die Beamten von Moosburg, und der Pfarrer mit Frau und Tochter, nahmen auf einem Balkon des weit vorspringenden rechten Flügels Platz, wo neben dem Herrn von Moosburg und Beatrix Sitze für die besonders eingeladenen Honoratioren errichtet waren.

Der Tag war heiter, die Luft mild. Unter der riesigen, mit bunten flatternden Bändern geschmückten Laubkrone, die auf dem äußersten Gebälk des Giebels prangte, stand das ganze Corps der Zimmerer. Ein junger, stattlicher Mann, der Polirer, trat, als Alles vorbereitet und der ganze Schloßhof mit neugierig Schauenden bedeckt war, an den schwindelnden Rand des Giebels und hielt eine gereimte Anrede an den Bauherrn, die freilich nur von Wenigen ihrem ganzen Inhalte nach verstanden ward. Nach glücklicher Beendigung dieser Rede wurden die üblichen Lebehochs ausgebracht, bei jedem einzelnen Hoch von dem

Polirer ein Glas geleert und dieses nach dem bei solchen Festlichkeiten üblichen Gebrauche in die Tiefe geschleudert.

Durch einen unglücklichen Zufall zerschellte das vorletzte dieser kleinen, aber starken Spitzgläser, das in der sonnigen Luft einen weiten Bogen beschrieb, auf dem Steingesims des Balkons, welchen der Schloßherr mit seinen Gästen eingenommen hatte. Ein scharfer Glassplitter flog aufwärts und bohrte sich dicht unter dem rechten Auge Eveline's ein. Unter lautem Aufschrei trat das junge Mädchen zurück, überrieselt von Blut, das im Bogen aus der schmalen, aber tiefen Wunde sprudelte. Der Glassplitter hatte eine Ader durchschnitten. Unter den Zuschauern entstand sofort eine große Bewegung. Jeder mochte das bescheidene, freundliche Mädchen gern leiden, und eine Menge Stimmen nannten, die eine dies, die andere jenes Mittel, je nachdem man die Wirksamkeit desselben erprobt haben wollte.

Gonthal, der neben der Verwundeten saß, zog sogleich sein Taschentuch, um dem heftigen Hervorströmen des Blutes wo möglich Einhalt zu thun, und rief dann mit lauter Stimme:

„Vorstendorn! — Herr Regimentschirurgus! — Wo zum Henker stecken Sie denn? — Geschwind, thun Sie Ihre Pflicht!“

Der Gerufene drehte sich den weißen Schnurrbart, rollte die Augen und trat zögernd neben die blutende Eveline.

„Wie ist Ihnen?“ fragte Gonthal. „Fühlen Sie sich schwach? — Bitte, bitte, bleiben Sie ruhig!“

Eveline's Mutter war vor Schreck einer Ohnmacht nahe, Beatrix befahl Wasser und Schwämme zu bringen, der Pastor schlug sein Auge bittend zum Himmel auf.

„Ist die Wunde gefährlich?“ fragte jetzt Gonthal den Regimentschirurgus, der zögernd und unschlüssig sein Besteck zog. Der Gerichtsdirector gewahrte, daß Vorstendorns Hand zitterte. „Himmel, so eilen Sie doch!“ rief er ungeduldig aus. „Sehen Sie denn nicht, daß das arme, liebe Geschöpf ganz im Blute schwimmt? — Gibt es kein Mittel, die Wunde zu schließen?“

„An dieser fatalen Stelle wird das schwer halten,“ versetzte mit erzwungenem Gleichmuthe der offenbar selbst bestürzte Regimentschirurgus. „Man kann weder eine Compresse, noch einen Verband anlegen. Vielleicht ist die Ader auch ganz zerrissen.“

„O mein Kind, mein liebes Kind!“ jammerte die Mutter.

Eveline erbleichte sichtbar und ihre Kräfte begannen zu schwinden.

„Sie verblutet sich!“ sprach Gonthal in größter Aufregung. „Was können wir thun?“ Er blickte rathlos um sich und sein Auge traf Adalbert, der eben die Hand an seine Stirn legte und scharf nach dem Eingange des Schloßhofes sah. Die Gesichter der im Hofe versammelten Menge waren in schweigender Erwartung dem Balkon zugekehrt.

„Es ist unmöglich, die Ader zu schließen,“ lallte in steigender Verwirrung und völliger Rathlosigkeit der Regimentschirurgus.

„Da kommt Simon vom Moor,“ sprach Adalbert. „Lassen wir jedes Vorurtheil fahren und rufen seine Hülfe an!“

Gonthals Stirn verfinsterte sich.

„Und wenn der Narr hexen könnte, hier vermöchte er doch nicht zu helfen,“ versetzte er kleinlaut.

„Simon vom Moor! — Simon, rette! — Ihn sendet Gott!“ — So riefen viele Stimmen wirr durcheinander.

Es war Habermann. Die lange, hagere Figur schritt mit großen Schritten näher. Adalbert rief ihm zu und winkte ihm.

„Rette eine Unglückliche!“ sprach er. „Ich weiß, Simon, daß Du es kannst, wenn Du willst! Wir alle haben das größte Vertrauen zu Dir!“

Simon vom Moor blieb mitten auf dem Hofe stehen. Statt der Bütte, die er gewöhnlich trug, hing ihm heute an breitem Lederriemen eine alte, plumpe Windbüchse über der Schulter, mit der er bisweilen auf dem Moor Möven schoß. Er zog grüßend seine Bibermütze vor dem Schloßherrn, sagte aber trocken und ruhig: „Ich darf nicht, Herr von Moosburg! Der Herr Gerichtsdirector hat mir bei schwerer Strafe alles Kuriren verboten."

Durch die versammelte Menge lief ein drohendes Murmeln. Adalbert wandte sich an Gonthal. „Widerrufen Sie selbst Ihren Befehl, lieber Gonthal," sprach er leise. „Sie sehen, hier ist Gefahr im Verzuge! Schon athmet die Aermste nur schwach noch, die Augen schließen sich, sie wird bleicher und bleicher und der Blutquell springt noch immer!"

Gonthal sah den Regimentschirurgus drohend an.

„Können Sie helfen oder nicht?" fragte er barsch.

„Hier kann Niemand helfen," lautete Borstendorns Antwort.

Sogleich bog sich Gonthal über das Geländer des Balkons.

„Ich bitte Sie dringend, Simon Habermann, kommen Sie herauf!" sprach er. „Ich nehme freiwillig mein Verbot zurück. Und Ihr alle, die Ihr hier versammelt seid," fuhr er zu der Menge im Schloßhofe gewandt fort, „Ihr alle hört es: wenn Simon im Stande ist, die unglückliche Jungfrau zu retten, so soll er Euch von heute an rathen und helfen, so oft und viel er will!"

Ein Jubelruf erfüllte die Luft, hundert Mützen grüßten zum Balkon hinauf, viele riefen dem Gerichtsdirector ein Vivat zu. Simon aber war verschwunden. Unter dem Portal des Schlosses legte er seine Windbüchse ab, eine Minute später trat er auf den Balkon. Bereitwillig machten ihm alle Platz. Eveline ruhte mit geschlossenen Augen, bewußtlos, nur matt röchelnd, im Schooß ihrer weinenden Mutter. Neben ihr kniete Gonthal, die linke Hand des Mädchens haltend, um auf den nur noch matt schlagenden Puls zu lauschen. Der ganze Balkon war von Blut überströmt.

. Jetzt beugte sich Simon vom Moor über das todtenbleiche Mädchen, berührte die Wunde mit Daumen und Zeigefinger, tauchte einige Fädchen, die er der Tasche seiner langen, weiten Weste entnahm, in das hervorquellende Blut, bis sie ganz davon getränkt waren, sprach unverständliche Worte dazu und legte dann, während er die so getränkten Fäden wieder zu sich steckte, seinen Daumen fest, doch ohne Gewalt anzuwenden, auf die Wunde. Diese Manipulationen waren das Werk weniger Secunden. Als Simon seine Hand wieder hob, blutete die Wunde nicht mehr.

„Nun lassen Sie dem Kinde Ruhe, bis es wieder völlig zu sich kommt,“ sagte er, seine grauen, blitzenden Augen von Einem zum Andern gleiten lassend, „Morgen ist das Kind wieder so alert wie eine junge Taube und kann ein Tänzchen unter ihres Gleichen wagen.“

Er stand auf und grüßte die Erstaunten, dem Regimentschirurgus aber warf er einen feindseligen Blick zu, indem er barsch die Worte hinzufügte:

„Wir Beide sprechen uns wohl noch vor unserem Ende!“

Vorstendorn erbleichte vor dem dämonisch wilden Blick des unheimlichen Mannes, zu erwidern vermochte er nichts.

Als Simon den Balkon verließ, schlug Eveline die Augen wieder auf. Ihr erster Blick fiel auf das theilnehmende Gesicht des über sie gebeugten Gonthal. Sie erröthete und blickte verwundert, wie aus einem schweren Traume erwachend, um sich.

„Gottlob, sie lebt! Sie ist gerettet!“ rief der Gerichtsdirector, froh aufathmend.

Eveline erhob sich mit Hülfe ihres Vaters. Allgemeiner Freudenjubel erfüllte die Luft. Der Name Simons schwebte auf aller Lippen, während manches

Wort der Drohung gegen Vorstendorn dazwischen vernommen ward. Als man sich später nach dem wunderbaren Retter in der Noth umsah, war dieser bereits verschwunden. Keiner wußte, auf welchem Wege er Schloß Moosburg verlassen hatte.

7.

Der Sturm bricht los.

Gonthal saß gedankenvoll in seinem Zimmer. Vor ihm lag ein Brief des Pastors Braun, der in herzlichen Worten Danksagungen und die Mittheilung enthielt, daß Eveline völlig genesen sei, weder Schmerzen an der bereits vernarbten Wunde empfinde, noch über Schwäche oder Entkräftung Klage führe. Am Schlusse ward dringend gebeten, der Herr Gerichtsdirector, dem man diesen glücklichen Ausgang eines anscheinend großen Unglücks ja vorzugsweise zu danken habe, möge doch recht bald die froh Genesene begrüßen.

Simon vom Moor hatte sich seit diesem Zwischenfall, der begreiflicherweise auf der ganzen Herrschaft Moosburg ungeheures Aufsehen machte, nicht mehr blicken lassen. Gonthal wollte ihn persönlich besuchen, fand aber die Hütte des seltsamen Mannes leer. Es lag dem Gerichtsdirector jetzt daran, sich mit Simon zu verständigen, sich wegen seines früheren schroffen Auftretens zu rechtfertigen. Gleichzeitig wollte er ihm auch den Widerruf seines Verbotes wiederholen, diesem aber die Bitte hinzufügen, auf deren Gewährung er sicher rechnete, Simon Habermann möge ihn, wenn nicht in die Geheimnisse seiner unerklärlichen Kunst einweihen, doch wenigstens bei gelegener Zeit noch einigemale zum Zeugen seines Handelns machen.

Vorstendorn ließ sich ebenfalls nicht sehen. Ihn hatte die Herbeirufung des verhaßten Quacksalbers schwer beleidigt, und er war, ohne sich irgend Jemand zu empfehlen, heimlich aus dem Schlosse geschlichen, da er bemerkte, daß Niemand mehr auf ihn achtete. Daß er den ungelehrten Mann sich so offen vorgezogen sah, ja, daß er gar hören mußte, wie Gonthal, den er doch für seinen Freund und Vertheidiger gehalten hatte, diesem vor allem Volk die Erlaubniß gab, künftighin helfen, rathen und kuriren zu können, so viel er wolle, hatte ihn tief gekränkt. Das war eine Verachtung der Wissenschaft, eine Herabsetzung seiner Person als Arzt, die kaum anders als durch Blut gesühnt werden konnte. Gonthal galt Vorstendorn von jenem Augenblicke an für seinen erklärten Feind, und daß er wußte, er werde bei Adalbert und Fräulein Beatrix wenig Unterstützung finden, machte ihn nur noch mürrischer. So verschloß er sich denn in seinem Hause und mied Moosburg, als sei es ein Ort, wo ihm nie wieder wohl werden könne.

Inzwischen hatte Gonthal seine Besuche auf dem Moor täglich wiederholt, ohne den seltsamen Mann jemals daheim zu treffen. Er theilte sein Mißgeschick Pastor Braun mit, dessen Tochter dem jungen Manne seit jenem Unglückstage interessant, ja lieb geworden war. Von diesem hörte er, Simon Habermann pflege dies seit Jahren so zu machen, wenn ihm eine recht auffallende Kur geglückt sei. Allem Vermuthen nach thue er es deshalb, um nicht gar zu sehr von Hülfesuchenden oder doch Neugierigen überlaufen zu werden.

Eine ganze Woche blieb Simon unsichtbar. Dann sah man ihn plötzlich wieder, die Bütte auf dem Rücken, einen langen, knotigen Stock in der Hand, mit gewaltigen Schritten über Moor und Haide wandern. Gonthal erhielt Kunde von der Rückkehr des mit Sehnsucht Erwarteten und gedachte, nach Beendigung seiner Geschäfte, abermals das Moor zu besuchen.

Wider Erwarten hielten eine Menge von Quisquilien den Gerichtsdirector bis tief in die Dämmerung auf. Das Wetter war wieder kühl geworden und starker Nebel lag über der Haide. Eben als Gonthal aufbrechen wollte, trat Adalbert aufgeregt bei ihm ein.

„Haben Sie schon Meldung erhalten?“ fragte er hastig.

„Wovon?“

„Eine Rotte Halbtoller belagert das Haus des Regimentschirurgus und macht einen Lärm, wie die Wilden. Kommen Sie! Ich hoffe, die Sache hat wenig auf sich. Einige der Unzufriedensten wollen sich vermuthlich für die unnützen Schmerzen bezahlt machen, welche sie den medicinischen Kenntnissen Borstendorns verdanken. Die Rotte heult und gröhlt, daß man es auf dem Schloßhofe hören kann.“

„Schade, daß es so stark nebelt,“ sagte Gonthal. „Es wird schwer halten, die Anstifter des Tumultes aus der Menge herauszugreifen.“

„Gleichviel,“ versetzte Adalbert. „Unser Erscheinen, unsere Autorität wird die Ruhe wieder herstellen. Nehmen Sie aber einige Gerichtsdiener mit, um die Ersten Besten aus dem lärmenden Haufen zu arretiren. Ein scharfes Verhör derselben wird uns dann die eigentlichen Anstifter und Rädelsführer gewiß in die Hände liefern. Sie sollen exemplarisch bestraft werden; denn kann ich auch den Regimentschirurgus mit seinen traurig verfehlten Kuren nicht in Schutz nehmen, so werde ich doch auch nie dulden, daß man ihn willkürlich seiner unglücklichen Hand wegen bestraft und offene Volksjustiz übt!“

Gonthal konnte dem Herrn von Moosburg nur beipflichten. Er rief deshalb die Zuverlässigsten seiner Leute und schritt, von diesen gefolgt, mit Adalbert der Gegend zu, wo Vorstendorn wohnte. Vor dem Schloßhofe schon vernahmen sie deutlich das Schreien und Johlen der Tumultuanten. Der Wind trieb ihnen mit dem wallenden Nebel den Schall gerade entgegen.

„Ich bedaure, daß es zu so ärgerlichen Auftritten kommen muß," sagte Gonthal leise zu seinem Begleiter, „und habe mir eigentlich selbst deshalb Vorwürfe zu machen. Es war nicht klug von mir, daß ich so ungestüm, vor allem Volk diesem unergründlichen Simon das Recht zusprach, von seinen seltsamen Naturgaben beliebigen Gebrauch zu machen. Ich ließ mich von der Noth des Augenblickes beherrschen, und obwohl ich gleich darauf bei dem Jauchzen der Menge fühlte, daß ich unüberlegt gehandelt und den bedauernswerthen Regimentschirurgus dadurch bloßgestellt hatte, war das einmal Geschehene doch nicht mehr zu ändern."

„Ein paar ernste Worte, eine scharfe Drohung und rasch ausgeführte Verhaftungen der Schuldigsten bei diesem Scandal beschwichtigen die Erhitzten," sagte Adalbert beruhigend. „Der guten Eveline mußte ja doch geholfen werden, und da Vorstendorn freiwillig seine Unfähigkeit, Hülfe leisten zu können, eingestand, wer anders blieb denn noch übrig, als dieser Wundermann? Sie hatten vollkommen recht, so zu handeln, wie Sie thaten."

„Es ist eine meisterhafte Katzenmusik, die die Bewohner der Haide dem armen Schelm bringen," bemerkte Gonthal. „Wenn er nur klug ist und ruhig bleibt! Schreier solcher Art ziehen sich am ehesten zurück, wenn man ihr Lärmen gar nicht beachtet."

„Vorstendorn ist ein Hitzkopf," versetzte Adalbert. „Eine kurze Zeit wird er sich wohl ruhig verhalten, lange aber mag ich nicht für ihn haften."

Man gewahrte jetzt eine Menge unklarer Menschenumrisse durch den schleifenden Nebel, die sich lärmend, schreiend und pfeifend durch einander trieben. Gonthal und Moosburg beschleunigten ihre Schritte. Da vernahmen sie die vor Zorn und Wuth bebende Stimme des Regimentschirurgus.

„Vermaledeites Lumpengesindel, packt Euch," rief Vorstendorn aus einem der Fenster seines Hauses, „oder Ihr sollt Eure Frechheit schwer bereuen!"

„Da ist er!" sprach Adalbert. „Wir kommen zur guten Stunde."

Einen Augenblick verstummten die Schreier, dann aber brach unter den Tumultuanten ein viel tollerer Lärm als zuvor aus. Gleichzeitig vernahm man heftige

Schläge an die verschlossene Thür des Hauses, aus denen sich schließen ließ, daß die Lärmenden in das Haus zu dringen beabsichtigten.

„Rasch vorwärts!" befahl Gonthal den Gerichtsdienern. „Im Namen des Gesetzes, ergreift Einige der Ruhestörer!"

„Zurück, ihr Schufte!" schrie abermals der Regimentschirurgus. „Zurück, oder ich brauche Gewalt!"

Wildes Geschrei und heftigere Schläge an die Thür antworteten dem Drohenden. Da zuckte ein rother Blitz durch den Nebel und ein Schuß verhallte über der Haide.

„Himmel, er feuert unter die Lärmenden!" rief Herr von Moosburg. „Das ist Wahnsinn, das kann ihm das Leben kosten!"

„Auseinander da! Im Namen des Herrn von Moosburg!" rief Gonthal dem Haufen zu, der nur noch wenige Schritte von ihnen entfernt war.

Ein zweiter Schuß fiel aus dem Fenster, diesem folgte ein dumpfes, von Zischen begleitetes Geräusch und der Aufschrei eines Menschen.

„Das war eine Windbüchse!" sprach Adalbert. „Irgend Jemand ist verwundet worden."

Die rasch hinter einander fallenden Schüsse machten die tumultuirende Menge doch stutzig. Viele mochten auch die befehlshaberische Stimme des Gerichtsdirectors gehört haben und dadurch zu der Einsicht gekommen sein, daß bei fernerem Verweilen wenig Ehre zu holen sei. Vom Nebel begünstigt, zogen sich daher eine Menge eiligst zurück, während Andere den schnell zuspringenden Gerichtsdienern in die Hände fielen.

Gonthal und Adalbert kümmerten sich nicht um diese Ergriffenen. Beiden war es vor Allem darum zu thun, zu erfahren, ob Jemand durch einen der abgefeuerten Schüsse verwundet worden sein möge. Sie drangen gerade auf Vorstendorns Behausung zu, die sie bereits von jedem Angreifenden verlassen fanden. Dem heftigen Andrängen der Menge hatte die Thür nachgegeben. Sie war dem Zusammenbrechen nahe und ließ sich jetzt ohne große Mühe öffnen.

„Herr Regimentschirurgus!" rief Gonthal. „Sie sind von Ihren Drängern befreit und haben nichts mehr zu befürchten. Man hat Einige der Tumultuanten ergriffen. Die Gravirtesten sollen der wohlverdienten Strafe nicht entgehen!"

Auf diese Anrede erfolgte keine Antwort. Ueber die in das obere Stockwerk führende Treppe herab schimmerte der trübe Schein eines Lichtes. Adalbert glaubte ängstliches Stöhnen zu hören.

„War das oben oder kam es von Außen?" fragte Gonthal.

„Lassen Sie uns hinaufsteigen," versetzte Herr von Moosburg. „Vorstendorn glaubt wohl noch nicht recht an seine Befreiung."

Beide Herren erstiegen schnell die niedrige Treppe. Auf dem Vorplatze stand ein in den Leuchter herabgebranntes Licht, das stark schwehlte. Beim düstern Schein der Flamme sahen sie durch eine offene Thür in ein Zimmer, auf dessen Boden eine Gestalt sich unter heftigem Röcheln bewegte. Gonthal ergriff sogleich das Licht, hielt es vor sich hin, daß der Schein desselben voll ins Zimmer fiel, und erblickte schaudernd den Regimentschirurgus im Blute schwimmend. —

Er vermochte schon nicht mehr zu antworten. Auf an ihn gerichtete Fragen machte er nur unverständliche Zeichen, dann holte er noch einmal tief und stöhnend Athem, streckte sich und verschied. Eine Kugel hatte ihm das Herz durchbohrt.

8.

Das letzte Gesicht.

„Wer kann den unseligen Schuß abgefeuert haben?“ sprach Gonthal, als er in Begleitung Adalberts das Schloß wieder betrat. „Zwei Schüsse fielen aus dem Hause — wir haben es Beide deutlich gesehen — nur einer, ein kaum hörbarer folgte aus dem tumultuirenden Haufen! — Gibt es unter den Bewohnern der Haiden und Moore viele, welche Windbüchsen führen?“

Adalbert zögerte mit seiner Antwort.

„Ich sah ein solches Gewehr,“ fuhr Gonthal fort, „und zwar im Besitz eines Mannes, den ich gerade an jenem Tage, ich möchte sagen, in jenem Augenblicke, wo ich es sah, hoch achten lernte.“

Adalbert antwortete gepreßt und mit verdüsterten Zügen:

„Es gibt rund um Schloß Moosburg nur einen einzigen Mann, welcher eine Windbüchse führt und als Meister in deren Handhabung bekannt ist.“

„Glauben Sie, daß die Kugel, welche dem Regimentschirurgus das Leben raubte, aus einer Windbüchse kam?“

„Ich bin davon überzeugt.“

„In diesem Falle bin ich genöthigt, den Mann, von dem ich spreche, noch diesen Abend verhaften zu lassen.“

„Ich werde Ihnen kein Hinderniß in den Weg legen,“ sagte Herr von Moosburg. „Den Meuchelmörder des armen Vorstendorn zu entdecken, ist unsere nächste Pflicht.“

„Wollen Sie mich begleiten?“

„Ich finde, es ist nicht nöthig. Meiner Ansicht nach wird es für mich passender sein, wenn ich meine Schwester auf das Kommende vorbereite. Ich möchte Ihnen rathen, etwas Aehnliches bei Eveline zu versuchen. Der Weg nach dem Moor führt an dem Pastorat vorüber. Sie können Ihre Leute zu Simon Habermann schicken und ihn abholen lassen.“

Gonthal zögerte keine Minute. Er erkundigte sich nur noch nach der Zahl der ergriffenen Tumultuanten, fragte, ob bekannte oder verrufene Individuen darunter seien, und brach sodann mit seinen Gerichtsdienern auf, um Simon vom Moor, den Mann, welcher ganz allein im Besitze einer Windbüchse war, zu verhaften.

Beim Pastorat angekommen, schickte er seine Begleiter voraus und befahl ihnen, den verdächtigen Mann abzuholen; er werde ihre Rückkunft mit Simon bei dem Pastor erwarten. Der Nebel war inzwischen verflogen und die schmale Sichel des sich wieder füllenden Mondes brach durch die rollenden Dünste. Von dem Pfarrhause aus konnte man den wüsten Kirchhof mit seinen verwitterten, schief stehenden Kreuzen übersehen. Die Kreuze und einzelne Leichensteine warfen kurze Schatten über den dürren Boden.

Pastor Braun hatte schon Kunde von dem Vorgefallenen, er ahnte nicht, daß der Verdacht der Frevelthat auf Simon Habermann ruhe. Als Gonthal ihm diese Mittheilung machte, erschrak er aufs Heftigste. Eveline, die, wo möglich, noch mehr bestürzt war und zu dem greisen Manne mit fast abgöttischer Ehrfurcht aufblickte, bestritt die ihn erniedrigende Vermuthung leidenschaftlich, und ging so weit, dem Gerichtsdirector heftige Vorwürfe zu machen.

„Kind," sagte beruhigend ihr Vater, „es wird sich ja alsbald aufklären, ob Simon schuldig ist oder nicht. Mein Herz spricht ihn frei von dieser That, aber ich kann mich irren. Soweit ich den Charakter dieses seltenen Menschen bisher zu erforschen vermochte, halte ich ihn eines Verbrechens nicht fähig. Dagegen bin ich überzeugt, daß er das Seinige dazu beitragen wird, den Thäter ermitteln zu helfen, um vor Gericht gestellt werden zu können."

„Glauben Sie, daß Simon, vorausgesetzt, er selbst ist unschuldig, den wirklich Schuldigen kennt?"

„Sie wissen, Herr Gerichtsdirector," erwiderte Pastor Braun, „daß sich eine Menge seltener Naturgaben in diesem Manne vereinigen. Wer genau angeben kann, wessen Hand der Tod berühren wird, wo ein bewohntes Haus die Flamme verzehren soll, dem kann es doch wohl nicht schwer fallen, die Spuren eines Missethäters zu entdecken?"

Gonthal ging nachdenklich auf und nieder. Manchmal nur trat er zu Eveline, flüsterte mit ihr und bat sie in zärtlichem Tone um Verzeihung.

„Ich zürne nicht, kann überhaupt nicht zürnen," erwiderte das junge Mädchen, „aber ich wünsche, daß Sie mir einen Gefallen thun. Wollen Sie?"

„Ihr Wille ist mir Befehl, wenn er sich mit meiner Pflicht und meinem Gewissen verträgt."

„Ueberlassen Sie den Mann, dem ich mein Leben verdanke, das Ihnen, wie Sie mich oft versicherten, theuer ist, nicht Ihren herzlosen Dienern," sagte unter Thränen lächelnd Eveline. „Solche Menschen sind selten zart und theilnehmend. Ihr Beruf erfordert, daß sie eine gewisse Herzlosigkeit zur Schau tragen. Was man aber auch immer gegen den alten, weisen

Simon vom Moor sagen mag, er ist ein ungewöhnlicher Mensch, der das Herz auf dem rechten Flecke hat, und der eben deshalb mit einiger Achtung behandelt zu werden verdient."

Gonthal küßte Evelinens Hand, indem er sagte:

„Um dieser Bitte willen, die ich gern erfülle, werden Sie mir nur noch theurer."

Gleich darauf verließ er das Pfarrhaus und näherte sich dem Kirchhofe. Einzelne Dohlen flatterten krächzend um das stumpfe Dach des alten Kirchthurmes, in den zerstreut an der Mauer stehenden Bäumen rauschte der Wind, und die über die Mondsichel fliegenden Nebelwolken zogen als dunkle Schatten über Grabhügel und Haideland. Da und dort klapperte in den verrosteten Angeln an den Kreuzen eine schlecht schließende Thür, welche die Inschriften und den kurzen Lebenslauf der Verstorbenen, auf Holz gemalt, gegen die Einflüsse des Wetters schützen sollte.

Gonthal sah sich nicht um. Seine Gedanken weilten bald bei der lieblichen Eveline, deren Herz er gewonnen zu haben glaubte, bald bei Simon vom Moor, dessen Persönlichkeit für ihn immer unheimlicher ward. Furchtsam war Gonthal nicht, und doch schauerte er innerlich zusammen, als er jetzt an einem offenen Grabe vorüberging, das dicht am Wege lag. Einen Augenblick blieb er stehen und sah hinein. Es schien noch nicht fertig zu sein, denn in der Tiefe lehnten Spaten und Schaufel, als sei der Todtengräber in seiner Arbeit gestört worden. Ohne sich irgend etwas dabei zu denken, ging Gonthal weiter, und bald lag der Kirchhof hinter ihm. Als er die Mauerpforte durchschritten hatte, kehrte er sich noch einmal um. Der Mond schien hell auf Weg und Grabhügel und nirgends war, außer den kreisenden Dohlen um den Thurm, ein lebendiges Wesen zu sehen.

Nun hörte er vor sich Stimmen und Schritte. Sie kamen vom wüsten Moor her. Gonthal ging weiter und bemerkte ihm entgegenkommende Männer. Einer derselben war Simon Habermann. Er erkannte den Mann an seiner Größe und den weiten Schritten, die er machte. Dem Anschein nach unterhielt er sich vollkommen unbefangen mit seinen Begleitern. Jetzt hörte Gonthal, daß er zu diesen sagte:

„Na, wer hat nun Recht? Da seh' ich ja schon den Herrn Gerichtsdirector!"

Gonthal blieb abermals stehen, um die Herankunft seiner Leute mit dem Gefangenen zu erwarten. Es war ihm lieb, daß Simon den Gerichtsdienern so willig gefolgt war, obwohl das Zusammentreffen mit dem wunderlichen Alten ihn etwas in Verlegenheit setzte.

Simon vom Moor bot ihm jetzt freundlich guten Abend. Er trug seinen gewohnten Knotenstock, ohne den er selten ausging.

„Es thut mir von Herzen leid, Habermann," erwiderte der Gerichtsdirector auf Simons Gruß, „daß wir uns unter so mißlichen Verhältnissen wiedersehen. Ich hoffe aber, Sie werden Ihr Alibi zu beweisen vermögen. Nicht wahr, Sie sind den ganzen Tag in Ihrer Wohnung gewesen?"

„Ich kam erst nach Hause, als diese Herren schon an meine Thür klopften," lautete Simons entschlossene kurze Antwort.

„Und wo waren Sie?" fragte Gonthal, von dieser nicht erwarteten Antwort unangenehm berührt.

„Zwischen Kirche und Schloß Moosburg," erwiderte Simon.

„Hörten Sie den Lärm vor dem Hause des Regimentschirurgus?"

„Den Lärm und zwei Schüsse."

„Keinen dritten?"

„Ein Schwirren klang an mein Ohr, doch hielt ich's nicht für einen Schuß."

„Wo haben Sie Ihre Windbüchse gelassen?" fragte Gonthal weiter, da er mit Verwunderung bemerkte, daß keiner der begleitenden Gerichtsdiener diese Schußwaffe trug.

„Wenn sie nicht in meinem Hause an der Wand hängt, wo ich sie heute Morgen noch sah, als ich ausging, weiß ich's nicht," lautete Simons Antwort.

Gonthal richtete seine Blicke fragend auf die Diener.

„Es fand sich kein Gewehr in Habermanns Wohnung," versetzte der Eine achselzuckend.

In diesem Augenblicke betraten die Männer den Kirchhof. Der Mond schien noch hell und wurde jetzt auch nicht auf kurze Momente von vorüberfliegenden Wolken verdeckt. Gonthal gewahrte an der Stelle, wo er vor wenigen Minuten das Grab gesehen hatte, mitten auf dem Wege einen dunkeln Gegenstand, welcher den ganzen Steg sperrte. Noch einige Schritte, und er glaubte die Form eines Sarges zu erblicken. Simon blieb stehen.

„Sonderbar," sprach er. „Vor einer Viertelstunde war doch Alles noch heil! Wie kann das angehen!"

„Fällt Ihnen etwas auf?" fragte Gonthal den mit sich selbst Sprechenden.

„Nein, Herr Gerichtsdirector," versetzte dieser, „aber ich bitte, gehen Sie voran! Ich bin ja Ihr Gefangener."

Gonthal näherte sich dem Sarge. Er trat bis an denselben heran, warf einen Blick seitwärts und bemerkte jetzt kein Grab mehr, sondern einen frisch aufgeworfenen Grabhügel.

„Ist es denn möglich!“ rief er unwillkürlich, seine Hand an die Stirn legend. „Oder hat der Mond mich getäuscht?“

Simon vom Moor stand neben ihm. Er erfaßte die Hand des Gerichtsdirectors, deutete mit seinem Stock auf den Sarg und sagte mit dem feierlichen Ernst eines Propheten:

„Merken Sie, daß uns der Weg hier versperrt ist?“

„Es scheint so.“

„Und was hemmt Ihre Schritte?“

„Mich dünkt, es ist ein Sarg,“ sprach Gonthal fröstelnd.

„Und wissen Sie, wem er gehört, für wen er bestimmt ist?“ fuhr Simon fort. „Mein Sarg ist's, Herr Gerichtsdirector, und da werden sie mich in die Erde senken, ehe die Sonne neunmal auf- und untergeht!“ Das graue, tiefe Auge des unheimlichen Mannes lag auf ihm, wie der Blick eines Geistes.

„Der Mond täuscht uns Beide,“ sagte Gonthal stotternd.

„Glaub's nicht, Herr Gerichtsdirector,“ versetzte Simon vom Moor, hob seinen Knotenstock und führte mit aller Kraft einen Schlag gegen den Sarg. Der Stock traf die Erde, aber das Gebilde verschwand nicht. Dem Gerichtsdirector bebten die Kniee, als

Simon ihn seitwärts drängte und zugleich mit ihm den phantastischen Sarg umging. Die einige Schritte zurückgebliebenen Gerichtsdiener folgten auf gleichem Umwege.

An der Kirche angelangt, trat Simon vor die verschlossene Thür, nahm seine Mütze ab und betete still ein Vaterunser. Gonthal vermochte es nicht. Als der Gefangene sich wieder bedeckte, deutete er rückwärts auf den Weg.

„Was sehen Sie jetzt?“ fragte er mit seltsamem Lächeln.

Der Weg lag frei da im hellen Mondenlicht.

„Mir flirrt es vor den Augen,“ sagte Gonthal. „Lassen Sie uns eilen! Hier ist es unheimlich.“

„Unheimlich!“ lachte der greise Mann. „Lustig kann man's freilich nicht finden, wenn man sich selber den Tod ansagen muß!“

9.

Simons Ende.

Bei der gerichtlichen Obduction der Leiche des Regimentschirurgus fand man die Kugel in der Nähe des Rückgrats. Schon die Form derselben machte es zweifellos, daß sie nur aus dem Rohr einer Windbüchse abgefeuert worden sein konnte. Der Verdacht gegen Simon, der sein Alibi nachzuweisen keine Anstalt machte, mehrte sich und nahm besonders deshalb an Wahrscheinlichkeit zu, weil die ihm zugehörende Windbüchse nicht aufzufinden war. Dennoch hatte der unheimliche Mann nicht das Aussehen, nicht die Haltung eines Verbrechers. Er saß ruhig in seinem Gefängniß, erschien eben so ruhig vor Gericht und beantwortete alle ihm vorgelegten Fragen mit der ihm eigenen trockenen Bestimmtheit. Ohne den Beweis führen zu können oder zu wollen, daß er nicht der Thäter sei, läugnete er die That selbst doch mit großer Ruhe.

Herr von Moosburg, mehr noch der Gerichts-director Gonthal, befanden sich in einer höchst unangenehmen Lage. Die Volksmenge, welche in Simon vom Moor ihren Rathgeber sah, ward unruhig. Schon am Tage der Beerdigung des Regiments-chirurgus, der mehr aus Neugierde, als aus wirklicher Theilnahme eine große Menschenmenge beiwohnte, fielen Aeußerungen, die einen verzweifelten Entschluß ankündigten. Es war gar nicht so unwahrscheinlich, daß die stark Exaltirten den Versuch machen würden, ihren Retter aus mancher Noth mit Gewalt zu befreien. Einen gewaltsamen Angriff auf Moosburg abzuschlagen, fehlte es in dem alten Schlosse selbst an jeder Vorkehrung. Außer einigen Büchsen und Hirschfängern hatte man gar keine Waffen. Adalbert war keine kriegerische Natur, Beatrix die Friedensliebe selbst, und Gonthal trug sich mit Bedenken gar eigener Art, die auch nicht geeignet waren, den Muth zu stählen. Am meisten fürchtete er ein plötzliches Ableben des Verhafteten. Was aber würde die ohnehin schon aufgeregte Menge gesagt haben, wenn sich plötzlich die Kunde von Simons Tode verbreitete! Es ließ sich voraussehen, daß ein solches Ereigniß die furchtbarsten Folgen haben konnte; denn die Erhitzten würden sich eingeredet haben, der unbequeme Mann sei in aller Heimlichkeit beseitigt worden, nur um ihn los zu werden.

Gonthal gab sich deshalb die größte Mühe, Simon durch freundliches Zureden zu einer Aussage zu bewegen, die ihn veranlassen konnte, den Gefangenen gegen Handgelöbniß wieder auf freien Fuß zu setzen. Der sonderbare Mann wußte, wie Tausende behaupteten, so Vieles, er selbst rühmte sich der unbegreiflichsten Kenntnisse; war es ihm da denn nicht möglich, den wahren Thäter zu nennen, falls er sich ohne Schuld wußte? Selbst eine falsche Angabe würde Gonthal vorläufig gern ergriffen und festgehalten haben, nur um Simon nicht als den wahrscheinlichen Verbrecher in Haft halten zu müssen. Er deutete dies dem Gefangenen an, dieser aber blieb hartnäckig bei seinen bereits gemachten Aussagen.

Von den übrigen, während des Tumultes Ergriffenen war noch weniger zu erfahren. Die Leute traf jedenfalls nur geringe Schuld. Mehr die Neugierde und die Lust am Scandal, als die Absicht, dem Regimentschirurgus ein Leid zuzufügen, hatte sie verlockt. Die eigentlichen Anstifter des Lärms, der ein so betrübendes Ende nahm, kannten sie nicht.

Obwohl nun Gonthal von der Schuldlosigkeit dieser auf gut Glück Ergriffenen sehr bald überzeugt war, behielt er sie doch in Haft, weil er die Hoffnung hegte, es könnten die Angehörigen sich doch vielleicht Mühe geben, die schwer Gravirten zu ermitteln und sie dem

Amte anzuzeigen. Es blieb indeß alles ruhig, nur von heimlichen Zusammenkünften in zerstreut liegenden Wohnungen auf Moor und Haide erhielt Gonthal von seinen Spähern Nachricht, ohne jedoch zu erfahren, was die im Stillen sich Berathenden wohl beabsichtigen möchten.

Da trat am sechsten Tage nach Simons Verhaftung der Schließer in Gonthals Zimmer und machte diesem die Meldung, der eingekerkerte alte Mann begehre mit drängendem Ungestüm sogleich vernommen zu werden. Erwartungsvoll ließ der Gerichtsdirector den Gefangenen vorführen. Außer dem Protocollführer wohnte diesem Verhör auch Herr von Moosburg bei. Simon Habermann trat ein, nicht wie ein schuldbeladener Verbrecher, sondern wie ein Mann, der, vom Geist getrieben, eine Offenbarung zu machen oder eine ihm gewordene Mission zu erfüllen hat.

„Haben Sie sich eines Bessern besonnen, Habermann?“ redete Gonthal den Eintretenden an. „Theilen Sie uns mit, was Sie wissen, damit die Unschuldigen der Freiheit wieder gegeben, die Schuldigen aber zur Strafe gezogen werden können.“

Simon vom Moor heftete seine eigenthümlich leuchtenden Augen wie damals, als er den Sarg auf dem Kirchhof erblickte und mit seinem Stocke nach dem schattenhaften Gebilde schlug, auf den Gerichtsdirector.

Dann sprach er langsam, jedes seiner Worte scharf accentuirend:

„Ich spreche, Herr Gerichtsdirector, weil es nun Zeit zum Sprechen ist.“

„Reden Sie,“ sagte Gonthal, sein Auge vor dem geisterhaften Blicke Habermanns senkend.

„In einer Stunde kennen Sie den Mann, welcher den Regimentschirurgus erschossen hat.“

„Wie können Sie das wissen?“

„Ich hab' ihn gesehen. Er ist schon unterwegs zum Schlosse.“

„Simon Habermann,“ bemerkte Gonthal, „ich will Ihnen nicht wehren, daß Sie sich an Ihren eigenen Einbildungen ergötzen, vor Gericht aber kann ich dieselben als Beweismittel nicht gelten lassen.“

„Es soll auch nichts damit bewiesen werden,“ versetzte mit unerschütterlicher Ruhe Simon vom Moor, „es drängt mich bloß zu sagen, was geschehen wird, und ich sage dies jetzt, weil ich nach Ablauf einer Stunde vermuthlich nicht mehr fähig sein werde, auf Ihre Fragen Antwort zu geben.“

„Sein Name?“ forschte Gonthal weiter.

„Der Mann wird sich selbst nennen.“

„Bekennt er sich freiwillig zu dem Verbrechen?“

„Er längnet nicht, den unglücklichen Schuß gethan zu haben.“

„Mit welcher Waffe?“

„Er bediente sich dazu meiner Windbüchse.“

„Mit Ihrem Willen, Simon Habermann?“

„Ich wußte von nichts.“

„Wie gelangte der Mann, den Sie mit so großer Bestimmtheit des Attentates beschuldigen, in den Besitz Ihrer Waffe?“

„An meinem Eigenthum pflegt sich Niemand zu vergreifen,“ versetzte auf diese Frage Simon vom Moor. „Ich besitze nicht viele Dinge von großem Werth, und eher schenken mir die Leute etwas, als daß sie mir meine geringe Habe entwenden. Weil ich also Diebe nicht zu fürchten brauche, pflege ich mein Haus selten zu verschließen. Am Tage des unglücklichen Ereignisses hatte ich dies ebenfalls unterlassen, und da hat denn der Mann, dem sein Gewissen länger keine Ruhe läßt, sich die Windbüchse geliehen, ohne mich zu fragen. Zurückbringen konnte er sie nicht wieder, denn die Diener des Gerichts kamen ihm wie mir zuvor.“

Gonthal bemerkte, daß Simon das Sprechen schwer fiel, auch die Gesichtsfarbe des sonderbaren Mannes verwandelte sich. Sein Antlitz glich dem einer fahlen Broncestatue.

„Ich bedaure,“ fuhr der Gerichtsdirector fort, „Ihnen anzeigen zu müssen, daß ich Sie nicht entlassen kann, bis ich weiß, ob Ihre so eben gemachten Aussagen wirklich etwas mehr als Phantasieen sind."

Simon lächelte. „Ich habe Zeit," antwortete er, „wenn auch nicht mehr zum Leben."

Adalbert flüsterte dem Gerichtsdirector einige Worte zu, worauf Gonthal dem Gefangenen einen Sessel bringen ließ. Simon vom Moor nahm in demselben Platz. Seine hohe Gestalt brach mehr und mehr in sich selbst zusammen.

Gonthal zog seine Uhr und legte sie vor sich auf den Tisch.

„In vier Minuten ist die Stunde um," sprach Simon, „die Glocke am Schloßthor wird aber sehr bald heftig gezogen werden."

Wieder vergingen einige Minuten in bangem, dumpfem Schweigen, da erklang die Glocke in grellen, hastigen Schlägen.

„Er kommt, mich abzulösen," sprach Simon matt, die Augen schließend.

„Simon," sagte Adalbert, „ich, der Herr und Gebieter von Moosburg, befehle Dir jetzt, den Namen des Mannes zu nennen, der sich als Mörder des Regimentschirurgus stellen will!"

„Als Mörder nicht," erwiderte dieser. „Die Büchse ging ihm los, weil er sie nicht zu handhaben verstand, mit Absicht und noch dazu mit der Absicht, Jemand zu tödten, drückte er das Gewähr nicht ab."

Auf dem Korridor hörte man Schritte.

„Den Namen des Mannes, den Du erwartest, will ich wissen!" rief Adalbert strenger.

„Es ist der Todtengräber Peter Lassen," sagte Simon vom Moor. „Er würde früher gekommen sein, hätte er nicht vorher noch ein Grab graben müssen. Er weiß freilich nicht, für wen, aber es ließ ihm doch keine Ruhe."

Die Thür ging auf und der Bezeichnete trat ins Verhörzimmer. Um die Schulter hing ihm an ledernem Riemen die Windbüchse des unheimlichen Mannes.

„Ich melde mich als Arrestant, Herr Gerichtsdirector," sprach Peter mit trauriger Stimme. „Simon Habermann ist unschuldig. Ich war's, der dem schlechten Doctor an jenem bösen Nebelabend die Unzufriedenen auf den Hals hetzte, bloß um ihn zu ärgern und wild zu machen, und dieses Rohr da hat den Mann ohne mein Zuthun erschossen. Im Gedränge stieß Jemand an den Drücker und — da war auf einmal das Unglück, das ich erst später erfuhr, leider geschehen!"

Peter Lassen nahm die Windbüchse von der Schulter und legte sie auf den Gerichtstisch.

Gonthal gab den Befehl, den Todtengräber zu verhaften. Dann wandte er sich zu Simon, der mit geschlossenen Augen auf dem Sessel saß und in tiefes Nachdenken versunken zu sein schien.

„Sie sind frei, Simon Habermann," sagte der Gerichtsdirector, „und das Gericht entläßt Sie, indem es sein Bedauern wegen der Verhaftung ausspricht, die von den Sie verklagenden Umständen geboten war."

Der Angeredete antwortete nicht.

Gonthal wiederholte die Versicherung, daß er frei sei.

Kein Wort kam über Simons Lippen.

Da stand Adalbert auf und erfaßte die Hand des stillen Greises. Sie ruhte schwer in der seinigen. Vom Schlage getroffen, war Simon vom Moor schmerzlos verschieden.

Drei Tage später ward der wunderbar begabte Mann auf dem Kirchhofe an derselben Stelle begraben, wo am Abend seiner Verhaftung der Sarg quer über den Weg gestellt war. Fast alle Einwohner wohnten der Beerdigung des Sehers bei, den man noch lange nachher schwer vermißte.

Peter Lassen, der streng genommen nur insofern an dem Tode des Regimentschirurgus schuld war, als er in leichtsinniger Weise mit einem geladenen Gewehr, dessen Gefährlichkeit er nicht genügend kannte, einen Haufen tumultuirender Menschen zum Toben und Lärmen aufgehetzt und sich gewissermaßen zu ihrem Anführer aufgeworfen hatte, verbüßte seine Schuld durch längere Freiheitsstrafe. Alle übrigen Eingezogenen wurden unmittelbar nach Peters freiwillig abgelegtem Geständniß freigelassen.

Pastor Braun verzeichnete dies letzte, stets unerklärt gebliebene Ereigniß von Simons wunderbarer Sehergabe in das von seinem Vorfahr überkommene Tagebuch und legte ein Jahr später die Hand seiner Tochter Eveline in die des Gerichtsdirectors Gonthal. Den Grabhügel Simons vom Moor ließ das junge Ehepaar mit einem Steine schmücken, der außer dem Namen des Verstorbenen, seinem Geburts- und Todestage, die Worte des großen Briten enthielt:

„Er war ein Mann, nehmt Alles nur in Allem,
Ich werde nimmer seines Gleichen sehn!“

Gebrüder Bonneville.

1.

Zwei alte Seeleute.

Auf dem Höftwerke, „die alte Liebe", welches die Einfahrt zum Hafen von Cuxhaven gegen den Andrang der Wellen vertheidigt, schritt ein einzelner Mann auf und nieder. Kraft und Haltung ließen den Seemann nicht verkennen. Er rauchte eine kurze Pfeife, blieb bisweilen, wenn er dicht an die Brüstung des Pfahlwerkes trat, einige Secunden stehen und warf einen Blick auf die fahlgrauen Wogen der Elbmündung, die jetzt mit der Fluth höher gingen und sich oft brausend am Ufer brachen. Seine Gesichtszüge waren eckig, die Haare stark ergraut, der muskulöse Körper aber zeugte noch von ungebrochener Kraft.

Von der See herein glitten mit gutem Winde mehrere Schiffe, die in eine Wolke von Segeln gehüllt waren, und, wenn ein heller Strahl der Abendsonne sie traf, wie breite Säulen röthlichen Rauches über die Wellen fortzogen. Eine Anzahl kleiner Küstenfahrzeuge segelte bald näher, bald entfernter zwischen den auf der Rhede vor Anker liegenden Schiffen schnell stromaufwärts. Die meisten steuerten ostwärts, nur drei oder vier hielten sich mehr südlich, und ein einziges Fahrzeug, ein Blankeneser, wie seine Bauart zeigte, wollte offenbar in Cuxhaven einlaufen.

Diesem Schnellsegler wandte der Mann auf der „alten Liebe" jetzt ausschließlich seine Aufmerksamkeit zu. Er stellte sein Umherwandern ein, lehnte sich auf die Brüstung und erfreute sich des pfeilschnellen Seglers. Nach ein paar Minuten war der Blankeneser so nahe heran gekommen, daß der Auslugende bereits die drei Leute am Bord deutlich erkennen konnte, und jetzt wußte er auch schon, daß es der „Tummler" sei, und sein langjähriger Freund Hinrich Andersen das Steuer führe.

Mit vorgehaltenen Händen rief er dem Schiffer einen Gruß über die Wellen zu, der verstanden und durch einen Gegengruß beantwortet ward. Andersen nahm jetzt das Segel ein, das Fahrzeug schaukelte stärker auf den in unmittelbarer Nähe der Küste viel kürzeren Wogen und näherte sich langsam, aber sicher dem Eingange des von weiter Ferne vom Meere her sichtbaren Hafens.

Der alte Lootse, Jan Nickelsen, nickte beifällig der sichern Führung des schlanken Fahrzeuges zu, kehrte sich dann um und fragte von der Höhe des Bollwerkes herunter:

„Hast Du Dich wieder einmal ohne Havarie zurückgefunden aus den norwegischen Scheeren, Hinrich?"

„War nicht so weit ab, Jan," versetzte der Blankeneser. „Komme aus Holland. Mynheer Veerstraaten in Rotterdam läßt Dich grüßen."

Jan Nickelsen lüftete seinen Hut ein wenig, indem er lachend erwiderte: „De olle Muuskop! Smekt em de Piep noch?"

„Söstein alle Tag'," gab Hinrich zur Antwort, „aber sien Ohlsch is utkniepen."

„Süh, süh!" sprach Nickelsen. „Armer Veerstraaten! Die wird dem alten Jungen baß fehlen; denn ein eigensinnig saubereres Weibsbild lebt, glaub' ich, in ganz Holland nicht mehr!"

Der Blankeneser hatte inzwischen angelegt, das Fahrzeug ward vorschriftsmäßig befestigt, und der Führer und Eigenthümer desselben erstieg jetzt die etwas schlüpfrigen Stufen der steilen Holztreppe, die ans Land und auf den Deich hinaufführte.

Nickelsen reichte dem alten Freunde, einem der waghalsigsten Schiffer, die er kannte, die Hand und schüttelte sie mit derbem Drucke.

„Was Neues aus Holland?“ fragte er.

„Weiß nichts, Jan,“ versetzte Andersen, „draußen aber, auf Eurer Insel, ist 'was vorgekommen. Ich sah's von Weitem, das halbe Vorland war schwarz von Menschen.“

„Auf Neuwerk?“ sagte Nickelsen. „Da müßte erst kürzlich was passirt sein; denn vor ein paar Stunden noch wurde von dort her nichts gemeldet.“

„Hab' mich nicht drum bekümmert, Jan,“ erwiderte Andersen. Ging mich nichts an und segelte ich zu weit ab vom Lande, um zu hören und zu sehen, was sie am Strande machten. Vielleicht ist blos ein Stück Vieh verunglückt. Es waren aber bannig viel Menschen beisammen.“

„Gedenkst Du ein paar Tage hier zu bleiben?“ fragte Nickelsen, neben dem alten Freunde dem Leuchtthurme zuschreitend, dessen Laterne sich eben vom Lichtschimmer der angezündeten Lampen zu erhellen begann.

„Soll wohl wesen,“*) gab der Blankeneser zur Antwort. „War gar zu kurze Zeit fort, hab' nichts erlebt, bin das nicht gewohnt. Kann gar nicht nach Hause finden, ohne was von Seeabenteuer durchgemacht zu haben.“

---

*) Sein.

„Dann laß uns der Vergangenheit gedenken," sagte Nickelsen. „Wenn wir auf unsere Fahrten vor zwanzig, dreißig Jahren zu sprechen kommen, geht uns Beiden, denk' ich, der Zwirn in vierzehn Tagen nicht aus. — Alter Junge, das waren damals doch andere Zeiten, wie jetzt! Sechs volle Monate war ich unterwegs mit meiner Schooner-Brigg „Fridolin", von Southampton nach Boston bestimmt, ehe ich den ersten Streifen Land sah, und nachher dauerte es immer noch drei Wochen! Jetzt haspeln sie den ganzen langen Weg in zwölf Tagen ab, wenn sie Glück haben. Gott verdamm' mich, Hinrich, ich möcht' jetzt kein Schiff mehr über den Ocean führen! 's ist keine Ehre dabei einzulegen, seit die Maschinen das Meiste thun, und der Capitän nur den ersten Aufpasser abgeben muß. D'rum hab ich mich zur Ruhe gesetzt hier in meinem Geburtsort. Ich bin aber noch immer der Erste, wenn's bläst, daß der Schaum über die obersten Bramsegel fortfliegt, und keiner von unsern doch fixen Jungen ein Boot mit lachendem Auge betritt. So macht mir der Lootsendienst Vergnügen, und wird's mir unheimlich am Lande, so find' ich in der Rettung Anderer aus Noth und Gefahr Zerstreuung genug für den Rest meines Lebens."

Die beiden Seeleute schritten den Deich entlang bis an die ersten Häuser des Ortes, die mit ihren

Ziegeldächern zwischen rauschenden Bäumen, von gut gehaltenen Gärten umhegt, gar einladend in der Tiefe lagen. Eins dieser saubern Häuser bewohnte Nickelsen. Es zeichnete sich durch einen der höchsten Flaggenstöcke vor dem Eingange aus, dessen weißrother Wimpel lustig im Winde flatterte. Ein schmaler Fußsteig führte an der steilen Böschung des Deiches nach der hinter demselben sich fortziehenden Straße hinab. Diesen schlugen die alten Freunde ein, und bald saßen sie in dem gemüthlichen Zimmer des Lootsen einander gegenüber, vertieft in Gespräche, die ihr Herz erhoben.

Nickelsen war Wittwer. Seine erwachsene Tochter, Friederike, führte ihm den Hausstand, sein älterer Sohn war Steuermann auf einem Hamburger Vollschiffe, das zuletzt eine Fahrt nach Valparaiso angetreten hatte. Wie es diesem Sohne ergehen mochte, wußte der Vater augenblicklich nicht. Die Tochter, ein flinkes, etwas derbes Mädchen von strotzender Gesundheit, die im Nothfall ein Ruder geschickt zu handhaben verstand, hatte sich einem Schiffszimmermeister verlobt und wollte sich demnächst verheirathen. Diese bevorstehende Heirath seines Kindes, die eine große Störung in seinem Hauswesen zu verursachen drohte, war, so sehr Nickelsen mit der Partie selbst einverstanden sich erklärte, augenblicklich doch auch seine größte Sorge. Er fürchtete, mit einer fremden Person, die er dann doch zu sich zu nehmen genöthigt sein werde, sich nicht gut vertragen zu können. Denn bei aller Gutmüthigkeit war der alte Mann doch etwas eigensinnig, und wenn ihm Jemand innerhalb des eigenen Hauses nicht in jeder Hinsicht widerspruchslos den Willen that, konnte er leicht auffahren. Das Commandiren hatte er nun einmal vom Schiffe mit auf's Land gebracht.

Mit dieser einzigen Sorge machte er den Freund schon unterwegs bekannt. Dieser sagte wenig dazu, er begnügte sich mit seinem Lieblingsausdrucke den Freund zu beruhigen: „Wirst schon durchfinden!"

Friederike deckte sofort den Abendtisch. Als sie das singende Theecomfort auf die spiegelblanke braunrothe Diele stellte, sagte sie zum Vater:

„Eben ist Molten — so hieß ihr Bräutigam — vorbeigegangen. Er will morgen mit dem Frühesten während der Ebbe nach Neuwerk. Die See hat dort einen Leichnam angeschwemmt, den Niemand kennt. Molten wird vorkommen, um Dich abzuholen. Wirst ihn doch begleiten, Vater?"

„Ich denke, wir alten Bursche gehen Beide mit," versetzte Nickelsen. „Nicht wahr, Hinrich?"

„Denk's auch," sagte Andersen. „Nun erklärt sich der tolle Zusammenlauf, von dem ich Dir sagte. Woher mag bei dem jetzigen Wetter der Leichnam wohl kommen? Der muß lange in der See herum-geschwommen sein! Fürchte, hat nirgends hier herum Verwandte oder Bekannte. Findet schwerlich die Spur, die ihm heimwärts zeigt!"

„Wollen sehen, Hinrich," erwiderte Nickelsen, indem er sich ein Glas Grog mischte und die von Friederike aufgestellte Schüssel mit frisch gekochten Krabben seinem Gaste zuschob.

Es war weiter nicht mehr die Rede von dem Todten, den man am Strande der nahen Insel gefunden hatte. Die Freunde vertieften sich in Erzählungen früherer Erlebnisse, denen Friederike bisweilen mit Theilnahme zuhörte. Namentlich zogen das junge Mädchen die Mittheilungen des Blankenesers an, der selbst die außerordentlichsten Vorgänge mit einer Trockenheit erzählte, als sei gar nichts daran gelegen. Ereignisse, bei denen jedem Andern vor Entsetzen die Haut schauderte, theilte er mit, als handle es sich um das Umlegen eines Segels. Es waren dem unternehmenden Schiffer Dinge passirt, bei denen sein Leben Stunden lang auf der Spitze einer Nadel schwankte. Fürchterliche Tage und Nächte hatte er besonders an den zerrissenen Felsenküsten Norwegens erlebt. Einstmals wurde er vom Sturm weit nach Norden verschlagen. Er hatte nicht hinlänglich Proviant an Brod und war ganz allein mit einem kaum siebzehnjährigen jungen Menschen. Da Andersen die Schifffahrt mehr praktisch, als theoretisch erlernt hatte, und wie viele Andere seines Alters weder genügende nautische Instrumente noch Seekarten besaß; so gerieth er während jenes Sturmes, der ihn unfern des Hardanger Fjords überfiel und beinahe drei Tage lang fortwüthete, in große Verlegenheit. Der mit Wolken bedeckte Himmel, die sich nach dem Sturme zu einem schwarzgrauen Nebel verdichteten, ließ ihn nichts erkennen. Er trieb, ohne zu wissen, wo er sich befand, mit den Wogen. Nur an der immer kälter werdenden Luft bemerkte er, daß er dem Norden schnell näher kam. Sein Muth aber und seine Geistesgegenwart verließen den entschlossenen Mann, der schon vielen Gefahren glücklich entronnen war, keinen Augenblick. Ueber die Gegend, wo sein zerbrechliches Fahrzeug mit den ungeheuren Wogen trieb, hatte er nur Vermuthungen. Er hoffte indeß, Island zu erreichen, und sah deshalb, als der Nebel sich hob, scharf aus nach der Richtung, wo er die große Insel des Nordens vermuthete. Leider vergingen Tage, ohne daß sich ein Schatten von Land am Horizonte zeigte. Sein Leidensgefährte war der Verzweiflung nahe. Der junge Mensch wollte sich mehrmals ins Meer stürzen, und nur Gewalt konnte ihn an der Ausführung dieses verzweifelten Entschlusses hindern.

„Döskopp," sprach Andersen zu dem Verzagenden, „töf*) man noch 'n Bitten, ick will wohl to Huus finden!"

Mit dieser kostbaren Redensart überwand der Blankeneser alle Schwierigkeiten; sie war sein bester Trost, sein sicherstes Ankertau. Und der kaltblütige Schiffer fand sich wirklich zurecht. Er hatte den letzten Rest seines Brodes mit dem schon halbtodten Gefährten verzehrt und nur dürftig den Hunger gestillt, als er Land entdeckte. Die Verschlagenen trieben bereits seit ein paar Tagen wieder in südwestlicher Richtung. Andersen stellte muthvoll die Segel und hielt das Steuer mit fester Hand. Noch wußte er nicht, wo er sich befand; als aber eine Felsenkuppe nach der andern aus dem rollenden Meere auftauchte, bekannte er sich. Diese Felsengruppen zur Linken waren die Faröer. Er lachte vergnüglich.

„Wußt' es ja, daß ich nach Haus fände," rief er dem wieder aufathmenden Burschen zu. „Ist gar nicht mehr weit bis vor die Mündung der Elbe, und zwischen hier und der festen Welt kenne ich jede Hand breit Fahrwasser." Auf den Shetlandsinseln nahm Hinrich Andersen frisches Wasser ein und hinreichende Lebensmittel, und vierzehn Tage später ließ er sich sein Priemchen auf der grünen Bank vor seinem Hause

---

*) Warte.

in Blankenese so ruhig schmecken, als käme er eben heim von einem Spaziergange.

Friederike sprach in Worten und Gebehrden ihre Verwunderung über diese Erlebnisse aus und dankte Gott im Stillen, daß ihr Bräutigam kein Seemann sei.

Am andern Morgen waren die Freunde frühzeitig gerüstet. Molten harrte ihrer schon und pflog, ehe sie aufbrachen, ein kurzes Zwiegespräch mit seiner Braut. Während desselben machten sich die meisten Nachbarn auf den Weg nach dem Strande.

„Guten Morgen, Molten,“ sagte Nickelsen, dem jungen Schiffszimmermeister die Hand zum Gruße reichend, „ich sehe, wir bekommen zahlreiche Begleitung. Hast Du schon 'was Näheres erfahren?“

„Kein Wort,“ versetzte dieser. „Der Bote des Voigtes sagte nur, der Todte müsse ein vornehmer Mann gewesen sein.“

Die Männer brachen jetzt auf, Andere, die ihnen folgten, schlossen sich später an, so daß ihre Zahl bis auf einige zwanzig angewachsen war, als sie die Küste erreichten.

Das Watt lag trocken, auf demselben sah man bereits einige mit Menschen besetzte Wagen der nahen Insel zufahren; denn zur Zeit der Tiefebbe verkehren die Bewohner des Amtes Ritzebüttel mit Neuwerk gewöhnlich auf solche Weise. Die Insel ward nach einer

Stunde erreicht, und Alle schlugen, das Weideland quer durchschneidend, den geradesten Weg nach dem alten Thurme ein, der zugleich Feuerthurm und Wohnung des Voigtes ist. Allerhand Gegenstände, wie sie Schiffbrüchigen nöthig sind, namentlich Kleidungsstücke, werden in seinem festen Gemäuer in ausreichender Menge aufbewahrt. Auch ist für allerhand Medicamente gesorgt, um etwa Nothleidenden, Kranken und Hinfälligen die erforderliche Hülfe zu leisten.

Die unbekannte Leiche war unweit des kleinen Feuerthurmes am Deiche angetrieben. Man hätte sie vielleicht erst später entdeckt, wenn nicht weidendes Vieh, dem der seltsame Gegenstand auffallen mochte, den Todten brüllend umringt hätte. Jetzt lag dieser im Schutz des Thurmes, unter zeltartiger Ueberdachung.

2.

Die beiden Ringe.

Um störendes Andrängen Vieler zu vermeiden, ließ man nur je zwei Personen auf einmal den Todten betrachten. Auch Nickelsen und sein Blankeneser Freund wurden allein unter das bergende Zeltdach geführt. Beiden war, wie schon so Vielen vor ihnen, der angetriebene Leichnam völlig unbekannt. Es fiel aber den Seeleuten auf, daß nicht die geringste Verwundung an dem Körper des Entseelten bemerkbar war, auch zeigte er keine Spur von Verwesung. Daraus ließ sich schließen, daß er nur kurze Zeit auf der See getrieben und mit keinem harten Gegenstande in Berührung gekommen sei. Aller Wahrscheinlichkeit nach war dieser Fremdling durch Zufall verunglückt oder er hatte freiwillig den Tod in den Wellen gesucht.

Dem Aussehen nach mochte der Todte einige dreißig Jahre zählen. Er war groß, schlank, von voll=

kommen ebenmäßigem Gliederbau. Die Züge seines edel geschnittenen Gesichtes hatten etwas Vornehmes, Stolzes, und daß er ein Mann von Stand sein möge, schloß man aus der auffallenden Zartheit und Weiße seiner Hände. Kleidung und Wäsche wiesen ihn als einen wohlhabenden Mann aus.

Seltsamer Weise fand man bei dem Todten kein Stückchen Papier, keine Legitimation, die Aufschluß geben konnte über Heimath und Herkunft. Auch Geld und Geldeswerth trug er, eine schwere goldene Uhr ausgenommen, nicht bei sich. Diese Uhr war vollständig abgelaufen und zeigte die neunte Stunde. Am kleinen Finger der linken Hand glänzte ein Goldreif mit einem schönen Diamant. Ein Abzeichen oder eine Chiffre war auch diesem Ringe nicht eingegraben, wohl aber schlang sich unter feinen Goldschuppen ein dünnes Geflecht dunkelblonder Haare um den Ring. Das Haupt des Todten zeigte eine ganz ähnliche Haarfarbe.

Diese Todtenschau währte den ganzen Tag, ohne zu einer Erkennung zu führen. Schiffe, die von der See kamen und deren Capitäne befragt wurden, ob ihnen Schiffbrüchige begegnet seien, konnten ebenfalls keine Auskunft geben, und so mußte man den unbekannten Findling denn endlich der Erde übergeben, ohne irgend etwas über ihn erfahren zu haben. Da es aber ja möglich war, daß doch vielleicht später einmal der Vermißte von einem Angehörigen gesucht werden könne, behielt man Uhr und Ring zurück und gab sie in sicheren Gewahrsam. Eine möglichst genaue Beschreibung des Todten ward wiederholt in verschiedene Zeitungen eingerückt, auch in fremdländische. Allein auch diese Aufrufe blieben erfolglos. Von keiner Seite traf eine Nachfrage ein, und nach ein paar Monaten war der Todte völlig vergessen. Wie derselbe bei vollkommen günstigem Wetter eine Beute der Wellen hatte werden können, blieb Jedem ein Geheimniß.

Hinrich Andersen saß wieder zufriedenen Herzens in seinem blanken Hause am hohen Ufer von Blankenese, zählte und musterte die ein- und aussegelnden Schiffe, plauderte mit Nachbarn und Bekannten, und erzählte näheren Freunden von seinen seltsamen Erlebnissen an weit entfernten Küsten. Sein hochschnäbliges Schiff lag im Angesicht des Hauses auf der Rhede vor Anker. Er hatte keine Aussicht, es vor dem Herbst wieder über die Nordsee nach Schottland oder Norwegen zu steuern.

Eben so friedlich lebte Jan Nickelsen in Cuxhaven. Wenn er nicht die Lootsengalliot zu besteigen hatte, die draußen vor der Elbe kreuzte, sah man ihn tagtäglich entweder stundenlang auf der „alten Liebe“

bei jedem Wetter auf- und abschreiten, oder er wanderte den hohen Seedeich entlang bis zur Kugelbaake, setzte sich dort auf die roh gezimmerte Bank im Steingeröll des Strandes und erlabte Auge und Herz am Rollen, Schäumen und Brausen der Wogen, die sich am Strande in ewigem Kampfe brachen.

So ward es November, und seine Tochter wurde mit Molten getraut. Nickelsen hatte den Blankeneser Freund zu dieser Feierlichkeit eingeladen, leider aber keine zusagende Antwort erhalten. Andersen wollte früher zur See gehen, und die alten Bekannten sprachen sich beim zweiten Feuerschiffe, wo sie einander begegneten.

Der Anblick der Insel Neuwerk mit ihrem alten, von Möven umkreisten Thurme erinnerte Beide an den geheimnißvollen Todten. Andersen fragte den Freund, ob noch immer keine Nachfrage eingelaufen sei, und Nickelsen mußte verneinend antworten.

„'s wird ein halbnärrischer Engländer gewesen sein," setzte er hinzu, „einer von jenen Vornehmen, die sich einbilden Alles zu verstehen, weil sie viel Geld haben. Solche Narren lassen sich prächtige Lustjachten bauen und setzen sich auf solch ein niedliches Ding, um bald südwärts, bald nordwärts zu fahren. Ist mir einmal ein Lord begegnet oben bei Skagen; der war mutterseelenallein am Bord, und warum?

Einer Wette zu Liebe, die er gemacht hatte und gewinnen wollte, und die er auch gewonnen hat, wenn es ihm wirklich geglückt ist, ohne Beihülfe eines Andern von Edinburg nach Kopenhagen und von da wieder zurück zu segeln mit seinem Schiff, ohne bei solcher Fahrt Mast oder Segel zu verlieren. Gewiß saß der unerkannte Todte ebenfalls auf einem solchen Fahrzeuge, verstand nichts von Schifffahrt und segelte sich lustig drauf los bei schönstem Winde in den Grund."

Diese Annahme ließ sich hören, und die Freunde riefen sich frohgemuth noch ein Lebewohl zu, um sich, wer weiß auf wie lange Zeit, wieder zu trennen.

An Friederikens Hochzeitstage war das Wetter sehr unfreundlich. Graue Regenwolken zogen niedrig von der hochgehenden, in noch düstererem Grau erscheinenden See landwärts, und aus der Unruhe, die sich an den Seevögeln bemerkbar machte, ließ sich auf das Herannahen eines Sturmes schließen.

Jan Nickelsen beobachtete wiederholt den Zug der Wolken und den Stand des Barometers. Dann legte er seine Kleidung bei schlechtem Wetter zurecht, denn er hatte die Verpflichtung, sich auf die Lootsengalliot zu verfügen, um deren Steuer zu handhaben, wenn der Sturm das Fahrzeug nöthigen sollte, seinen gewöhnlichen Ankerplatz zu verlassen. Die drohenden Zeichen in der Luft hielten ihn jedoch nicht ab, im Kreise der Freunde, die sich zur Feier des Festes in seinem Hause eingefunden hatten, den Vermählungstag seines Kindes vergnügt zu verleben.

Als Friederike ihrem jungen Gatten folgte, verließ auch Nickelsen das Haus. „Auf frohes Wiedersehen!" sprach er, den schweren dunkeln Regenmantel umwerfend. „Während Ihr scherzt und lacht, will ich mir den Nordwest um die Ohren pfeifen lassen und Acht haben, daß draußen vor der Mündung der Elbe kein Seefahrer in ein nasses Grab gebettet wird."

Ein paar Stunden später saß Nickelsen an Bord der Galliot. Es wehte heftig aus Nordwest, der Regen schlug prasselnd auf's Deck, noch aber schien es nicht, als wolle der Wind in einen vollen Nordweststurm ausarten.

Die Nacht verging verhältnißmäßig ruhig. Die Mannschaft der Galliot saß vergnüglich beisammen. Erst um die Morgendämmerung sprang der Sturm auf, und der Anblick des Meeres gestaltete sich mit jeder Minute drohender.

Bald gewahrte man auch ein paar Segel in weiter Entfernung, die offenbar die Mündung des Stromes erreichen wollten. Das wilde Wetter hatte sie noch nicht geschädigt. Da kräuselte weißer Rauch über den rollenden Wogen, und ein matter Donner verhallte im Gebrause von Sturm und Wellen. Dem Schiffe drohte Gefahr; es war ohne Lootsen.

Nickelsen eilte dem Fahrzeuge zu Hülfe, erreichte es nach angestrengter Arbeit und ging selbst an Bord des schwer beladenen Kauffahrers, um ihn sicher durch die Untiefen zu steuern.

Es war eine große, noch ganz neue amerikanische Fregatte, die zum ersten Male über den Ocean segelte. Der Capitän, ein noch junger Mann, kam Nickelsen bekannt vor, ohne daß er sich doch einer früheren Begegnung mit ihm erinnern konnte. Auch gelangte er bald zu der Ueberzeugung, daß er sich wohl irren müsse, denn der junge, vornehm aussehende Mann, der überhaupt ungewöhnlich zurückhaltend war und ziemlich stolz zu sein schien, achtete auf den Lootsen, dessen Befehlen jetzt die Mannschaft zu gehorchen hatte, nicht mehr, als die Pflicht der Höflichkeit es verlangte.

Uebrigens zeigte der Befehlshaber der Fregatte jene kalte Ruhe des Seemannes, die stets Vertrauen erweckt. Er ging so ruhig über Deck, als befinde er sich in einem gewohnten Salon, und wie hoch immer die Wogen gingen, wie gierig sich die zerberstenden Kämme der grauen Wellenberge brüllend an Bug und Stern des Schiffes brachen; wie der

Sturm pfiff und heulte, und die schlanken Masten bog, daß sie ächzten und stöhnten: er verzog keine Miene. Häufig nur ruhte sein Blick fest und forschend auf dem schaumtreibenden Wasser und dem dunkeln schmalen Strich Landes, das jetzt mit seinen bereits deutlich erkennbaren Marken am trüben Horizonte sichtbar ward.

Gegenüber von Neuwerk lichtete sich das Gewölk, der Sturm ließ nach, und die Sonne durchbrach hie und da die fliegenden Dunstmassen, den breiten rollenden Wasserspiegel mit blendendem Lichtglanz übergießend. Das Schiff war durch die feste Hand des erfahrenen Lootsen geborgen. Im Angesicht der Küste ließ es mitten auf dem majestätischen Strome Anker fallen. Jetzt erst trat der so zurückhaltende Capitän zu dem alten Nickelsen, der in seinem schwarzen Lootsenhabit, den gleichfalls schwarzen Südwester tief in die gebräunte Stirn gedrückt, noch an den Spitzen des Steuerrades stand und mit aufmerksamem Auge das Thun der rüstig arbeitenden Mannschaft betrachtete.

„Ich danke Euch die Rettung meines Schiffes," redete der Capitän den erprobten Seemann an, „und diese Rettung werde ich nie vergessen. Es ist mein Eigenthum, auf dem Ihr steht, und Alles, was ich außerdem noch besitze, birgt der Raum dieses Schnellseglers. Euer Name wird mir stets eine angenehme Erinnerung sein."

Nickelsen stand nicht an, sich dem Capitän zu nennen. Gleichzeitig ruhte sein Blick wieder auf den vornehm ruhigen Gesichtszügen des jungen Mannes, und diesem konnte es nicht entgehen, daß eine stumme Frage darin verborgen lag.

„Fällt Euch etwas an mir auf?" fuhr der Capitän fort, indem ein feines Lächeln nur einen Moment über seine Züge glitt.

„Das nicht, Capitän," erwiderte Nickelsen, „ich meine bloß, wir müssen irgendwo schon einmal an einander vorübergesegelt sein."

„Wäre nicht unmöglich," versetzte der Eigenthümer des Fregattschiffes. „Im stillen Ocean und in den chinesischen Gewässern bin ich wohl bekannt. Dort hab' ich leider vor zwei Jahren ein schönes Fahrzeug durch einen Monsun verloren."

Nickelsen schüttelte den Kopf.

„Vor zehn und mehr Jahren hab' ich mich auch auf jener Kehrseite der Erde herumgetrieben," gab er zur Antwort, „seitdem aber bin ich weiter als bis an die französischen und englischen Küsten nicht mehr gekommen. Auch kann's nicht gar so lange her sein."

„Dann irrt Ihr Euch," fiel der Capitän sehr bestimmt ein. „Die gegenwärtige Reise ist meine erste nach dem europäischen Continent. Meine Heimath, d. h. mein Geburtsland, ist Chili, erzogen wurde ich in New-Orleans. Ein Bruder von mir aber, nur wenig älter als ich, der als Kaufmann Europa besuchte, muß sich noch jetzt irgendwo in Deutschland oder Holland aufhalten, und dieser wird Euch begegnet sein."

So sprechend, reichte er dem alten Lootsen die Hand. Dieser drückte sie nach seiner Gewohnheit und berührte dabei einen harten Gegenstand. Als der Capitän die Hand wieder zurückzog, bemerkte Jan Nickelsen am kleinen Finger einen Goldreif mit schönem Diamant.

„Mein Gott!" rief er aus und trat erschrocken ein paar Schritte zurück, noch schärfer als vorher sein Auge auf den Capitän der Fregatte heftend. Dieser sah ihn nur verwundert an.

„Herr Capitän, fuhr Nickelsen fort, „Sie bemerkten so eben, daß Sie einen Bruder besäßen, der Ihnen ungewöhnlich ähnlich sähe und der wahrscheinlich auf deutschem Boden weile. Trägt dieser Ihr Bruder einen Ring, der dem gleicht, welcher hier diesen Ihren Finger ziert?"

„Gewiß," versetzte der Capitän, „aber wozu diese seltsame Frage?"

„Sie werden mich meiner scheinbaren Neugierde wegen entschuldigen," sagte Nickelsen, „wenn Sie mir ans Land folgen wollen. Unterwegs erkläre ich mich deutlicher, zuvor aber erlauben Sie, daß ich diesen Ring noch einmal und zwar etwas genauer betrachten darf. Was ich Ihnen alsdann mittheilen werde, dürfte meine etwas zudringlich scheinende Bitte rechtfertigen."

Kalt und ernst zog der Capitän den Ring vom Finger und reichte ihn dem alten Seemanne.

„Es ist ein einfaches Andenken an meine verstorbene Mutter," sprach er. „Aus ihren Lieblingsohrringen ließen wir beiden Brüder uns nach ihrem Wunsche zwei ganz gleiche Ringe machen und eine Locke ihres schönen seidenweichen Haares darin verbergen."

Nickelsen hatte den Ring seinem Eigenthümer schon wieder zurückgegeben. Seine harten, aber gutmüthigen Züge waren sehr ernst geworden.

„Ich habe mich nicht getäuscht," sprach er, „ich kenne Ihren Bruder wirklich und habe ihn lange Zeit sehr genau betrachtet."

„Wahrscheinlich lerntet Ihr ihn an Bord des Schooners kennen, der ihn nach Europa trug," versetzte der Capitän.

„Das nicht," erwiderte Nickelsen. „Unsere Begegnung fand auf festem Boden statt. Aber da ist ja mein Boot bereit. Bitte, haben Sie die Güte, mir an's

Land zu folgen! Ich weiß, daß meine Mittheilung Sie bewegen wird, ein paar Tage mein Gast zu sein."

Der Capitän vermochte ein verwundertes Lächeln nicht ganz zu unterdrücken, als er dem alten Lootsen in das heftig schaukelnde Boot folgte.

3.

Die Karte des Maklers.

Während der kurzen Fahrt bis ans Land nannte auch der Fremde seinen Namen. Der Führer des amerikanischen Schiffes hieß Bonneville und war von französischer Abstammung. Er konnte jedoch ganz für einen Chilenen gelten, da schon sein Großvater in Chili eingewandert war, hier einträgliche Handelsgeschäfte betrieben und ansehnliche Ländereien erworben hatte. Auch der Vater des Capitäns war Kaufmann gewesen. Den gleichen Beruf erwählte Bonneville's älterer Bruder aus Neigung, während er selbst sich zur See hingezogen fühlte. Beide Brüder lebten in seltener Eintracht und theilten sich in den Gewinn ihrer Thätigkeit, sich gegenseitig unterstützend und anfeuernd. Als Charles Bonneville vor Jahresfrist wieder eine seiner weiten und gewöhnlich lange andauernden Geschäftsreisen antrat, geschah dies vorzugsweise deshalb, um im Norden Deutschlands, der bisher außerhalb des Kreises seiner commerciellen Thätigkeit lag, Verbindungen anzuknüpfen. Die Brüder hatten unter einander abgesprochen, daß Armand, der Seemann, sobald es sich passe, dem vorausgeeilten Charles mit seinem neu erbauten Schiffe folgen solle, um es mit neuen Gütern befrachtet aus der alten Welt der neuen wieder zuzuführen. Es war Absicht beider Brüder, falls die Verhältnisse sich günstig gestalteten, in einer der großen deutschen Handelsemporien eine Compagnie zu gründen.

Dies ungefähr erfuhr Nickelsen von dem sehr zuvorkommenden Capitän Bonneville, der seine Mittheilungen mit der Frage schloß, was er nach so offener Darlegung seiner eigenen Verhältnisse denn nun von ihm vernehmen sollte.

„Gedulden Sie sich nur noch einige Minuten," versetzte der alte Lootse. „Wir sind sogleich am Ziele."

In seinem Hause angekommen, entsendete Nickelsen sogleich einen Boten ins Amt, um die hier aufbewahrten Gegenstände herbeizuschaffen. Ein Beamteter überbrachte sie persönlich.

„Was soll das?" fragte Bonneville, einen mißtrauischen Blick auf den Lootsen werfend.

„Sie werden am Besten selbst auf Ihre eigene Frage Antwort geben können, Herr Capitän, wenn Sie die Gegenstände in diesem verschlossenen Kästchen aufmerksam betrachten wollen. Hier ist der Schlüssel, öffnen Sie mit eigener Hand.“

Bonneville that es in schweigender Erwartung. Eine goldene Uhr mit schwerer Kette und ein Goldreif, der einen Diamant umschloß, fielen dem Erschrockenen in die Augen.

„Die Uhr und der Ring meines Bruders Charles!“ rief er aus. „Wie kommt Ihr in den Besitz dieser Dinge? Hat mein Bruder sie Euch zum Andenken verehrt? Dann müßt Ihr ihm wenigstens das Leben gerettet haben!“

Nickelsen gerieth in einige Verlegenheit. Er wollte den wackeren Mann nicht augenblicklich mit der Nachricht erschrecken, daß sein Bruder längst schon im Grabe ruhte, und darum nahm er zu einer Erzählung seine Zuflucht, die vorbereitend die ganze traurige Wahrheit dem Chilenen enthüllte.

Armand Bonneville ward dadurch tief erschüttert. Er ruhte nicht eher, bis man ihm die Zusicherung gegeben hatte, er solle auch jetzt, nach so langer Zeit, seinen verstorbenen Bruder nochmals sehen.

„Er ist sicherlich keines natürlichen Todes gestorben,“ sprach er wiederholt, immer von Neuem Ring und Uhr betrachtend, die man dem Todten abgenommen hatte. „Mein Bruder," fuhr er fort, „war im Besitz eines nordamerikanischen Passes, da er Bürger der Union geworden war. Er führte außerdem bedeutende Baarsummen und Wechsel zu noch höherem Betrage bei sich; denn da es seine Absicht war, mit deutschen Kaufleuten sich zu verbinden und sehr große Einkäufe vorzugsweise von Gegenständen deutschen Gewerbfleißes zu machen, so mußte er sich auf alle Fälle mit ausreichenden Mitteln versehen. Wo sind diese Papiere, wo die Baarsummen geblieben? Man kann sie ihm nur geraubt und den Armen dann oder auch vorher getödtet haben! Wüßte ich doch, mit welchem Schiffe er New-Orleans, von wo aus ich seinen letzten Brief erhielt, verlassen hat, um die Reise nach dem europäischen Continent anzutreten!"

Weder der treuherzige Lootse noch irgend eine amtliche Person vermochten diese nur zu gerechtfertigten Fragen zu beantworten, wohl aber gab es Mittel, dahin zielende Nachrichten einzuziehen.

„Ihr nächster Bestimmungsort, Herr Capitän, ist ja Hamburg," sprach Nickelsen. „Es wird einige Zeit vergehen, ehe die Ladung Ihres Schiffes gelöscht ist und Sie neue Fracht einnehmen können. Da Sie ja Ihr eigener Herr und Niemand als nur sich selbst für Ihre Handlungen verantwortlich sind, dürfen Sie nach

Belieben über Ihre Zeit verfügen. Es wird deshalb möglich sein, sich in New-Orleans nach dem Schiffe zu erkundigen, das Ihr verstorbener Bruder bestieg. Gleichzeitig muß man auch nach seinen Reisegefährten, überhaupt nach allen Persönlichkeiten fragen, mit denen Geschäfte oder zufällige Begegnung den Verstorbenen in Berührung brachten. Es können darüber einige Monate vergehen, ganz fruchtlos aber werden unsere Nachforschungen hoffentlich nicht bleiben. Und sollte eine verbrecherische Hand beim Tode Ihres Bruders im Spiele gewesen sein, so wird auch diese sich nicht für immer dem wachsamen Auge der Gerechtigkeit entziehen können."

Bonneville mußte Nickelsen Recht geben. Er versprach mit Hand und Mund, seinem Rathe zu folgen. Zuerst wollte er einige Tage noch in Cuxhaven bleiben, um den Ort zu besuchen, wo Charles gefunden worden war.

Nickelsen begleitete den Chilenen auf die nahe Insel. Auch der Wiedereröffnung des Grabes wohnte er bei. Armand erkannte in dem Todten trotz der bereits in dem Körper vorgegangenen Zerstörung sogleich seinen Bruder. Er verließ nunmehr ungesäumt den Hafenort, war es aber zufrieden, daß der erfahrene Nickelsen das Schiff eigenhändig bis Glückstadt hinauf steuerte. Hier erst nahmen beide Männer, die schnell ein großes Vertrauen zu einander gefaßt hatten, Abschied, indem sie sich gegenseitig das Versprechen gaben, Alles einander unverweilt mitzutheilen, was sich in der betrübenden Angelegenheit ermitteln lasse oder doch vielleicht zur Lüftung des Dunkels beitragen könne, das über dem Tode Charles Bonneville's schwebte.

Nun vergingen Wochen und Nickelsen erfuhr von dem Capitän weiter nichts, als daß er das Ziel seiner Reise glücklich erreicht habe und seine geschäftlichen Angelegenheiten sich nach Wunsch gestalten zu wollen schienen. Dieser Meldung, die Armand dem alten Lootsen schriftlich machte, folgte keine zweite, und Nickelsen besorgte schon, jede Nachricht möge ohne Folge geblieben sein. Da lenkte eines Tages der Nachen Andersens wieder in den Hafen. Der unerschrockene Blankeneser kam aus Cork in England, hatte aber auch die spanische Küste besucht. In Cork machte der Zufall ihn mit einem Schiffsmakler bekannt, der, als er vernahm, Andersen sei in Hamburg bekannt, die Frage an diesen richtete, ob er nicht einen Herrn dort kenne, der im Sommer jene Stadt besucht haben müsse, Bonneville heiße und in Geschäften von Cork aus dahin gereist sei. Andersen mußte diese Frage verneinen. Da es aber ja möglich sein konnte, daß der Genannte später doch nach Hamburg gekommen sei und er gern Jedermann sich gefällig zeigte, so bat er sich die Adresse des Erwähnten aus und erbot sich, falls der Makler irgend einen Auftrag an diesen Herrn zu besorgen habe, dies gern zu thun. Der Makler dankte verbindlichst, gab dem Blankeneser die gewünschte Adresse und fügte die Bemerkung hinzu: es falle ihm auf, daß er so lange ohne alle Nachricht von Bonneville bleibe. Er habe ihm Zahlungen zu machen und wisse doch keine Adresse. Auch wundere es ihn, daß der ihm als höchst zuverlässig bekannte Mann seine eigenen Aufträge gar nicht beachtet zu haben scheine.

Erfreut, den alten Freund wieder zu sehen, der noch immer sein tägliches Luftbad auf dem Bollwerk der „alten Liebe“ oder draußen am Deichrande nahm, wollte er diesem aus seiner Brieftasche ein Papier zur Ansicht reichen. Dabei fiel ihm die Karte in die Hand, die der Makler in Cork ihm gegeben hatte.

„Da, Alter,“ sprach er zu Nickelsen, ihm die Karte reichend. „Das wird was für Dich sein. Kennst Du die Firma oder den Compagnon einer Firma, der diesen ausländischen Namen führt?“

Nickelsen war wie gelähmt beim Erblicken des Namens Charles Bonnewille.

„Mensch! Alte Seeratte!“ rief er aus, „wie kommst Du zu dem Dinge?“

„Man hat es mir gegeben,“ erwiderte Andersen. „Nimmt Dich das groß Wunder?“

„Aber wo? wann? und wer hat es Dir gegeben?"

„Närrischer Kerl, warum willst Du das wissen?"

„Weil der Mann, der so heißt, todt ist!"

„Todt? Ja, sieh 'mal, alter Junge, dann hat er auch keine Verbindlichkeiten mehr zu erfüllen. Todte zahlen und ziehen keine Wechsel, und mit Bestellungen soll bei ihnen auch nicht viel auszurichten sein. Jetzt ist Alles klar, und mein Mann soll alsbald beruhigt werden."

„Von wem sprichst Du, Andersen?"

„Von meinem Makler in Cork."

„Hatte er mit Charles Bonneville zu thun?"

„Würde er sonst so angelegentlich nach ihm gefragt haben?"

„Wie nennt er sich?"

„Süh, süh, das wär mir bald entfallen! Master — Master — na, ich hab' mir den verteufelten Namen aufgeschrieben! Warte — hier — oder nein da — ja, ja, da steht er. Sieh' selber nach, bei Geschriebenem schlagen mir die Augen oft fehl."

Andersen reichte seinem Freunde ein Blatt Papier, auf welchem der Name Samuel Philippson stand.

„Ist's ein Jude?" fragte Nickelsen.

„Hab' nicht nach seinem Glaubensbekenntnisse gefragt," versetzte der Blankeneser. „War ein fixer Mann, und darum wollt ich ihm gefällig sein."

„Du sollst Dich nach Charles Bonneville erkundigen?“

„Hätt' es gethan, wenn er aber inzwischen gestorben ist, erlischt mein Auftrag. Ich bin fertig und melde Master Philippson das Geschehene.“

„Andersen,“ sprach jetzt der Lootse und ergriff beide Hände des Blankenesers. „Du mußt morgen schon mit mir den Strom hinauffahren. Charles Bonneville ist todt, aber sein Bruder lebt. Den sollst Du kennen lernen, und dann wirst Du nicht mehr so gleichgültig wegen Deines erhaltenen Auftrages bleiben. Wir kannten auch den Todten. Du warst zugegen, als man ihn beerdigte.“

„Ich?“

„Du mit mir! Hast Du den Todten am Deich vergessen?“

Andersen fiel in ein leises Pfeifen.

„Süh, süh,“ sprach er dann, „da sind wir, fürcht' ich, in ein Fahrwasser gerathen, aus dem nicht gut herauszufinden ist.“

„Will mir auch so vorkommen, alter Knabe,“ erwiderte Nickelsen, „weil wir nun aber doch darin sind, wollen wir auch nicht eher alle Segel einnehmen, als bis uns die allerhöchste Noth dazu zwingt. Nicht wahr, morgen segeln wir stromaufwärts?“

„Versteht sich," sagte trocken der Blankeneser. „Der Ueberlebende muß erfahren, wo der Todte zuletzt Anker warf."

Der nächste Morgen sah die beiden alten Seeleute an Bord des Blankeneser Schiffs, das bei guter Brise mit anschwellender Fluth leicht und graziös über die Wellen tanzte.

4.

Verdächtige Passagiere.

Armand Bonneville war inzwischen nicht müßig gewesen. Zwar gaben seine Erkundigungen bei den Häusern, mit denen Charles in Verbindung zu treten gesonnen war und an die er jedenfalls auch Briefe bei sich führte, ihm direct keine Aufklärung, aber er erfuhr dabei doch, daß der Verstorbene erwartet worden war. Nur aus dem Drange überhäufter Geschäfte ließ es sich erklären, daß man wegen des gänzlichen Ausbleibens des angekündigten Fremden nicht beunruhigt wurde. Die Mittheilungen des Capitäns Bonneville blieben dagegen nicht unbeachtet. Jeder nahm Theil an dem Verlust, den der wackere Mann erlitten hatte, und beeilte sich, ihm behülflich zu sein zur Entdeckung der eigentlichen Veranlassung, welche Charles Bonneville den Tod brachte.

Der Capitän entschuldigte sich bei Nickelsen, daß er so lange geschwiegen hatte.

„Ich wollte die transatlantische Post abwarten,“ sagte er, „weil ich durch diese erst erfahren kann, wie das Schiff hieß, auf welchem mein armer Bruder New-Orleans verließ. Vielleicht hilft auch das noch nichts, denn ich vermuthe, daß er nicht direct vom Missisippi nach Europa gesegelt ist. Wahrscheinlichkeitsgründe sprechen für eine längere Reise, die zuerst wohl einige Häfen der Ostküste Nord- oder Süd-Amerika's berührt haben mag. In diesem Falle dürfte mein Bruder ein paar Mal mit den Schiffen gewechselt haben.“

Nickelsen erzählte, was sein Freund in Cork erfahren hatte, und knüpfte daran den Vorschlag, Capitän Bonneville solle sich an den namhaft gemachten Makler wenden, da es sich ja doch voraussetzen lasse, daß dieser von den Intentionen des später Verunglückten einigermaßen unterrichtet gewesen sein möge.

Armand leuchtete dies ein. Er setzte sich auf der Stelle hin, um an Samuel Philippson zu schreiben. In diesem Briefe theilte er ihm das Geschehene mit und bat um schleunige und möglichst ausführliche Antwort. Dieser Brief war eben expedirt, als die transatlantische Post eintraf. Sie brachte dem sehnsüchtig Harrenden fast mehr Nachrichten, als er wünschte, weil gerade durch die vielen darin enthaltenen Angaben die Reiseroute seines Bruders schwer zu verfolgen war. Die Vermuthungen Armands bestätigten sich vollkommen. Charles hatte von New-Orleans aus zuerst Havannah und Port-au-Prince besucht. An letzterem Platze hatte er ein spanisches Schiff bestiegen, um nach Charleston in Südcarolina zu segeln und dort gewinnversprechende Geschäfte einzugehen. Diese hielten ihn einige Wochen in genannter Stadt fest und nöthigten ihn später, abermals eine andere Schiffsgelegenheit zu benutzen. Eine englische Brigg nahm den thätigen Mann als Passagier auf und führte ihn wohlbehalten in den Hafen von New-York.

Bis hierher machte die Verfolgung der Spuren des Reisenden gar keine Schwierigkeiten. In dem Gewerbsstrudel der gewaltigen Hafen- und Handelsstadt am Hudson aber verzweigten sie sich schon in bedenklicher Weise.

Es trat unter mehreren andern eine Persönlichkeit auf, die Niemand genau bekannt war, mit welcher aber Charles Bonneville oft, ja vorzugsweise verkehrt zu haben schien. Aus den über diese Persönlichkeit dem Capitän zugehenden Andeutungen war nicht zu errathen, ob dieselbe in Amerika geboren oder dahin eingewandert sein mochte. Selbst in Bezug auf Name und Charakter des Bezeichneten kamen Schwankungen vor. Bald nannte man den Mann Morton, bald Morton Hamilton, auch die Bezeichnung Hamilton Morton kam vor, und während der Eine denselben für einen Commissionär ausgab, verwandelte er sich in dem Briefe eines Anderen in einen Wechsel-Agenten. Nach Charles Abreise von New-York war auch dieser doppelnamige Mann nicht wieder gesehen worden. Man glaubte, Charles Bonneville habe sich mit ihm associirt, und Beide seien zugleich unter Segel nach Europa gegangen. Das Schiff, auf dem sie die Reise antraten oder das wenigstens Bonneville im Hafen von New-York bestiegen hatte, ward von Allen bestimmt als die amerikanische Brigg „Missouri" bezeichnet. Den Bestimmungsort dagegen wußten die Correspondenten des Capitäns nicht anzugeben.

Armand Bonneville ließ sich jedoch von keiner Schwierigkeit zurückschrecken. Die Winke des Maklers in Cork waren wichtige Fingerzeige. Von ihm mußte man erfahren können, mit welchem Segler sein Bruder an Irlands Küsten gelandet, und ob er von einem oder mehreren Bekannten begleitet gewesen war. Früher, als Armand gehofft hatte, lief auf zwei Briefe Antwort von Cork ein.

Aber auch in diesen Antworten ward eines neuen Zwischenfalles gedacht, der abermals viel zu denken gab. Charles Bonneville war wirklich mit dem

„Missouri“ direct von New-York im Hafen von Cork gelandet. Statt eines Begleiters aber, den ihm die New-Yorker Correspondenten auf bloßes Vermuthen hin gaben, betraten deren jetzt zwei mit ihm das Land, und von diesen hieß der eine Morton, der andere Hamilton. Außer diesen beiden Männern, die Samuel Philippson zu wiederholten Malen mit Charles Bonneville in vertrauten Gesprächen getroffen hatte, befand sich noch eine junge Dame in deren Gesellschaft. Der Makler hatte diese für eine Schwester oder doch sehr nahe Verwandte des Mannes gehalten, der von den Uebrigen stets Morton gerufen wurde. Er nannte die Dame, deren Schönheit Aufsehen erregte, Du und ging ganz so vertraut mit ihr um, wie ein Bruder mit Schwester oder Cousine, während Charles Bonneville der jugendlichen Schönen eine huldigende Aufmerksamkeit erwies, die bisweilen an Zärtlichkeit streifte. Samuel Philippson kam deshalb auf den Gedanken, Miß Fanny möge die muthmaßliche Braut Bonneville's sein. Hamilton kümmerte sich um die junge Dame gar nicht, es schien sogar, als vernachlässige er sie mehr als billig, was Miß Fanny auch mit Verdruß bemerkte und deshalb einige Male ihren Unwillen darüber gegen Morton ausgesprochen hatte, der jedoch nur mit kaltem Achselzucken darauf geantwortet.

Armand sah ein, daß mittels eines fortgesetzten Briefwechsels die Irrgänge, die sich vor ihm öffneten, nicht zu durchschreiten sein würden. Er entschloß sich daher, selbst nach Irland zu gehen, um in Person weitere Erkundigungen einzuziehen. Sein Schiff ließ er inzwischen ruhig im Hafen liegen. Die Geschäfte führten ihn ohnehin noch einmal nach Deutschland zurück.

In Cork angelangt, ließ es Armand Bonneville sein erstes Geschäft sein, den Makler Samuel Philippson aufzusuchen.

Der Eindruck, welchen dieser Mann auf ihn machte, war kein angenehmer. Er fand ein kleines, überaus bewegliches Männchen mit scharfen Gesichtszügen, äußerst zuvorkommend und voller Complimente. Als habe Jedermann das Recht, zu vermuthen, daß er Israelit sei, kam Philippson gleich in der ersten Unterredung mit Armand diesem mit der Versicherung entgegen, er gehöre der allein selig machenden Kirche an. Die Gewohnheit, Jedem zu dienen, mochte ihn wohl so complimentiös gemacht haben. Uebrigens glaubte der Capitän in dem Auge dieses quecksilbernen Männchens große Schlauheit und verstecktes Wesen zu lesen. Für eine Person, deren Aussagen man unbedingt Glauben schenken könne, hielt er ihn nicht.

Samuel Philippson bestätigte mündlich Alles, was er Armand schon brieflich mitgetheilt hatte. Zugleich erbot er sich, ohne daß der Capitän daran dachte, Zeugen für seine Aussagen beizubringen. Dies Anerbieten fiel Armand auf. Er wies es bestimmt, ja etwas kurz von der Hand und begehrte nur zu wissen, wie lange sein verstorbener Bruder sich in Cork aufgehalten, welche Geschäfte er abgeschlossen und mit welchen Personen er namentlich verkehrt habe. Sodann wünschte er etwas Näheres über die beiden Herren zu erfahren, die mit ihm zugleich ans Land gestiegen seien.

Der Makler gab bereitwilligst Antwort, er konnte aber über das Verhältniß derselben zu Charles Bonneville eben so wenig sagen, als er wußte, in wie weit alle drei Männer unter einander geschäftlich oder sonst wie verbunden waren.

„Sie lebten immer in größter Eintracht," versicherte er, „und ich bin fest überzeugt, daß Keiner den Andern im Unglück verlassen hat."

„So glauben Sie, daß mein Bruder mit seinen Begleitern auf dem Meere verunglückt ist?" fragte Armand Bonneville.

„Es ist kaum möglich, in dieser Sache etwas Anderes anzunehmen."

„Sie wußten, daß mein Bruder sich von hier aus nach Deutschland einschiffen wollte?"

„Master Charles Bonneville wünschte von mir Empfehlungen an bekannte Männer zu erhalten, und ich gab ihm die besten, die ich besitze."

„Reiste er in Gesellschaft der Herren Morton und Hamilton ab, und begleitete auch Miß Fanny die Herren?"

„Ich habe die sämmtlichen Herrschaften an Bord des „Orion" begleitet," versetzte Samuel Philippson.

„Orion? Sagten Sie nicht, das Schiff habe Oregon geheißen?"

„Orion, zuversichtlich Orion!" versetzte der Makler. „Wenn ich Oregon sagte, so habe ich mich versprochen."

„Kannten Sie den nächsten Bestimmungsort des Orion?"

„Nicht genau. Der Capitän war unschlüssig, ob er die Shetlands-Inseln anlaufen sollte oder nicht. Er wollte das dem Zufall überlassen."

„Ein Schiff dieses Namens findet sich auf keiner der Schiffslisten, die ich mir verschaffte."

Samuel Philippson zuckte die Achseln.

„Eben deshalb fürchtet man, daß es mit Mann und Maus verloren gegangen ist," gab er zur Antwort. „Die Rheder machen sich darauf gefaßt. Indeß, wer weiß! Es kann später immer noch wiederkommen. Schiffe werden oft verschlagen, und wenn es zu weit nördlich abgetrieben ist, kann's oben um Grönland herum irgend wo so fest in blauem Eise stecken, daß es erst der nächste Sommer wieder frei werden läßt. Wäre freilich ein böser Casus. Der „Orion" war kein Nordpolfahrer, und es wäre in diesem traurigen Falle sehr wahrscheinlich, daß Mannschaft und Passagiere vor Hunger und Kälte an jenen schrecklichen Küsten umgekommen seien."

Armands Hoffnungen, die Veranlassung des Todes seines Brudes zu ermitteln, wurden durch diese Unterredung sehr herabgestimmt. Dem Makler war nichts weiter abzufragen. Er blieb vollkommen ruhig und immer gleich höflich, und behandelte die ganze Angelegenheit vollständig als Geschäft. Er nahm an, Schiff und Mannschaft seien verunglückt. In diesem Falle war den Verunglückten doch nicht mehr zu helfen, das Schiff aber und dessen Ladung war versichert, und so brachte die Fatalität ja keinerlei Stockung in den einmal geordneten Geschäftsgang.

Sehr verstimmt, aber fortwährend von finstern Gedanken gequält, rüstete sich Armand Bonneville wieder zur Abreise. Er hatte schon das Schiff bestiegen, das ihn wieder an die deutsche Küste tragen sollte, als er durch den Ruf: „Morton, sind Sie in Europa?" in fieberhafte Spannung versetzt ward.

Der so Angeredete war noch ein junger Mann, schwarzhaarig, musculös gebaut und von merkwürdig scharfer Gesichtsbildung. Er schien ärgerlich zu sein, daß er sich erkannt sah. Bonneville suchte unvermerkt in seine Nähe zu kommen.

„Ich hätte Sie eher am Fuße der Felsengebirge zu treffen vermuthet, als hier am Strande des grünen Erin,“ fuhr der Andere fort. „Haben Sie denn den Pelzhandel ganz aufgegeben? Er ließ sich dort so überaus vortheilhaft an, und die dummen Rothhäute auf den großen Prairien des Westens merkten gar nicht, wie sie ihre Schätze hingaben für werthlose Spielereien. Gerade Sie waren der rechte Mann für dies einträgliche Geschäft. Sie kümmerten sich nie um Kleinigkeiten.“

Er lachte in einer Weise, daß Armand Bonneville die Haut schauderte. Es lag in seinem Tone so viel Hohn, daß man die grenzenlose Herzlosigkeit des Mannes leicht herausfinden konnte.

Bonneville ging scheinbar achtlos an den beiden Männern vorüber, prüfte sie aber mit heimlich forschendem Auge. Das Schiff setzte sich eben in Bewegung und glitt langsam aus dem Hafen.

„Still!“ raunte der mit Morton Angeredete dem Fremden halblaut zu. „Ich spreche nicht gern von Dingen, die besser nur Wenigen bekannt bleiben. Ich hatte triftige Gründe, jene einträglichen Gegenden im fernen Westen zu verlassen. Ein kleiner Unfall, der aber leicht für mich größeres Unglück hätte nach sich ziehen können, machte dies nöthig. Indeß habe ich indirect noch immer Theil an jenen Geschäften. Amerika würde ich nicht verlassen haben, wäre nicht — —"

Hier ging Mortons fernere Mittheilung in ein so leises Geflüster über, daß Armand keine Sylbe mehr verstehen konnte. Die Mittheilung selbst aber mußte von großer Wichtigkeit sein, denn der Zuhörer Mortons wechselte während derselben mehrmals die Farbe, und in seinen Blicken spiegelten sich die Eindrücke leidenschaftlicher Erregungen. Er faßte darauf den Arm Mortons und ging mit ihm auf der Steuerbordseite des Schiffes nach dem Bug, wo sie, über die Schanzkleidung hinab ins Meer sehend, bald leise, bald etwas lauter mit einander zu sprechen fortfuhren.

Armand Bonneville stellte sich, als nähme er nicht den geringsten Antheil an dem Gespräche der beiden Männer. Er setzte sein Auf- und Niedergehen consequent fort, entfernte sich aber nie so weit von den Sprechenden, daß er sie aus dem Gesichte verlor. Es war ihm lieb, daß die lebhafte Brise dem Capitän erlaubte, mehr Segel aufzusetzen. Unter dem Druck des Windes auf die sich bauschende Leinwand entfernte sich das Schiff schnell von den Küsten der Smaragdinsel.

„Wie lange gedenken Sie sich denn in Deutschland aufzuhalten?" fragte jetzt der Unbekannte Morton.

„Sobald ich von dem Nachricht erhalten habe, was Sie wissen," erwiderte dieser mit vielsagendem Blick.

„Und wenn dies viele Zeit wegnimmt oder all' Ihr Bemühen ganz vergebens ist?"

„Ich fürchte das nicht, aber ich will sicher gehen, um zu erfahren, was ich zu thun habe."

„Es war ein verteufelt gewagter Streich!"

„Ganz und gar nicht! Es gehörte nichts dazu, als ein gutmüthiges, offenherziges Gesicht und ein ganz klein wenig Entschlossenheit. Passiren konnte mir dabei nichts."

„Ein einziger Laut konnte Sie verrathen!"

„Es war sehr finster, und ich hatte mich vorgesehen. Wäre mir aber das Glück nicht günstig gewesen, so konnte ich mich auf Fanny verlassen."

Bei den letzten Worten stand Armand Bonneville dicht neben den Sprechenden und sein Blick traf die Passagiere mit solcher Schärfe und in so beleidigend herausfordernder Weise, daß ein Ignoriren des Zudringlichen geradezu wie Feigheit ausgesehen hätte.

5.

Dunkle Fingerzeige.

Indignirt über dies ungebührliche Anstarren wendete sich der Unbekannte rasch gegen Armand und fragte mit Heftigkeit:

„Mein Herr, haben Sie die Absicht, Streit mit mir zu suchen?“

„Es wird dies von der Antwort abhängen, die Sie auf eine an Sie gerichtete Frage geben,“ versetzte mit schneidender Kälte Armand Bonneville.

„Ich hätte Lust, gebührend zu antworten, ehe ich noch Ihre Frage abwarte,“ erwiderte Morton herausfordernd, indem er Armand verächtlich den Rücken kehrte. Dieser aber legte seine Hand auf die Schulter des Amerikaners und sagte:

„Sie kannten einen Mann, Namens Bonneville? Was ist aus ihm geworden, seit Sie denselben zum letzten Male sahen?“

Morton kehrte sich mit entfärbtem Gesicht um.

„Das geht Sie, hoff' ich, nichts an," versetzte er trotzig. „Hätte ich wirklich einen Mann dieses Namens gekannt, und er wäre verschollen oder verdorben, so hat ein Dritter sich darum nicht zu kümmern."

„Wenn dieser Dritte nun aber zufällig sein Bruder ist, so denk' ich, ändert dies die Sachlage. Mein Name ist Armand Bonneville, und ich irre schon seit Monaten von Stadt zu Stadt, um meinen verschwundenen Bruder Charles Bonneville zu suchen, ohne bis jetzt etwas Anderes, als die schon ziemlich verwischten Spuren seines Aufenthaltes entdecken zu können."

„Meines Wissens war ich nicht zu seinem Wächter bestellt."

„Aber Sie verließen mit ihm zugleich Cork?"

„Wie können Sie dies wissen?"

„Der Makler Samuel Philippson hat es mir gesagt. Von ihm erfuhr ich auch, daß eben Sie und außerdem noch ein Vertrauter von Ihnen seine Begleiter waren."

„Sie erzählen mir die seltsamsten Neuigkeiten, von denen ich bis jetzt gar keine Ahnung hatte."

„Ihr Name ist Morton.„

„Morton Hamilton!"

„Hamilton hieß Ihr Freund, behauptet Philippson."

„Er führte denselben Vornamen, den ich mit vollem Recht als Familiennamen trage.“

„Sie und Ihr Freund verkehrten wiederholt mit meinem Bruder und standen mit ihm in Geschäftsverhältnissen.“

„Mein Herr,“ erwiderte Morton oder Morton Hamilton, wie er zu heißen vorgab, „ich lernte auf der Reise von Amerika, meinem Vaterlande, nach Europa einen Gentleman kennen, welcher Charles Bonneville hieß. — Gesprächsweise theilte er mir mit, daß er in deutschen Hafenplätzen Handelsverbindungen anzuknüpfen gedenke, wobei er die eben so naheliegende als unschuldige Frage an mich richtete, ob mir nicht vielleicht Häuser bekannt seien, mit denen sich in vortheilhafte Verbindungen treten ließe. Da ich in Europa völlig unbekannt war, vermochte ich Herrn Charles Bonneville nicht zu dienen. Aber ich schlug ihm vor, in Cork, wo unser Fahrzeug einlaufen mußte, nähere Erkundigungen einzuziehen, und erbot mich, falls diese Erkundigungen versprechend lauteten, mich bei gewissen Geschäften, die ich Herrn Charles Bonneville nannte, mit einer namhaften Summe zu betheiligen. Am Strande von Cork begegnete ich meinem langjährigen Geschäftsfreunde Hamilton. Ich stellte ihm Bonneville vor, und da Hamilton in Cork viele Bekannte besaß, so richtete ich jetzt an diesen dieselbe Frage, die Master Charles Bonneville noch während der Seereise mir vorgelegt hatte. Er war es, der denselben zu dem Makler Philippson führte, mit dem auch ich verkehrte. Wir erhielten von diesem sehr erfahrenen und respectablen Mann die erwünschtesten Nachweise, und wäre Alles nach Wunsch gegangen, so würden wir alle drei — Master Hamilton nämlich wollte sich ebenfalls an unsern Unternehmungen betheiligen — ein höchst brillantes Geschäft gemacht haben."

„Wie kam es, daß sich Ihre Wünsche nicht erfüllten?"

„Familienverhältnisse traten störend dazwischen."

„So fern von Ihrem Vaterlande?"

„Mein Herr, ich sage Ihnen, daß durch eigenthümliche Familienverhältnisse unsere Pläne dergestalt gekreuzt wurden, daß wir sie aufzugeben genöthigt waren. Jeder von uns zog es vor, für sich allein zu handeln. Und wenn Master Charles Bonneville wirklich Ihr Bruder war, wie Sie so dreist behaupten, so bin ich hoffentlich nicht verpflichtet, Ihnen über sein späteres Ergehen, das ich selbst nicht kenne, Rede zu stehen!"

Morton wollte dem unbequemen Frager sich entziehen, dieser aber hielt ihn fest.

„Ich bedaure, Herr Morton oder Morton Hamilton, Sie noch einige Zeit belästigen zu müssen," erwiderte er. „Es geschieht dies aus keinem andern Grunde, als um die Wahrheit, und zwar die ganze Wahrheit wo möglich zu ermitteln. Da ich schwer leide um meinen Bruder, den ich zu den Todten zu zählen genöthigt bin, so werden Sie meine Nachforschungen um so mehr entschuldigen, als ja mein Bruder geraume Zeit mit Ihnen als Geschäftsfreund vertrauensvoll verkehrte. Um zu beweisen, daß ich wirklich der Bruder Charles Bonneville's bin, bedarf es nichts weiter, als der Producirung meiner Legitimationspapiere. Dies soll geschehen, sobald wir in den ersten deutschen Hafen einlaufen, und zwar auf dem nordamerikanischen Consulate, das ja uns Beide als amerikanische Bürger zu hören und nöthigenfalls uns Schutz angedeihen zu lassen die Pflicht hat.“

Ueber Mortons Gesicht lief der schon mehrmals von Armand beobachtete Zug verhaltenen Unwillens, indeß machte er keine Einwendungen, da er einsah, daß er seinem höchst unbequem werdenden Landsmann nicht entrinnen könne.

„Es bedarf dessen nicht zwischen uns,“ sagte er beruhigend und mit einer gewissen Vertraulichkeit Bonneville die Hand reichend. „Wären Sie nicht in so auffallender Weise zwischen mich und — und —“

„Ah, Sie suchen Ihren Freund aus dem Westen der Union,“ fiel Armand lächelnd ein. „Er lehnt dort an der Cambüse, und ich denke, die Höflichkeit meinerseits verlangt es jetzt, da Sie kein Mißtrauen mehr in meine Worte setzen, daß wir ihn wieder aufsuchen. Wie nennt man ihn wohl?"

„Truxillo," versetzte Morton. „Er stammt aus Mexiko oder Texas, ist aber innerhalb der älteren Staaten der Union geboren."

Morton ließ es geschehen, daß Armand Bonneville sich mit ihm der Cambüse näherte. Truxillo sah beide Männer auf sich zuschreiten und verließ seinen Platz, indem er sich stellte, als bemerkte er sie nicht. Er hatte offenbar die Absicht, einem ferneren Gespräche, woran er keinen Gefallen fand, wenn irgend thunlich, auszuweichen. Armand dagegen wollte gerade in Gegenwart dieses Halbspaniers die Unterhaltung mit Morton festsetzen. Er rief ihm also zu und nöthigte ihn dadurch, stehen zu bleiben.

„Entschuldigen Sie, Herr Truxillo," redete der Chilene ihn an, „daß ich Sie nochmals bemühe, Zeuge unseres Gespräches zu sein. Herr Morton Hamilton ist jetzt überzeugt, daß ich das Recht habe, mich nach Charles Bonneville zu erkundigen."

Darauf wendete sich Armand wieder an seinen Landsmann und fuhr fort:

„Sie bemerkten vorhin, daß die Verbindungen mit meinem Bruder sich an eigenthümlichen Familienverhältnissen zerschlugen. Wahrscheinlich erhielten Sie von diesen Verhältnissen erst Kunde kurz vor der Abreise meines armen Bruders aus Cork?"

„Wenige Stunden vor Abgang des Schiffs," betheuerte Morton Hamilton.

„Des Orion, nicht wahr?"

„Ich glaube, es war der Orion."

„Sein Bestimmungsort waren die deutschen Nordseehäfen?"

„Gewiß, gewiß," sagte Morton Hamilton etwas zerstreut.

„Sie empfingen die fatale Nachricht am Bord des Orion?"

„Ich sagte Ihnen ja, wenige Stunden, ehe das Schiff die Anker lichtete."

„Aber Sie waren so zuvorkommend, meinen Bruder Charles Bonneville in Gesellschaft Ihres Freundes an Bord zu geleiten?"

„So ist es! An Bord erst nahmen wir Abschied von ihm."

„Sie und Ihr Freund?"

„Ich und Hamilton, d. h. —

„Und Miß Fanny," ergänzte Armand Bonneville.

Morton Hamilton erbleichte abermals, als er diesen Namen hörte. Er sah Bonneville an, ohne daß ein Wort über seine Lippen glitt.

Verhältnisse zu sprechen, und er verstand es, geschickt anzuregen, auch Armand zum Sprechen zu veranlassen und auf solche Weise Manches von diesem in Erfahrung zu bringen, was zu wissen ihm vielleicht vortheilhaft sein mochte. Aber auch Armand war auf seiner Hut, hielt mit seinen Antworten zurück und vermied es namentlich, den schlau forschenden Amerikaner Blicke in seine eigenen Verhältnisse und Verbindungen thun zu lassen.

Inzwischen näherte sich das Schiff seinem Bestimmungsorte. Während der ganzen Reise hatte sich nichts Besonderes zugetragen. Das Wetter war sehr unbeständig und der Wind drehte sich häufig, was nur ein öfteres Ueberstaggehen (Umwenden des Schiffes) nöthig machte.

So erreichte das Fahrzeug die Höhe von Helgoland. Es war schon tiefe Dämmerung, als man das Leuchtfeuer dieses Felseneilandes erblickte. Sanft glitt das Schiff über die nur wenig bewegte See dem immer heller und deutlicher aufblinkenden Feuer entgegen.

Armand Bonneville stand neben dem Steuerrade und richtete an den dasselbe regierenden Mann die Frage, wie weit ab wohl das Schiff noch von der rothen Klippe wäre, als Morton Hamilton zu ihm trat und statt des Mannes antwortete.

„Kennen Sie denn das Fahrwasser so genau?“ entgegnete der Chilene verwundert. „Ich denke, Sie sind so fremd wie ich in diesem Meere?“

„Gute Seekarten und ein scharfes Auge vermögen viel,“ lautete die Antwort Morton Hamiltons, der sogleich wieder nach dem Vordertheil des Schiffes ging. Armand Bonneville folgte ihm.

„Seit uns dies Licht in Sicht ist, befällt mich eine seltsame Unruhe,“ sprach er zu dem Amerikaner. „Haben Sie bei Annäherung einer fremden Küste wohl auch schon eine ähnliche Empfindung an sich beobachtet?“

„Ich wüßte mich nicht zu erinnern,“ versetzte Morton Hamilton.

„Mir ist jedesmal etwas Derartiges begegnet, wenn ich einem fremden Lande mich näherte. Gewöhnlich war das Geschäft bänglicher Art, diesmal dagegen mischen sich mehr Regungen ahnungsvoller Erwartungen ein.“

„Sie hoffen wohl Freunde zu treffen oder sehen erfreuenden Nachrichten entgegen?“

„Gewissermaßen darf ich dies bejahen. Es wäre nämlich möglich, daß ich gleich beim Betreten des Landes, dem wir uns mit jeder Minute mehr nähern, doch noch erführe, was aus meinem armen Bruder geworden ist.“

Morton Hamilton verwandelte sich. Armand Bonneville gewahrte es ganz deutlich, auch sah er, daß das Auge des Amerikaners finster brütend auf ihm ruhte. Truxillo strich, wie ein Schatten, an ihm vorüber.

„Wahrscheinlich erwarten Sie Briefe?“ warf Morton wie verloren hin.

„Nicht doch,“ erwiderte der Chilene. „Was mich mit Hoffnungen erfüllt, ist eigentlich nichts, als eine leere Einbildung.“

„Und von solchen Seifenblasen können Sie sich täuschen lassen?“ gab Morton Hamilton zur Antwort, indem ein spöttisches Lächeln über seine scharfen Züge glitt.

„Sie können Recht haben,“ fuhr Armand fort, „und dennoch machen Sie mich nicht irre. Ich will Ihnen auch sagen, wie dies zusammenhängt. Mein Bruder und ich waren von Jugend auf immer sehr vertraut mit einander, und es fiel uns schwer, lange getrennt zu werden. Diese Anhänglichkeit, aus inniger Geschwisterliebe entsprungen, verlor auch in späteren Jahren nicht an Kraft. Mußten wir uns aber in Folge der Verhältnisse trennen, so waren wir doch nur räumlich von einander geschieden, während wir geistig uns stets nahe blieben. Mehrmals ist es uns begegnet, daß wir gegenseitig ein Vorgefühl dessen hatten, was dem Andern im Guten und Schlimmen begegnete. Unsere Mutter, von der wir unsere Naturanlage überkommen haben mögen, band uns kurz vor ihrem Tode noch enger zusammen, indem sie uns ihren liebsten Schmuck, ein paar Ohrringe mit Brillanten, übergab und dabei den Wunsch äußerte, wir möchten uns zwei Ringe daraus verfertigen lassen, von denen Jeder von uns einen stets tragen sollte. Natürlich war dieser Wunsch einer Sterbenden uns Befehl. Wir befolgten ihn buchstäblich, ließen aber in jeden der Goldreife noch ein zartes Geflecht von dem schönen Haar unserer Mutter einlegen. Einen dieser Ringe sehen Sie hier an meinem Finger."

Armand Bonneville hob seine Hand, und der Brillant funkelte im Dunkeln vor Morton Hamiltons Augen.

„Also auf einen Talisman setzen Sie Ihr Vertrauen?" sprach dieser lächelnd.

„Er vertritt bei mir wenigstens die Stelle eines solchen, oder vielmehr, ich wünschte, Stein und Reif bewährten in derselben Weise ihre Kraft, wie wir Brüder sie hochschätzen als letztes Andenken an unsere verstorbene Mutter. Mit diesem Glauben nähere ich mich der nicht mehr weit entfernten Küste. Mir ist's, als sollte ich den Ring meines Bruders dort finden. Geschieht aber dies, dann kann auch Charles nicht mehr weit entfernt sein."

Morton Hamilton hörte aufmerksam zu. Als ihn Armand bei den letzten Worten scharf ansah, schlug er die Augen nieder. Eine eiserne Härte lag auf seinen jetzt unbeweglichen Zügen, die vom Wiederschein des Leuchtfeuers auf der Felsenklippe, an welcher das Fahrzeug vorüberzog, düster beleuchtet wurden. Nach einiger Zeit wünschte er dem Chilenen kurz gute Nacht und zog sich zurück in seine Coje.

Armand blieb erregt auf dem Verdeck. Die Ueberzeugung, Morton Hamilton wisse um den Tod seines Bruders, stand unerschütterlich fest in ihm, aber es fehlte ihm jeder Anlaß, die beiden Fremden festzuhalten. Ein Entschluß jedoch mußte gefaßt, ein Plan entworfen werden, noch ehe das Schiff Anker warf. Es lag dem Chilenen Alles daran, den verdächtigen Hamilton so zu umstricken, daß er in die Enge gerieth. Einen Geängstigten, wenn er wirklich mit Schuld beladen war, konnte ja ein geringfügiger Zufall zum Geständniß einer begangenen Unthat bringen.

Gedankenschwer suchte nach einiger Zeit auch Armand die Ruhe. Erschöpft fiel er alsbald in Schlaf, in welchem wirre Träume ihn umgaukelten. Plötzlich aber kam mehr Ordnung in die verschwommenen Gebilde. Er sah sich, von Nickelsen und einem zweiten älteren Manne umgeben, auf einem offenen Lootsenboote. Hoch schäumende Wellen warfen es in strudelnde

Tiefen und hoben es dann wieder auf rollende breite Wasserberge. Ein zweites, etwas kleineres Boot, von ihm unbekannten Personen gesteuert, kämpfte in großer Nähe ebenfalls mit den Wogen. Dies zweite Boot trug Morton Hamilton und dessen meist stillen Begleiter. Beide Männer sahen bleich, entsetzt aus, und je mehr die Boote sich der Küste näherten, desto ängstlicher stierten sie in die nebelgraue Luft, als drohe ihnen ein unabwendbares Unheil. Da vernahm der Träumende ein dumpfes Krachen, dem gellendes Geschrei folgte. Armand erwachte. Das Gepfeif über ihm sagte ihm, daß es heftig wehen müsse, aber das seltsame Schwanken des Schiffes, das Gestampf und Geschrei auf Deck verkündigten ihm zugleich auch ein Unglück. Gewandt schwang er sich aus der Coje und eilte die schmale Treppe hinauf. Das Schiff war bei dicker Luft und da es einen Lootsen einzunehmen verschmäht hatte, auf einem Sande gestrandet.

6.

Die Schatulle.

Die Bestürzung am Bord war groß. Ein Versuch, das Schiff wieder flott zu machen, scheiterte an der starken See, die es donnernd umbrauste und es momentan hob, um es sogleich wieder fester auf den Sand zu setzen.

Armand Bonneville als Seemann besprach sich ruhig mit Capitän und Steuermann über die Maßregeln, die man zu ergreifen habe, um wenigstens das Leben der Passagiere und der Mannschaft zu retten. Das Schiff führte zwei Boote, die zur Noth wohl Raum für sämmtliche am Bord Befindliche darboten. Abgesehen aber von der Schwierigkeit, dieselben bei den hochgehenden Wellen und den häufigen Sturzseen, deren Gewalt noch in Folge der Brandung auf dem Sande vermehrt wurde, unbeschädigt in See zu bringen, konnte man sich ihnen auch nicht mit Sicherheit anvertrauen, weil selbst die Erfahrensten am Bord

nicht mit dem Fahrwasser in der breiten Strommün-
dung vertraut waren. Man beschloß deshalb, die
Pumpen in Bewegung zu setzen und sich, wo möglich,
bis zu Tagesanbruch zu halten. Aller Wahrscheinlichkeit nach durfte man dann hoffen, einen Lootsenkutter
in Sicht zu bekommen, den man durch Nothsignale
herbeirufen konnte.

Unter den wenigen Passagieren zeigte nur der
Amerikaner Morton Hamilton eine auffällige Unruhe,
was namentlich Armand auffiel, da der Mann doch
sonst nicht das Aussehen eines furchtsamen Menschen
hatte. Er faßte ihn daher wieder scharf ins Auge
und gab dem Capitän zu verstehen, daß ihm viel daran gelegen sei, gerade in Gesellschaft dieses Passa-
gieres die Küste zu betreten.

Es konnte Armand Bonneville nicht entgehen, daß
die Unruhe Morton Hamiltons nicht aus eigentlicher
Furcht vor dem Tode entsprang, ihm machte eine
ganz andere Sorge zu schaffen. Er sprach wiederholt
mit seinem unheimlichen Gefährten, und nach dessen
Gebehrden zu schließen, mußten es Vorschläge sein,
die er ihm machte. Allein dieser schien wenig geneigt,
darauf einzugehen. Er opponirte offenbar mit großer
Entschiedenheit, ward zuletzt heftig und kehrte endlich
Morton Hamilton kalt den Rücken. Dieser schlug sich
wie ein Verzweifelter vor den Kopf und schleuderte

dem kalt davon Gehenden, der beide Hände phlegmatisch in die Seitentaschen seines weiten und langen Rockes steckte, giftige Blicke des Hasses nach.

Die Vermuthung der Seeleute bestätigte sich früher, als sie glaubten. Kaum war der Tag angebrochen, so zeigte sich auch schon in der Ferne der kreuzende Lootsenkutter. Bald gewahrten die Gestrandeten, daß dessen Commandeur ihre hülfsbedürftige Lage richtig beurtheile. Geschickt und kühn segelte der Kutter immer schräg gegen den Wind und näherte sich verhältnißmäßig schnell den Bedrängten. Es verging noch einige Zeit, dann bemannte der Kutter ein Boot, und dies schoß, von kräftigen Ruderschlägen vorwärts getrieben, über die hochgehenden langen Wogen auf das gestrandete Schiff zu. Es legte so nahe an, als es möglich war, ohne von den Brandungen, die sich in haushohen Wirbeln auf dem Sande brachen, ergriffen und zerschmettert zu werden. Vom Bord des Schiffes aus warf man nun dem Rettungsboote Taue zu, damit die starke Strömung es nicht wieder abtreiben möge. Dann erst begann vorsichtig das Werk der Rettung, das insofern auch vollkommen gelang, als kein Menschenleben dabei verloren ging.

Armand, der sich weigerte, das Schiff früher als der Capitän desselben zu verlassen, bemerkte, daß Morton Hamilton unter seinen Habseligkeiten namentlich um eine Schatulle sehr besorgt war. Es ward ihm bedeutet, sich nicht unnütz mit Gepäck zu beladen, da man dieses der hochgehenden See wegen natürlicherweise in den nicht gar zu großen Booten über Bord zu werfen gemüßigt sein könne. Der Gewarnte beachtete indeß diesen Wink nicht, sondern versuchte mit Aufbietung aller Kräfte Koffer und Schatulle fortzuschleppen. Dieser Versuch mißlang. Eine Sturzwelle entriß sie ihm beide, und sie wären jedenfalls für immer verloren gewesen, hätte nicht der jetzt nachstürzende Armand die Schatulle erfaßt und sie schwimmend in das Boot des Kutters gebracht.

„Capitän Bonneville!“ rief ihm da eine bekannte Stimme zu. „Ich glaube, wir sollen noch lange zusammenleben, da ich zum zweiten Male Ihnen in arger Bedrängniß beispringen muß!“

Es war der alte Nickelsen, der wieder, in größter Seelenruhe sein Primchen kauend, das Steuer des Rettungsbootes führte.

Zu langer Unterhaltung hatte man keine Zeit. Armand drückte also seinem alten Bekannten nur die Hand und warf dabei einen flüchtigen Blick auf Morton Hamilton, dessen scharfe Augen sich stier auf den derben Seemann hefteten. Es lag in diesem Blicke die Frage verborgen: „Wie kommst Du dazu, den Capitän zu kennen?“ Der Anblick der Schatulle aber gab den Gedanken des Amerikaners sogleich wieder eine andere Richtung. Sein Gesicht erheiterte sich, er streckte Armand die Hand entgegen und sprach Worte des Dankes.

„Sie sind mir durchaus keinen Dank für einen Zufall schuldig," erwiderte Bonneville. „Wenn ich Ihnen aber einen Dienst mit dem Aufgreifen dieser Schatulle geleistet habe, so freut es mich. Sie enthält wohl Sachen von großem Werth?"

„Von unberechenbarem Werthe," sagte Morton Hamilton, indem er seinen Schatz mit beiden Händen umfaßte.

Es vergingen nun ein paar Stunden in trauriger Monotonie. Wind und Wetter ließen eine Unterhaltung der Schiffbrüchigen mit ihren Rettern nicht aufkommen. Nur dann und wann wechselte man einige kurze Worte mit einander, um wieder für längere Zeit sich schweigend zu verhalten. Erst als das Land mit seinen Deichen und den dahinter liegenden Häusern deutlich zu erkennen war und die Schiffer sich geborgen wußten, knüpfte Nickelsen ein abgerissenes Gespräch mit Armand an.

„Bringen Sie gute Nachrichten aus Cork?" lautete des alten Lootsen erste Frage, und zwar in so lautem Tone, daß auch die Uebrigen sie deutlich vernehmen konnten.

„Gute nicht eigentlich," versetzte Armand, „aber ich habe Spuren ermittelt, die ich Willens bin, nicht mehr aus den Augen zu verlieren." Ein rascher Seitenblick auf Morton Hamilton, der ihm gegenüber saß, überzeugte ihn, daß Dieser Frage wie Antwort sehr gut verstanden hatte.

Nickelsen spritzte den Tabakssaft über Bord, schüttelte den Schaum einer Welle, die über ihn hin sprudelte, ab, und sagte mit bedeutungsvollem Kopfnicken:

„Denke, finden bei uns was, das Ihnen Muth gibt, Capitän! Wir haben während Ihrer Abwesenheit einen prächtigen Fang gemacht."

Morton Hamiltons Finger legten sich wie Klammern um die Schatulle, er horchte mit fieberhafter Spannung auf jedes Wort des alten Lootsen. Armand suchte diesen durch verstohlenes Blinzeln von weiterem Sprechen abzuhalten, allein Nickelsen in seiner geraden Ehrlichkeit bemerkte oder verstand dieses Zeichen nicht.

„Frauensleute sind allezeit gefährlich," fuhr er fort, „wenn sie sich aber gar auftakeln wie eine spanische Brigantine und dabei verschiedene Flaggen führen, ist ihnen vollends nicht zu trauen. Solch ein verlockendes Geschöpf unter erweisbar falscher Flagge ist neulich bei uns auf den Strand gelaufen."

Morton Hamilton verwandelte sich in jeder Secunde. Er hob die Schatulle, als wolle er sie an seine Brust drücken, dabei gewahrte aber Capitän Bonneville, daß er am ganzen Leibe zitterte.

„Bei alledem ist Miß Hamilton eine wunderhübsche Person,“ fuhr Nickelsen fort, „und wenn es ihr gelungen wäre, die verrätherischen Flaggen zu vernichten, ehe sie bei uns im Schlick stecken blieb, so würde sich mehr als ein braver Junge in sie vergafft haben.“

„Das sind Alles Räthsel, die ich nicht lösen kann,“ versetzte Armand, den Amerikaner ohne Unterlaß beobachtend.

„Sobald Sie erst sattsam Landluft geathmet haben, Capitän Bonneville, wird man Ihnen unaufgefordert die gewünschte Aufklärung geben.“

Man erblickte jetzt den Eingang zum Hafen. Die Wellen zerschlugen sich in wildem Gebraus an der „alten Liebe“ und der weiter südlicher gelegenen hohen Wand.

„Noch fünf Minuten und wir wollen uns ein gutes Frühstück allesammt munden lassen,“ sagte Nickelsen, das Steuer fester anziehend und die Spitze seines Bootes gerade auf den Eingang des Hafens richtend.

Morton Hamilton starrte zerstreut bald auf die flache Küste, bald ließ er die kalten Augen gedankenvoll auf den grauen Wogen ruhen, die gegen das

Höftwerk rollten. Gerade als man die Spitze desselben erreichte, wo die Brandung in härteren Wellen sich bricht, stieß er einen Schrei aus und lehnte sich so weit über Bord, daß das Boot heftig auf den rollenden Wogen schaukelte.

„Meine Schatulle! Meine Schatulle!“ rief er, in Verzweiflung die Hände ringend. „Ich bin unglücklich, unglücklich für immer, wenn diese Schatulle ein Raub des Oceans wird!“

Armand Bonneville folgte den Blicken des Amerikaners. Er sah die Schatulle noch einmal auftauchen, dann verschwand sie im Kamme einer Welle.

Morton Hamilton kreuzte die Arme über der Brust und starrte wie ein Verzweifelter ins Meer. Dann sprang er jäh in die Höhe und machte Miene, sich über Bord zu stürzen. Nickelsen erfaßte ihn jedoch und hielt ihn zurück.

„Herr, seid ein Mann!“ sprach er vorwurfsvoll. „Wenn man am Leben bleibt und gesunde Gliedmaßen behält, kann man den Verlust eines ganzen Vermögens, und wäre es mehr werth als eine Million, verschmerzen. Gut und Geld können redliche Menschen, wenn sie nur arbeiten wollen, immer wieder erwerben.“

Das Boot legte an, die Geretteten stiegen an's Land. Morton Hamilton schien ganz unzurechnungs-

wahren Charakter; er erfuhr, daß Miß Fanny verheirathet war, daß ihr Gatte sie verlassen hatte, um abenteuerliche Bahnen zu wandeln, und daß dessen Bruder gleiche Wege, nur in anderer Richtung, einschlug, um dieselben Ziele mit dem abenteuernden Bruder zu verfolgen. Als Compagnon Ihres Bruders mußten ihm alsbald ansehnliche Mittel zufließen. Der ehrliche Mann ließ sich von dem bereiten Morton, der sich in Hamilton einen zweiten Helfershelfer angeschafft hatte, täuschen, und ohne die Auffindung des Trauscheins, ohne die Briefe, welche diesem beigefügt waren, von Fanny's wirklichem Gatten herrührten und zufällig in Ihres Bruders Hände kamen, würde er arglos in die klug gelegte Falle gegangen sein. Diese Entdeckung aber ließ ihn die ganze Größe des Unglücks erkennen, das ihm bevorstand. Er schrieb den erwähnten, die ganze abscheuliche Intrigue in den härtesten Worten verdammenden Brief an Fanny, sagte sich für immer los von ihr und ihren schlechten Schwägern, kündigte Morton seine bisherige Verbindung und zeigte ihm an, daß er auf der Stelle nach Europa abreisen werde. Diese Offenheit war sein Verderben. Die Entlarvten fanden Zeit, sich des Schiffes zu vergewissern, das Ihr Bruder besteigen wollte. Vielleicht zog man auch den Capitän in's Geheimniß. Genug, als Charles Bonneville sich in Sicherheit und für immer von einer

Gesellschaft raffinirter Schwindler, die es nur auf sein Vermögen abgesehen hatten, befreit glaubte, traten ihm die Verhaßten plötzlich wieder lächelnd entgegen. Er konnte ihnen nicht entgehen. Sie umgarnten ihn mit hundert unsichtbaren Netzen und bewogen ihn endlich in Cork zur Ausstellung eines Wechsels, dessen Betrag eine Art Abfindungssumme vorstellen sollte. Auch jetzt ließ sich Ihr Bruder wieder überlisten. Um frei zu werden, ging er auf den ihm gemachten Vorschlag ein, und damit die vielen Bekanntschaften, welche er während seines Aufenthaltes in Cork gemacht hatte, nicht eine unvortheilhafte Meinung von ihm bekommen möchten, behandelte er seine Begleitung mit weltmännischer Zuvorkommenheit, namentlich aber versagte er im Beisein Anderer der schönen Fanny niemals die Achtung, die jeder Mann von Bildung ehrbaren Frauen schuldig ist. Man glaubte deshalb in Cork allgemein, Miß Fanny sei Herrn Bonneville verwandt, wie man seine beiden männlichen Begleiter für intime und ergebene Freunde von ihm hielt. Am Bord des „Orion" sah man sie noch vertraut mit einander verkehren."

„Und wo ist dieses Schiff geblieben?" fiel Armand ein. „Es ging in See, Niemand aber kennt oder will den Hafen kennen, in den es einlief."

„Als Sie abreisten," ergriff hier Andersen das Wort, „war dieser Ort noch nicht bekannt, gegenwärtig aber wird man auch in Cork bereits unterrichtet sein. Der „Orion" liegt in Hammerfest. Als ich Bergen verließ, trafen Briefe von dort ein, welche diese Nachricht enthielten. Auch zog man Erkundigungen ein über das Verbleiben von vier Passagieren, die bei völlig ruhigem Wetter, während der „Orion" vor Anker lag, ein Boot bestiegen, um sich die Langeweile durch Fischen zu vertreiben. Der Capitän sah es ungern, gab es aber doch zu, da Morton und Hamilton seemännische Kenntnisse zu besitzen vorgaben."

„Und mein Bruder liebte den Fischfang leidenschaftlich!" rief Armand aus. „Schon als Knabe konnte er sich dieser Liebhaberei wegen in die augenscheinlichste Gefahr begeben."

„Das Boot," erzählte Andersen weiter, „blieb geraume Zeit in Sicht des „Orion", endlich aber schwamm es nur noch wie ein Punkt auf der spiegelglatten Fläche des Meeres. Obwohl augenblicklich keine Gefahr vorhanden war, fürchtete der Capitän doch, die Passagiere könnten im Eifer des Fischens zu weit treiben und ihnen, wenn die Nacht sie überraschen sollte, der geringe Proviant, den sie mitgenommen hatten, ausgehen. Er signalisirte, um sie zurückzurufen, das Boot aber entfernte sich immer weiter und verschwand endlich ganz aus dem Gesichtskreise. Die

Nacht verging, ohne daß es zurückkehrte, eben so der ganze nächste Vormittag. Nun sprang eine leichte Brise auf, und zwar wehte der Wind nach der Richtung, welche Tags vorher die eifrigen Liebhaber des Fischfanges eingeschlagen hatten. In dieser Richtung steuerte jetzt der „Orion". Erst gegen Abend kam ein anderes Segel so nahe, daß es angesprochen werden konnte. Man fragte, ob diesem ein Boot mit vier Personen zu Gesicht gekommen sei, erhielt aber verneinende Antwort. Das Boot war und blieb verschwunden. Man mußte die Passagiere für verloren halten. In nächster Nacht gab es unruhiges Wetter, der „Orion" mußte wenden und trieb ab. Von südlichen Winden immer weiter nördlich gepeitscht, entschloß sich der Capitän endlich, da das Schiff nur in Ballast ging, in einen Hafen Norwegens einzulaufen und, wo möglich, dort Ladung zu nehmen. Dies gelang, nöthigte ihn aber später zur Reise nach Hammerfest, wo der Winter Schiff und Mannschaft festhielt. So kam es, daß man glaubte, es sei irgendwo untergegangen."

„Armer Charles!" rief Armand Bonneville bewegt aus, „Deine Leidenschaft ward für Dich zum Köder, der Dir den Tod gab!"

„Es unterliegt wohl keinem Zweifel," nahm Nickelsen wieder das Wort, „daß Ihr unachtsamer

Bruder während jener Lusttour über Bord gestürzt wurde. Er pflegte alle Sachen von Werth stets bei sich zu führen. Diese dem Ueberwältigten zu entreißen, war leicht. Der Getödtete konnte Niemand anklagen, und selbst, wenn er irgendwo als Leiche antrieb, konnte er gegen seine Mörder nicht zeugen, da ja keiner auf europäischem Boden lebte, der den gänzlich Fremden kannte. Die entschlossenen Räuber, die ihren Plan geschickt durchführten, müssen an der jütischen Küste gelandet sein. Hier trennten sie sich, um nicht Verdacht zu erregen. Morton kehrte über England nach Irland zurück, Hamilton schiffte sich nach Amerika ein. Nur die Miß Fanny genannte Schöne blieb auf europäischem Boden. Sie ging quer durch's Land und tauchte später in Kopenhagen auf, von wo sie nach den Küsten Nordalbingiens aufbrach. Hier ereilte sie, weil sie zu lange gezaudert hatte, die Nemesis. Den Leichnam des Getödteten aber trieb die Fluthströmung in der Elbmündung an den Strand."

Laute Stimmen unterbrachen jetzt die Sprechenden. Ein harter Finger klopfte an die Thür, die sofort geöffnet ward, um einen stämmigen jungen Mann einzulassen.

„Du, Molten?" sprach Nickelsen, sich umkehrend. „Was trägst Du denn da?"

„Die Fluth hat's auf der Werft angespült," versetzte der Schiffszimmermann, „und weil ich höre, es habe Einer von den Leuten, die draußen auf Steilsand gestrandet sind, dicht vor dem Hafen einen kleinen Koffer verloren, worüber er sehr unglücklich gewesen sein soll, so bin ich schnurstracks mit meinem Funde hierher gelaufen. Schwer ist das Ding nicht, Gold und Silber kann also nicht darin sein."

Es war die Schatulle Morton's, die Molten auf den Tisch stellte.

„Aber die Documente einer verbrecherischen That sind gewiß in ihr enthalten!" rief Armand, seine Hand darauf legend. „Rufen wir die Behörde, und Ihr, Andersen, seht zu, ob unser angegriffener Freund sich von seinen Strapatzen nach dem Schlafe, der ihn so bleiern überfiel, bereits erholt hat. Er und seine schöne Schwägerin müssen bei der Eröffnung dieser geheimnißvollen Raritätenschachtel doch nothwendig zugegen sein."

„Soll wohl wesen," erwiderte der Blankeneser, „und denk' ich mir, werden jetzt herausfinden aus diesem schwierigen Fahrwasser, um irgendwo eine feste Klippe oder einen Sand zu entdecken, auf dem sich ein Balken mit einem Querholz darin aufrichten läßt. Kann man dann, je nach Belieben und wie sich's gerade paßt, heute eine Glocke und morgen einen zweibeinigen Schuft daran aufhängen."

8.

Flucht und Tod.

Morton oder, wie er sich selbst nannte, Morton Hamilton, hatte eine Schwäche simulirt, welche vor Allem Ruhe des Leidenden erheischte. Er bat um Anweisung eines Lagers, und Nickelsen war gutmüthig genug, ihm sein eigenes Schlafzimmer einzuräumen. Das Zimmer lag zu ebener Erde, hatte nur ein Fenster nach der dem Seedeich zugekehrten Gartenseite und einen Ausgang auf die Diele. Noch während des Gespräches mit Armand Bonneville und in Folge der Andeutungen desselben, die mit Bestimmtheit den versteckten Amerikaner als muthmaßlichen Mörder seines Bruders bezeichneten, erhob sich der alte Lootse, um ungehört die Thür zu verschließen. In dem Gemache blieb Alles ruhig, nur ein paar Mal hörte man ängstliches Gestöhn, das indeß bald dem regelmäßigen Athemholen eines ruhig Schlafenden wich.

Die Männer trafen nun die nöthigen Anstalten, um den Verdächtigen zu überraschen und wo möglich auch zu überführen, wo nicht zum Geständniß seines Verbrechens zu veranlassen. Die Gerichtspersonen erschienen, Uhr und Ring des längst Beerdigten wurden ebenfalls zur Stelle geschafft.

„Nun wollen wir den saubern Cujon aus seiner Ruhe aufscheuchen,“ sprach Andersen, erschloß die Thür des Schlafzimmers und trat ein. Er fand es leer. Das offen stehende Fenster deutete den Weg an, den der Umgarnte genommen hatte.

Nickelsen geberdete sich wie ein Unsinniger.

„Wir müssen ihn haben, und soll ich ihn verfolgen in einem Fischernachen bis unter die rothe Klippe!“ rief er aus.

Armand zeigte keinerlei heftige Erregung. Er bemühte sich, den wackern Mann zu beruhigen, und erbot sich ihm zum Begleiter.

„Mein einziger Trost ist nur,“ versetzte Nickelsen, sich schnell wieder fassend, „daß er nicht weit laufen kann! Schlägt er den Weg ein ins Land, so greifen sie den Banditen auf in den ersten vier und zwanzig Stunden, und läuft er nach der Küste, so muß er, wenn er nicht verhungern will, von selbst wieder umkehren. Es gibt Keinen, der ihn hinüberführe ans andere Ufer, obwohl es Ebbe ist und der Wind sich vollkommen gelegt hat.“

Zuerst folgten nun die Suchenden den zurückgelassenen Spuren des Geflüchteten. Da die Erde feucht war, ließen sich diese anfangs leicht entdecken. Sie führten durch den Gemüsegarten des alten Seemannes nach einem mit hohem Rohr bedeckten Terrain, das in der feuchten Niederung sich zwischen von Gräben durchschnittenen Wiesenstreifen fortzog. Dies Rohr hatte Morton durchbrochen, wie man an den niedergedrückten Stauden bemerken konnte. Er war gelaufen, bisweilen gesprungen. An einem der breiten sumpfigen Gräben hatte er zweimal ansetzen müssen, um hinüber zu gelangen. Auch auf dem Wiesenlande entdeckte man noch die Fußtapfen des Flüchtlings. Erst in unmittelbarer Nähe des hohen Seedeiches, der nach der äußersten Landspitze hinausläuft und bei der hohen Kugelbaake eine Biegung nach links macht, verloren sie sich alsbald gänzlich.

„Der Schalk ist schlau, wie ein Indianer," sagte Nickelsen. „Er ist sicherlich bis ins Wasser gelaufen, wo der Grund entweder aus festem Sande oder aus Steingeröll besteht. Da bleibt alles Suchen erfolglos."

Morton hatte wirklich diesen Weg eingeschlagen. Es war von Mehreren ein einzelner Mann auf dem Deiche gesehen worden, der sich oft umgekehrt hatte, als erwarte er Jemand. Später ging er der Küste zu, wo er sich häufig bückte, als suche er Muscheln oder ausgespülte Meergewächse. An der Kugelbaake war er hinter der Deichkrone verschwunden.

Aergerlich kehrte der wackere Nickelsen, still und in sich gekehrt Armand Bonneville zurück. Es blieb jetzt nichts mehr übrig, als zu versuchen, ob nicht die noch in Haft befindliche Miß Fanny zu einem Geständniß zu bewegen sei, wenn die wiedergefundene Schatulle gravirende Documente enthalte. Der Begleiter Mortons, der sich auf dem Schiff stets passiv verhalten hatte, konnte wohl nicht in Untersuchung gezogen werden, da gegen ihn kein Beschuldigungsgrund vorlag.

Die Schatulle ward nun geöffnet, und wirklich enthielt sie eine bedeutende Anzahl Briefe, Werthpapiere und Anweisungen, welche Charles Bonneville gehört hatten und diesem nur auf gewaltsame Weise geraubt worden sein konnten. Es blieb zwar auch jetzt noch ein Geheimniß, auf welche Weise der unglückliche Mann seinen Tod gefunden hatte, ob überwältigt von fremder Hand, oder durch einen Zufall; denn die Annahme, es könne Charles Bonneville während des Fischfanges durch Unvorsichtigkeit über Bord gefallen sein, lag wenigstens nicht außerhalb der Grenzen des Möglichen.

Die so verführerische Dame, die auch jetzt noch an ihren früheren Aussagen festhielt, behauptete weder die Schatulle noch deren Inhalt zu kennen. Sie ahnte sehr bald, daß Morton entkommen sei, und da sie demnach durch etwaige Aussagen desselben nicht compromittirt werden konnte, legte sie sich hartnäckig auf's Läugnen, ohne auch nur eine Spur von Befangenheit zu zeigen. Ihrer Reize sich bewußt, blieb sie bei jedem Verhör liebenswürdig und so anmuthig kokett, daß selbst der kaltblütige Andersen eines Tages seine wollene rauhe Schiffermütze zerknüllte und in komischem Aerger in die Worte ausbrach:

„Gott verdamm' mich, das verdrehte Frauenzimmer, scheint mir, kann aus jedwedem Menschen machen, was es will! Ich mag nichts mehr zu thun haben mit der flunkrigen Dirne, oder ich find' nicht zu Hause!"

Armand ward es müde, eine Angelegenheit, die ein in jeder Beziehung befriedigendes Resultat zu liefern nicht versprach, noch weiter zu verfolgen. Das Eigenthum seines verstorbenen Bruders wurde ihm eingehändigt, Miß Fanny aber des starken Verdachtes wegen, der auf ihr ruhte, noch immer in Untersuchungshaft gehalten, da man hoffte, es könnten durch eingezogene Erkundigungen sich vielleicht noch andere Indicien gegen sie ergeben, die ein Straferkenntniß rechtfertigen möchten. Man bewachte sie deshalb sorgsam, ohne die verführerische Circe streng zu behandeln. Damit schien die zweideutige Schöne auch vollkommen zufrieden zu sein.

So vergingen ein paar Wochen. Von dem geflüchteten Morton hörte Niemand etwas, was Nickelsen nicht begreifen konnte. Armand Bonneville ordnete seine kaufmännischen Angelegenheiten, was ihm jetzt, wo er in den Besitz des größten Theils der Papiere und Briefe seines Bruders gelangt war, nicht schwer fiel. Er nahm eine reiche Ladung ein und lichtete dann die Anker, um über New-York, New-Orleans, Havannah und Buenos-Ayres in sein Geburtsland zurückzukehren. Vorher hatte er sowohl Andersen als Nickelsen das Versprechen geben müssen, Beide noch einmal zu besuchen. Er hielt Wort, indem er ein paar Tage in Andersens Hause blieb und sich von dem originellen Schiffer Abenteuer und Geschichten, wie sie ihm geläufig waren, erzählen ließ. Von da aus erst ging er an Bord seines Schiffes, um nochmals kurze Zeit auf der Rhede von Cuxhaven zu ankern.

Nickelsen hatte schon einige Tage nach jedem Segel ausgelugt, das dem Meere zusteuerte. Als er die amerikanische Flagge an der Gaffel gewahrte, sprang er in ein Boot und ruderte mit zwei seiner Untergebenen hinaus in die Mündung des Stromes, um den Freund vom Bord seines Schiffes abzuholen.

Die Begrüßung beider Männer war herzlich. Als Armand Bonneville dem Lootsen gegenüber saß, sah dieser ihn mit wunderbar tiefen Augen an.

„Sie dürfen jetzt ruhig zurückkehren in Ihr Vaterland, Capitän," sprach Nickelsen. „Was menschlicher Scharfsinn nicht zu entdecken vermochte und die weltliche Gerechtigkeit auch nicht rächen konnte, das hat die Hand des Allmächtigen gethan. Morton ist todt."

„Todt? Man hat ihn wiedergefunden?"

„Fast an derselben Stelle, wo Ihr Bruder an's Land trieb, warf die grollende See auch seinen Mörder aus. Die Fische hatten ihm übel mitgespielt, denn der unnütze Bursche mag lange Zeit im Salzwasser herumgeschwommen sein. An seiner Kleidung aber war er zu erkennen. Auch fand sich in seiner Brieftasche ein Billet an die schöne Fanny, dessen Inhalt der schwerste Ankläger dieses gefährlichen Frauenzimmers ward. Jedenfalls versuchte Morton während der Ebbe über das Watt nach Neuwerk zu wandern, weil er aber die betretbaren Pfade nicht kannte, vielleicht auch, weil die Fluth ihn überraschte, fiel er ihr zum Opfer. Vor ein paar Tagen haben wir ihn am Strande begraben."

„Und Fanny ist durch das Billet zu überführen?" fragte Armand nach banger Erwartung.

„Sie würde es sein, wäre sie noch am Leben," versetzte Nickelsen.

„Auch sie ist gestorben?" rief Armand Bonneville aus.

„Es war ihr eigener Wille,“ sagte der alte Lootse. „Das Billet hätte sie wenigstens ins Zuchthaus gebracht. Da bat sie um die Vergünstigung, ein Bad nehmen zu dürfen. Man gestattete ihr dies, und im Bade öffnete sie sich entschlossen mit einer silbernen Haarnadel beide Pulsadern. Ich habe nie eine schönere Leiche gesehen!“

Einen Tag später trug das Boot des alten Nickelsen den jungen Capitän Bonneville wieder an Bord seines Schiffes. Die Männer schüttelten sich ernst die Hände und schieden für's Leben von einander mit einem im Brausen der schäumenden Wellen verhallenden Fahrwohl!

So lange Nickelsen lebte, nahm er täglich sein Luftbad auf der „alten Liebe“, und das Grab Charles Bonneville's ward häufig bekränzt. Die Pflege dieses Erdhügels übernahm nach des Vaters Tode dessen glücklich verheirathete Tochter. Von Armand Bonneville erhielt der wackere Seemann nur einmal Nachricht. Diese zeigte ihm dessen glückliche Ankunft in Valparaiso an.

Der Agent aus China.

Eine Zukunftsnovelle.

1.

Eine beunruhigende Nachricht.

Selinde war sehr verstimmt. Sie hatte eine böse Nacht verlebt, und was ihr in der Wirklichkeit an ernsthaften Schrecknissen mangelte, ergänzten bei dem lebhaften Mädchen quälerische Traumgebilde. Als sie spät am Morgen sich endlich völlig ermunterte und ihr Lager verließ, konnte man sie beinahe für krank halten. Sie sah angegriffen und erschöpft aus und ließ die höchst verdrießliche Stimmung, welche sie beherrschte, zunächst ihre unmittelbare Umgebung fühlen. Bertha, die junge, hübsche Zofe, die bei Selinde in großer Gunst stand, konnte heute der ungnädigen Herrin durchaus nichts zu Dank machen. Das elegante Morgenkleid von rother Seide warf nicht die schönen Falten, an denen sich Selinde bisher noch jeden Morgen erfreut hatte, die weichen, mit dem köstlichsten Schwan besetzten Schuhe drückten die verwöhnten

Füßchen der arg Verstimmten, und die bewegliche Bertha, gesprächig, heiter und flink, wie immer, sollte durchaus ungeschickt sein. Selinde schalt fortwährend und ließ sich zuletzt von ihrem Unmuth zu der wahrhaft barbarischen Ungerechtigkeit fortreißen, die Zofe einen afrikanischen Unhold zu heißen. Schiefe, häßliche Katzenaugen sollte das arme Kind haben, und ihr nach japanischer Weise geflochtenes schönes, blondes Haar nannte die Schmollende strobelborstig!

Da brach Bertha das Herz, Thränen entstürzten den mandelförmig geschnittenen Augen der unrechtmäßig Gescholtenen, sie küßte der Zürnenden die tadellos weiche Hand und fragte kaum hörbar, was sie denn eigentlich verbrochen habe.

Selinde schwieg, weil sie eine vernünftige Antwort nicht finden konnte, aber sie sah so nachdenklich, so verzweifelt entschlossen aus, daß Bertha mehr um ihre Gebieterin, als um sich selbst bangte.

„Haben Sie vielleicht Verdruß gehabt, gnädiges Fräulein?" hob nach einer Weile die in Selinde's Geheimnisse großentheils eingeweihte Zofe wieder an. „Das Gespräch mit dem gnädigen Herrn Papa gestern Abend währte ungewöhnlich lange . . ."

Ein Blitz aus Selinde's Augen machte Bertha verstummen. Die Frage schien jedoch die Herrin versöhnt zu haben. Gutmüthig reichte sie der Zofe die Hand und versetzte: „Du hast Recht, ich war nicht ganz gerecht gegen Dich, aber es stürmt auch Alles auf mich ein, und die Tyrannei meines Vaters, den ich so hoch verehre, wie Du weißt, kennt gar keine Gränzen!“

„Mein Gott!“ rief Bertha verwundert aus. „Der gnädige Herr Commercienrath, der — der ...“

„Mein leiblicher Vater, der sonst die Güte gegen mich selbst war, ist seit Kurzem wie ausgetauscht!“ betheuerte Selinde. „Die allerunbedeutendste Bitte schlägt er mir ab, jeden Wunsch, den ich äußere, nennt er ungehörig, oft geradezu albern, und gestern Abends hat er mir sogar das beleidigende Wort zugerufen, ich hätte alteuropäische Ansichten und Einfälle. Ich bitte Dich, Bertha, alteuropäisch soll ich sein! Kann man dabei ruhig bleiben?“

Bertha schüttelte ihr hübsches Köpfchen, schlug die schalkhaften Augen mitleidig zum Himmel auf und faltete die schön gepflegten Händchen mit den muschelförmig geschnittenen rosenrothen Nägeln.

„Alteuropäisch!“ rief sie aus. Ja, nun begreife ich, nun begreife ich!“

„Wie danke ich Dir für diese Theilnahme!“ fuhr Selinde fort. „Du hast ein mitfühlendes Herz, ich weiß es, und darum habe ich vor Dir keine Geheimnisse. Aber Du kannst Dir denken, welche qualvolle

Nacht ich verlebte, und wie es wohl verzeihlich war, daß ich verstimmt, geplagt von dem schrecklichsten nervösen Kopfschmerz, aus peinigenden Träumen erwachte! Eins nur tröstete mich momentan in der Angst dieses Traumlebens, das herrliche, unbezahlbare Geschenk, das mir Heribert am Tage seiner Abreise so großmüthig und in so sinniger Weise verehrte."

„Meinen gnädiges Fräulein das Kästchen mit den Malachiten?"

„Dasselbe."

„Es liegen Streifen feinsten Seidenpapiers darin."

„Aus der kaiserlichen Fabrik von Peking."

„Die Figuren darauf sind von einer wunderbaren Zartheit. Und wie blitzen die Farben, in denen sie schillern!"

„Nicht wahr, Bertha, es ist ein kostbares Geschenk?"

„Gewiß, gnädiges Fräulein, nur kann ich nicht einsehen, wie man es benutzen soll. Es ist doch wohl nur zum Ansehen?"

Selinde lächelte sehr fein, und ein Zug geheimnißvoller Weisheit glitt über ihr schönes Gesicht.

„Allerdings muß man es ziemlich lange ansehen, ehe man die Benutzung dieses unbezahlbaren Geschenkes verstehen lernt!" gab sie zur Antwort. „Ich denke aber, der Tag, wo ich diese Kenntniß mir vollkommen erworben habe, ist nicht mehr gar fern, und dann sollst auch Du erfahren, was es damit für eine Bewandtniß hat. Heribert ging ungern fort. Er setzte so großes Vertrauen in meinen Vater, und dieser lohnte ihm sein Entgegenkommen in einer Weise, die ich nicht billigen kann."

„Der Herr Commercienrath schien die Unternehmungen des Herrn Agenten nicht ganz zu billigen."

„Das gerade ist es, was ihn gegen Jedermann und auch gegen mich ungerecht, hart, tyrannisch macht," fiel Selinde ein. „Weißt Du, welche Bitte er mir gestern Abends rundweg abgeschlagen hat?"

„Eine Bitte abgeschlagen?"

„Sans phrase abgeschlagen! Er will nicht zugeben, daß ich meine seit zwei Jahren in der Residenz verheirathete liebste Jugendfreundin Wanda zur Feier ihres Geburtstages besuchen soll!"

„Ist's möglich, gnädiges Fräulein!"

„Alteuropäisch schalt er mein Verlangen, und es sind noch keine dreihundert Meilen bis in die Residenz! Gäbe Papa nur zu, daß ich die neu angelegte Eisenbahn dahin benutzen dürfte, so ließen sich ja die paar Meilen in einem halben Tage zurücklegen. Weil aber ein tartarischer Unternehmer den Bau besorgte und ihn billiger herstellte, als Papa es wollte, den man zuerst darum anging, mag er nichts davon hören. Schickte es sich für ein Kind, seinem eigenen Vater

Vorwürfe zu machen, so hätte ich wohl Grund, des Vaters Verfahren alteuropäisch zu nennen."

„Sollte sich der Herr Commercienrath nicht durch wiederholtes Bitten dennoch bewegen lassen?"

„Es wäre ja möglich, Bertha, allein dazu kann ich mich nicht entschließen. Wo das Recht so klar auf meiner Seite liegt, halte ich es unter meiner Würde, mehr als einmal zu bitten. Ich werde also zu Hause bleiben. Damit jedoch Wanda nicht vergebens auf mich wartet, will ich ihr in aller Geschwindigkeit einen Brief durch den Telegraphen schreiben und ihr darin ein Bild meiner traurigen Lage entwerfen. Nur darf Papa nichts davon erfahren. Du hast deshalb genau Acht zu geben, Bertha, wenn Papa ausgeht. Eine Viertelstunde genügt zur Ausführung meines Planes. Ich bediene mich dazu des Vaters eigenen Apparates für seine geheime Privat-Correspondenz. Die öffentlichen Telegraphen, die ohnehin stets von Hunderten in Anspruch genommen werden, möchten sich weigern, meinen Brief zu befördern, da man neuerdings die Telegraphen-Censur nach dem Vorgange des Kaisers von Saharien auch bei uns einzuführen für gut befunden hat. Das wäre denn einmal afrikanisch. Aber daß aus dem Innern dieses gelobten Landes der Sonne auch etwas Schlechtes kommen könne, daran denkt gegenwärtig, wo die Actien der großen Central-

Wüstenbahn so brillant stehen, auch gewiß kein Einziger."

Selinde war bei der letzten Bemerkung etwas heftig geworden und sicherlich würde sie gegen Bertha noch offener mit ihren Gedanken herausgegangen sein, hätten sich nicht Schritte auf dem Corridor, verbunden mit einem kurzen, scharfen Husten, vernehmen lassen.

„Es ist Papa," sagte Selinde, die seidene Schnur mit den großen chinesischen Troddeln fester um ihre schlanke Taille zusammenziehend. „Laß Dir nichts merken von meinen Eröffnungen, Bertha! Ich will mich zusammen nehmen und dem Papa ein recht heiteres Gesicht zeigen.

Gleich darauf klopfte es, und auf den Ruf der Tochter trat der Commercienrath, in einen bunt geblümten japanischen Kaftan von schwerster Seide gehüllt, chinesische Schuhe mit hochgebogenen schnabelartigen Spitzen an den Füßen, die bei jedem Schritte sich schwankend bewegten, in das elegante Boudoir Selindens, um, wie dies schon seit Monaten seine Gewohnheit war, das einzige von sechs Kindern ihm übrig gebliebene Töchterchen zum Frühstück abzuholen.

Der Commercienrath von Sanftleben war ein Mann von sechszig Jahren, etwas corpulent, dabei aber gewandt, körperlich rüstig und von noch ungeschwächter Geistesfrische. Nach der Mode der damaligen

Zeit — unsere Erzählung spielt nämlich im Sommer 1959 — trug er das Haupthaar ganz kurz geschoren. Nur vorn über der Stirn blieb ein Büschel desselben stehen, das mit großer Sorgsamkeit gepflegt ward und die Gestalt einer Flamme hatte. Man nannte dieses ungemein kleidsame Haarbüschel die Stirnlocke, und wer sie trug, der zeigte damit an, daß er sich den cultivirtesten Söhnen des zwanzigsten Jahrhunderts zuzählte. Aufgebracht hatte diese Sitte, das Haupthaar zu frisiren, der junge geistreiche Kaiser von China, der bewundertste Regent der ganzen Welt, Ming-Mang-Mong I.

Commercienrath von Sanftleben war unermeßlich reich, obwohl er als Sohn eines Kohlenträgers von Haus aus gar nichts besessen hatte. Er war aber gescheidt, sehr anstellig, konnte sich einschmeicheln und alle Welt für sich einnehmen. Diese Eigenschaften brachten ihn schnell vorwärts in der Welt, und da er außerdem noch ein glückliches Speculations-Talent besaß, so erwarb er ziemlich rasch bedeutende Summen und machte solchergestalt besonders als Unternehmer gewagter Bauten Carriere. Er ward belohnt, erhielt einen Titel, und sein Landesfürst erhob ihn in den Adelsstand. Auf diese Auszeichnung that sich von Sanftleben nicht wenig zu Gute, indeß äußerte sie auch auf den sonst in jeder Beziehung ausgezeichneten

Mann eine nachtheilige Einwirkung. Kaum nämlich hatte der Commercienrath das Adelsdiplom in der Tasche, so ward er lässiger im Betrieb seiner Geschäfte. Früher immer der Eifrigste im Ergreifen einer neuen Idee, im Anfassen eines Unternehmens, dessen Tragweite sich eben so wenig als die Rentabilität desselben voraus berechnen ließ, zögerte er jetzt, wenn der fabelhaft arbeitende Erfindungsgeist des Zeitalters immer neue Unternehmungen ausheckte. Man konnte nicht mehr sagen, die Zeit schreite auch in Bezug auf Erfindungen mit der Schnelligkeit des Dampfes fort, man nannte, um ein nur einigermaßen passendes Gleichniß zu gebrauchen, die rastlos erfindende Welt telegraphisch. Zuletzt ging dem Commercienrath das Erfinden gar zu telegraphisch geschwind, es ward ihm bänglich dabei, und er begann sich zurückzuziehen. Seine Neider fanden das natürlich und nannten ihn spottweise bisweilen den langsamen Postdampfer.

Dieser Mann wünschte jetzt seiner Tochter freundlich guten Morgen und reichte ihr zugleich das erste Morgenblatt der „Gazellenzeitung“, die gleichzeitig in sechs Sprachen erschien, jeden Tag drei Mal ausgegeben und stets in fünf Millionen Exemplaren abgezogen wurde.

„Was sagst Du zu dieser Neuigkeit, Selinde?“ sprach von Sanftleben in dem Tone eines Mannes, den nichts mehr aus der Fassung bringen kann. „Lies diese Stelle hier! Ich kann noch nicht daran glauben!“

Er deutete auf die neunte Columne der „Gazellenzeitung“, ging langsam zurück und rollte das auf einem Elfenbeinstabe mit goldenem Handgriff laufende, zwei und einen halben Fuß breite Blatt auf und hielt die Rolle über sich empor, damit Selinde es besser überblicken könne. Die Tochter las die bezeichnete Stelle und schlug vor Erstaunen die Hände über dem Kopfe zusammen.

„Sollt' es möglich sein,“ Papa! rief sie aus. „Das wäre ja fürchterlich!“

„Das will ich nun eben nicht sagen,“ versetzte der Commercienrath, die Zeitung wieder aufrollend, „wohl aber würde es mein schon seit geraumer Zeit eingehaltenes Verfahren rechtfertigen, das ich von vielen Seiten mißbilligen höre. Man muß vorsichtig sein in dieser Zeit und darf durchaus ohne vorherige Prüfung nicht jeder neuen Erfindung Glauben schenken. Freilich haben wir der Natur ihre Geheimnisse so ziemlich abgelauscht und können mit einigem Stolz uns wissende Kinder Gottes nennen, aber die heimtückischen Kräfte im Schooß der Erde spotten noch immer der Bändigung. Wir haben bisher das Erdfeuer mit gutem Erfolge benutzt; es arbeitet durch die kluge Einrichtung, die wir unseren Maschinen zu geben verstanden, wie ein gefangen genommener Geist; bestätigt sich aber diese Nachricht, so ist der directe Verkehr mit meinen Besitzungen im kleinen Atlas für längere Zeit unterbrochen. Dieser unterseeische Tunnel, der so hart an dem wirklichen Eingange zum Tartarus vorüber geht, und der ganz allein durch mein kühnes Wagen zu Stande kam, war bis heute mein größter Stolz. Er ist seit gestern nicht mehr prakticabel, und die Actien werden bis heute Mittag sicherlich um wenigstens zehn bis fünfzehn Procent gesunken sein. Ich habe mithin Recht, vorsichtig zu bleiben, und darum konnte ich mich auch nicht entschließen, diesen von so Vielen protegirten Agenten aus China, der mir überhaupt gar zu exorbitante Pläne vorlegte, zu unterstützen. Wir sehen, das Innere der Erde, das wir nun doch ganz hübsch durchwühlt haben, ist nicht einmal mehr sicher, wie soll's da die Luft sein!"

Selinde überhörte diese letzte Bemerkung ihres Vaters, indem sie, unverkennbar aufgeregt, die Frage an ihn richtete:

„Was gedenkst Du zu thun, Papa?"

„Noch habe ich einen bestimmten Entschluß nicht gefaßt," erwiderte dieser. „Ich will das Mittagsblatt abwarten, das etwas Ausführlicheres über den Vorfall bringen muß. Bestätigt es diese erste Nachricht, so telegraphire ich an meinen Agenten in Tlemcen und melde ihm meine Ankunft. Im glücklichsten Falle kann ich nach Ablauf zweier Tage zur Stelle sein und sehen, was sich thun läßt, um weiteren Verwüstungen im Tunnel vorzubeugen."

„Du willst mich allein zurücklassen, Papa?" versetzte Selinde. „Ich vergehe vor Angst, wenn ich Dich in solcher Entfernung weiß, und noch dazu in dieser Jahreszeit! Wie magst Du die afrikanische Juli-Sonne ertragen?"

„Kind, sei doch nicht so alten . . . so unbedacht thöricht!" fiel der Commercienrath ein. „Gegen Hitze und Kälte auf der Erde haben wir, Gottlob, Vorkehrungen, daß uns die Unbilden der verschiedenen Klimate nichts mehr anhaben können. Wir lachen der Sonne und spotten des Winters, aber in und unter der Erde, in dem Straßengewirr unserer submarinen Besitzungen sind wir leider noch nicht unbeschränkte Herren. Da spukt der Dämon der Natur, und dem ist viel schwerer beizukommen, als dem Geiste der Natur. Aber mit Hülfe unseres Witzes und unseres Wissens wollen wir auch diesen Kobold uns nach und nach einfangen und ihn uns wider Willen dienstbar machen. Und nun komm, mein Kind! Ich habe Dich mit einer Delicatesse zu erfreuen, von der ich schon gestern Abends naschen wollte. Dein Geplauder, das mich verdrießlich machte, ließ mich die Sache vergessen. Zweimal aber will ich mir nicht einen so erlaubten Genuß verderben lassen. Man lebt ja doch nur einmal, und jetzt, wo das Leben immer telegraphischer sich gestaltet, muß man sich tüchtig dazu halten, um Anderen gegenüber nicht zu kurz zu kommen. Was mein Urgroßvater, der vor hundert Jahren zuerst mit einem Schrauben-Dampfschiffe den atlantischen Ocean in zwölf Tagen zwischen Europa und Amerika befuhr, für ein Wunder der Schnelligkeit hielt — ha, ha, ha, ha — das dünkt uns in unseren aufgeklärteren Tagen ein Schneckengang! Zwölf Tage für solche Reise! Es ist zum Französisch werden! — Wir geben jetzt ein Schiff auf dieser Tour schon verloren, wenn es am vierten Tage noch nicht eingetroffen ist! Also, Kind, wie schon der uralte Goethe den Mephistopheles sagen läßt, obwohl Vieles in den Schriften dieses Mannes sehr veraltet ist:

Gebraucht der Zeit, sie geht so schnell von hinnen,
Doch Ordnung lehrt Euch Zeit gewinnen.

2.

Die Welt von 1959 und die neue chinesische Erfindung.

Das Narrenwort: „Die Welt ist rund und muß sich dreh'n", hat sich fast immer als Evangelium bewiesen. Auch in den Zeiten des Alterthums änderten hundert Jahre schon viel. Mächtige Reiche zerfielen, uralte Dynastien machten kühnen Emporkömmlingen Platz. All dieser Wechsel der Macht aber, diese Umgestaltung der Verhältnisse, der Sitten, der Gesinnungen, der Lebensart und — um uns so auszudrücken — des Lebensbetriebes waren Kinderspiel im Vergleich mit dem ungeheuren Umschwunge, welche die Erde und alle Erdbewohner seit den letzten hundert Jahren erlitten haben. Als man zuerst die Schraube zur Fortbewegung großer Schiffe anwandte, galt das unermeßliche chinesische Reich der ganzen übrigen civilisirten Welt noch für eine Terra incognita. Was man davon kannte, reizte wohl die Neugier, forderte aber auch zugleich die Spottsucht heraus, sich über das bezopfte Volk des himmlischen Reiches lustig zu machen. Und jetzt, nach kurzen hundert Jahren, wie ganz anders war es geworden in Mittel-Asien, auf der herrlichen japanischen Inselgruppe, an den Ufern des Amur, auf dem unzugänglichen Borneo, in dem sonnendurchglühten Afrika! China hatte sich emporgeschwungen zu dem nächst Rußland mächtigsten Reiche der Welt. Es herrschte in Asien fast ausschließlich. Seine Gränzen standen dem Handel der ganzen Welt offen, und um dem schon geraume Zeit nur zaghaft fortschreitenden Europa zu beweisen, daß die weiseste Regierung immer auch die freisinnigste sei, hatte es, Hand in Hand mit den Beherrschern Hindostans und dem aufgeklärten Großkhan von Mongolien, den asiatischen Freihandels-Verein begründet. Es gab innerhalb Asiens keine Schlagbäume, keine Zölle mehr. Eine Einrichtung, wie die Accise, von der sich in einigen europäischen Großstädten noch immer einige Spuren erhalten hatten, kannte der glückliche Chinese nicht einmal dem Namen nach. Alle Nationen der Erde verkehrten frei und ungehindert mit China, Japan und Mongolien. Die weisesten Institutionen, die freisinnigsten Gesetze waren die unveräußerlichen Güter dieser glücklichen Asiaten. Millionen von Europäern beneideten sie um diese herrlichen, ohne Schwertstreich gewonnenen Errungenschaften, und wie hundert Jahre früher die Europamüden nach der sogenannten neuen Welt auswanderten, um dort unter der grösseren Freiheit milder Gesetze zufrieden und glücklich zu leben, so strömte jetzt der Auswandererzug fast ausnahmslos ostwärts. Das freie, parlamentarisch regierte Russland und das noch freiere China mit seinem paradiesischen Klima, seinen unerschöpflichen Bodenreichthümern zog unternehmende Europäer massenhaft an. Mehr denn fünfzig Eisenbahnen liefen vor den Thoren Pekings, der bewunderten Hauptstadt der Welt, in zehn Bahnhöfen zusammen. Alle führten sie hoch über die zerfallenen Ueberreste der längst schon dem Fabelreiche angehörenden grossen Mauer hinweg, nach der wohl von Zeit zu Zeit ein neugieriger Tourist aus Senegambien einen Sommerausflug machte. Kurz, China war das glücklichste wie das civilisirteste Land der Erde. Es beherrschte die ganze Welt durch den hohen Geist der Weisheit, der sich in den Gesetzen dieses Wunderlandes kund gab, und die intelligenten Söhne dieses gewaltigen Reiches, die klügsten aller Menschen unter der Sonne, hatten es verstanden, in jeder Hinsicht die Herrschaft an sich zu reissen. Selbst die Moden kamen aus China; eben so war die chinesische Küche in allen vornehmen Häusern der ganzen übrigen Welt allein noch fashionable.

Commercienrath von Sanftleben hielt sich als Mann von Welt und als ein eifriger Vertreter des zeitgemäßen Fortschrittes vor Allen für berufen, den Ton mit anzugeben. Außer der ihm innewohnenden Ueberzeugung, daß alles Gute vorzugsweise aus China komme, war bei ihm auch der Vortheil einiger Maßen bestimmend. Seine Verbindungen mit den bedeutendsten Handelsgrößen des Reiches der Mitte und mit Asien überhaupt geboten ihm, alles von dort nach Europa Kommende zu empfehlen. Im Allgemeinen jedoch wäre dies nicht nöthig gewesen; denn angenommen, die Welt könne überhaupt vollkommen werden und nach menschlichen Begriffen Vollkommenes leisten, so hatte China diesen Gipfel der Vollkommenheit bereits erreicht.

Das sahen auch die übrigen Erdbewohner ein. Sie alle hatten, freilich erst nach langem Ringen, die chinesische Nation als die tonangebende anerkannt, und seit man diesem Fait accompli sich stillschweigend unterwarf, herrschte China eigentlich in allen Welttheilen.

Wie es ein paar Hundert Jahre früher allerwärts französische Tanzmeister, Sprachlehrer, Friseure und Köche gab, so verschrieb man sich jetzt diese unentbehrlichen Menschen immer nur aus China. Freilich konnte nicht jeder Europäer solchen Luxus treiben;

denn die klugen Söhne des himmlischen Reiches ließen sich für ihre Dienste von den roth- und braunborstigen Barbaren, die ihnen früher, als man ihre Vorzüge noch nicht kannte, so übel mitgespielt hatten, barbarisch, d. h. himmlisch bezahlen. Am allertheuersten aber waren die Köche, die freilich auch Bewunderns-würdiges leisteten. Um nun die Kosten eines solchen Eßbereitungs-Künstlers, wie sie sich auf Chinesisch nannten, zu vermindern, hielten sich bisweilen zwei Familien einen Koch zusammen. Gar oft indeß ließ auch dies sich dauernd nicht durchführen, theils, weil der Chinese zu stolz war, zwei Herren zugleich zu dienen, theils auch, weil das in dem so wichtigen Küchen-Departement zu unangenehmen Streitigkeiten führte und dabei manche kostbare und kostspielige Sauce verdorben ward.

Ein Feinschmecker aber weiß sich zu helfen. Die Zunge als Prüfer bereiteter Speisen hat viel Aehnlichkeit mit einem Diplomaten. Sie erfindet, um sich zu letzen, stets Ausflüchte, und ehe sie es mit dem Eßbereitungs-Künstler ganz zum Bruche kommen läßt, entschließt sie sich sogar zu Doppelzüngigkeiten.

Commercienrath von Sanftleben war einer der Ersten, der einen solchen Ausweg einschlug. Ungeachtet seines ganz ungeheuren Vermögens, das sich in Zahlen nicht gut ausdrücken läßt, war er doch kein

Verschwender. Chinesische Köche mit ihrem zahlreichen Küchenpersonal sich ins Haus zu setzen, convenirte ihm nicht. Darum machte er mit Freunden, die auf andere Weise die Ausgaben, welche ihnen die chinesische Küche verursachten, wieder zu decken versuchten, den Accord, daß sie gegen anderweitige Freundschaftsdienste von ungewöhnlich feinen Delicatessen stets eine reichliche Portion ihm abgäben. Auf solche Weise lebte der kluge Commercienrath von ganz exquisiten Speisen, und er machte in gewissem Sinne sogar ein nettes Geschäft dabei.

Sein Töchterchen Selinde, das der Papa ein wenig verzogen hatte, war auch ein Leckermund. Das allerliebste Kind lebte eigentlich blos von chinesischen Näschereien. Man kann sich denken, daß Selinde dadurch etwas launenhaft ward und daß einige Kunst dazu gehörte, ihre Gaumen- und sonstigen Gelüste immer zu befriedigen. Wollte dies doch selbst dem Vater nicht jederzeit gelingen.

Heute jedoch hatte es der Commercienrath getroffen. Er setzte Selinden eine Pastete zum Frühstück vor, die etwa das unter den Pasteten war, was das Rosenöl unter den Oelen ist. Selinde delectirte sich auch an diesem köstlichen Leckerbissen eben so sehr, wie ihr Vater, der während des Frühstückes die „Gazellen-Zeitung“ mit ihrer verdrießlichen Nachricht ganz und gar vergaß. Erst nach Beendigung desselben fuhr ihm die Sache wieder durch den Kopf.

„Wenn das Mittagsblatt Bestätigung bringt," sagte er, die Stelle nochmals überfliegend, „so bleibt mir nichts übrig, als schneller Aufbruch. Länger als hochnöthig halte ich mich aber drüben nicht auf. Meine Gegenwart hier ist ebenfalls nicht lange zu entbehren. Die Abreise Heriberts macht mich unruhig."

„Daran ist aber doch Niemand schuld, als Du selbst, Papa!" meinte in etwas vorwurfsvollem Tone Selinde.

„Ich werde deshalb auch Niemandem Vorwürfe machen, mein Kind," erwiderte der Commercienrath, „allein ich muß aufpassen, um nicht hier in Schaden zu gerathen, während ich drüben einem ebenfalls großen Verluste vorbeugen will."

„Wer könnte sich hier mit Dir messen!" warf gleichgültig Selinde ein. „Dein Wort gibt überall den Ausschlag."

„Wo ich es in die Wagschale fallen lasse, gewiß; wenn es aber ganz fehlt, wie dann?"

„Nun, wie dann? Es liegt ja gegenwärtig nichts vor."

„Nichts als die Propositionen dieses schlauen Heribert!"

„Ich kenne sie nicht, Papa, und übrigens interessiren mich auch alle diese Speculationen, von denen ich ja gar keinen Begriff, noch weniger ein Verständniß habe, nur in sehr geringem Maße."

„Es wäre ja möglich, daß er meine Abreise, die nicht verborgen bleiben kann, benutzt, einen Anderen überredete, sich mit ihm in Verbindung zu setzen, und so — vorausgesetzt, daß die Sache wirklich reussirte, mir unberechenbare Verluste beibrächte."

„Du kannst ihm ja vorher ein Telegramm privatim zufertigen."

„Sehr wahr, meine Tochter, Du bedenkst nur nicht, daß ein solches Haltrufen schon eine halbe Million mehr kostet, wenn es überhaupt beachtet wird."

„Mein Gott, so viel?" rief Selinde aus. „Jetzt machst Du mich wirklich neugierig, Papa! Was hat Dir denn eigentlich dieser bewegliche junge Herr angeboten?"

„Wenn Du schweigen kannst, will ich es Dir sagen," sprach der Commercienrath. „Es muß aber durchaus ein Geheimniß unter uns Beiden bleiben."

Selinde lachte. „Wem könnte ich es verrathen, und zu welchem Zwecke?" sagte sie. „Du weißt, daß ich hier keine vertraute Freundin besitze; Wanda darf ich ja nicht besuchen, weil Du die Kosten dieser kleinen Reise scheust, mithin bin ich von selbst schon zum Schweigen gezwungen."

„Bertha ist auch ein Mädchen," bemerkte bedeutungsvoll der Commercienrath, „und noch dazu ein sehr neugieriges. Ihr Köpfchen fährt hin und her wie das eines Eichhörnchens. Sie kommt mir immer vor, als sei sie nur geboren worden, um Neuigkeiten auszuspioniren und die entdeckten in möglichster Geschwindigkeit wieder weiter zu verbreiten."

„Du vergissest nur, Papa, daß Bertha meine Zofe ist. Ich pflege mit Dienstboten nie auf vertraulichem Fuße zu stehen."

„Das erwarte ich auch von meiner Tochter, und darum will ich denn nicht länger Heriberts Anträge Dir geheim halten. Du wirst aber selbst einsehen, daß ich unter den Bedingungen, die mir dabei gemacht wurden, unmöglich sogleich darauf eingehen durfte. Höre denn! Am kaiserlichen Hofe zu Peking lebt ein Mechanicus, von dessen staunenswerther Geschicklichkeit seit einigen Jahren die Welt voll ist," begann von Sanftleben seine Mittheilung. „Zu unserem Stolze dürfen wir sagen, daß er germanischer Abstammung ist und daß also solchergestalt, wie dies, Gottlob! schon seit tausend Jahren geschieht, der deutsche Geist, das deutsche Genie doch im Grunde die Welt allein aufgeklärt hat und sie jetzt noch wie ehedem beherrscht. Dieser wunderbar begabte Mann erfand bekanntlich das neue Metall-Dampfschiff mit dem galvanischen

Apparat, der bei jeder Fahrt die auflaufenden Reisekosten mit zehn Procent Zuschlag wieder verdient, die
wundervollste Erfindung unseres Jahrhunderts."

„Heißt der Mann nicht Albinowitsch?" warf Selinde fragend ein.

„So nannte er sich in Peking, weil die Chinesen
für russische Namen eine besondere Vorliebe haben,"
fuhr der Commercienrath fort. „Eigentlich heißt er
Weiß, und zwar Hans Weiß, und ist eines Gelbgießers
Sohn aus Nürnberg. Das galvanische Metall-Dampfschiff, das er auf dem Werfte des Peiho erbaute, und
das mit der Schnelligkeit eines Vogels den Peiho
hinabfuhr, innerhalb sechsundzwanzig Stunden schon
die Küste von Borneo erreichte, und in abermals so
viel Zeit Madras in Sicht bekam, hat seitdem alle
anders construirten Dampfschiffe so ziemlich verdrängt.
Der geistvolle Kaiser von China aber ernannte den
Hans Weiß oder Albinowitsch zu seinem Hofmechanicus, gab ihm den Titel „Staubfaden der Sonnen-
blume", und beehrte ihn mit den wichtigsten Aufträgen. Zur Zeit unserer Vorväter würde man einem
Kopfe von der Gescheidtheit dieses nürnberger Stadtkindes ein Patent auf seine Erfindung gegeben haben,
in China aber, dem Reiche der Gleichheit und der
gleichen Berechtigung Aller, weiß man nichts von
Privilegien, und so erhielt denn auch Hans Weiß für

seine Erfindung außer dem Ruhme, den er sich dadurch erwarb, nur noch die vermehrte Huld seines kaiserlichen Herrn und das Recht des Zutritts zu Ming-Mang-Mong I., wann und wo es ihm belieben sollte.

„Im vorigen Jahre machte, wenn Du Dich dessen erinnern kannst, die chinesische illustrirte Zeitung „Die Lotusblume“ auf eine abermalige Entdeckung des glücklichen Hofmechanicus aufmerksam, ohne mit klaren Worten zu sagen, worin dieselbe bestehe. Diese Erfindung ist oder soll inzwischen geglückt sein und sich eben so gut bewähren, wie das galvanische Metall-Dampfschiff.“

„Kennt man sie denn jetzt?“ fragte Selinde.

„Ich hoffe nicht, mir nur hat Heribert sehr ausführliche Mittheilungen darüber gemacht.“

„Ich werde in der That gespannt.“

„Hans Weiß hat diesen Mittheilungen zufolge einen fliegenden Fisch oder einen Vogel erfunden, welcher die Eigenschaften von Vogel und Fisch, was Sicherheit und Schnelligkeit der Bewegung anbelangt, in sich vereinigen soll. Proben, welche er mit diesem eigenthümlich construirten und geformten Luftballon — denn etwas Anderes ist derselbe nicht — innerhalb der Gärten des Kaisers ablegte, sind selbst von den intelligentesten Chinesen mit offenem Munde angestaunt worden, und das will bei den außerordentlichen Leistungen dieses großen Volkes auf dem Felde der Erfindungen viel sagen. Ein Luftfisch oder Windvogel, wie der Kaiser selbst die Erfindung seines Hofmechanicus getauft hat, welcher vier Menschen bequem tragen kann, soll — behauptet Heribert — nicht größer sein, als einer jener Kähne, die man „Enten“ nennt. Auch will Hans Weiß gefunden haben, daß die Gestalt der Ente die zuträglichste für die Herstellung seiner Windvögel sei. Heribert hat es mir mit allen in China gebräuchlichen Eiden zugeschworen, man könne in solcher Ente, wenn sie recht gut gerathe, selbst eine Schwalbe im Fluge ausstechen, mit Kranichen, Störchen und anderem Luftgethier um die Wette in der Luft herumfahren, mit dem Winde und gegen den Wind, könne durch sinnreich angebrachte Klappen und Ventile wie ein Stößer niederwärts zur Erde gleiten und eben so rasch sich steilrecht wieder in die Lüfte erheben. Selbst heftige Luftströmungen und gewaltige Stürme sollen dem Windvogel gar nichts anhaben. Der geniale Hans Weiß hat eine Vorrichtung getroffen, die es dem Steuermanne in seinen Enten möglich macht, sie gleichsam treiben zu lassen auf den brausenden Luftwellen. Dann verbreitern sie sich und schwimmen wie Schirme oder auch wie Schildkröten mit eingezogenen Köpfen auf der Sturmwelle, bis diese sich beruhigt hat und ein Ausbreiten des Gefieders, welches der siegreiche Menschengeist erfand, wieder gestattet! Was meinst Du nun zu dieser größten aller Erfindungen, welche die Welt kennt?"

„Du siehst, Papa, es geht mir, wie den klugen Chinesen," versetzte Selinde. „Ich horche, staune, und der Mund bleibt mir vor Staunen offen stehen, aber, ich läugne nicht, daß es mich gelüstet, diese Windvögel zu sehen."

„Ganz dieselben Gefühle bemächtigten sich auch meiner zagenden Seele," fiel der Commercienrath wieder ein. „Windvögel! Ein köstliches Ding, wenn das Gefieder Dauer und Kraft besitzt. Wenn er sich nun aber zur Unzeit, etwa zwei Meilen hoch in der Luft, plötzlich zu mausern beginnt — was dann? Mit einem einfachen Halsbruche kommt man dann nicht davon. Riskante Sache, das Geld vorzuschießen zur Erbauung solcher Windvögel!"

„Du meinst, Papa, es gibt auch Windeier, und die Früchte oder Zinsen, welche die Enten des nürnberger Stadtkindes tragen sollen, das, ins Russische übersetzt, sich zum chinesischen Sonnenstaubfaden entwickelt hat, könnten eine frappante Aehnlichkeit mit solchen Windeiern haben."

„Kluge Tochter eines vorsichtigen Vaters!" sprach der Commercienrath mit selbstgefälligem Lächeln. „Ich sehe, Du begreifst mich, und so hoffe ich auch, daß Du mir bei allen Deinen ferneren Urtheilen stets Ehre machen wirst!"

Auch Selinde lächelte ihrem verdienstvollen Vater zu. Sie war aber noch nicht zufrieden gestellt, sondern drang weiter in ihn, um möglichst Genaues über das Anerbieten Heriberts, für den sich die reiche Erbin nun einmal höchlichst interessirte, zu erfahren. Von Sanftleben, der beim Essen leicht mittheilsam wurde, stand auch nicht an, dem neugierigen Kinde den Willen zu thun.

„Die Propositionen dieses, wie es mir bisher vorkommen wollte, geheimen chinesischen Agenten," fuhr der Commercienrath fort, sich noch ein Stück der köstlichen Pastete zu Gemüthe führend, „klingen überaus verlockend. Wüßte ich, daß sich Alles so verhält, wie er sagt, so würde ich ohne Bedenken darauf eingehen. Es wäre ohne Frage die glücklichste Speculation meines ganzen mit Speculationen garnirten Lebens. Aber der Henker traue! Allerdings steht der Mensch, dessen Zungenfertigkeit bewundernswürdig ist, und der namentlich das Chinesische, vorzugsweise aber den Peiho-Dialekt außerordentlich rein spricht, in den vielverheißendsten Verbindungen. Von dieser Seite wäre gewiß nichts zu riskiren, allein ich fürchte, der schlaue Herr hat auch Andern die nämlichen

Anträge gemacht, und das will ich, ehe ich mich definitiv entscheide, zuvor ergründen."

„Du bist also nicht ganz gegen seine Anerbietungen?"

„Unbedingt nicht, indeß habe ich mir doch das Ansehen gegeben, als wäre ich es, um vortheilhaftere Bedingungen zu erhalten, und, wenn überhaupt etwas daraus wird, das Geschäft allein zu bekommen."

„Nun, und was begehrt denn eigentlich der Herr Agent?"

„Was Anderes, als Geld? Baare Summen von einem enormen Betrage soll ich schaffen, damit die erst im Entstehen begriffene Fabrik im Großen betrieben und die bemerkten Windvögel oder Luftfische — wie die Herren Erfinder nun eben die neuen Fliege- und Transportmittel benennen werden — gleich massenhaft auf den Markt gebracht werden können. Ich sehe ein, daß mit einigen Millionen kein Geschäft in dem Artikel zu machen ist. Etliche Hunderttausend Stück muß man gleichzeitig in Umsatz bringen, aber auch die kleinste, etwa nur zweisitzige Ente von exquisit raschem Fluge kommt, aufs Genaueste berechnet, doch immer noch auf achttausend Thaler zu stehen. Indeß würde mich das nicht abschrecken, wäre ich nur zuvor von der ausgezeichneten Fliegefertigkeit derselben vollkommen überzeugt. Meinem eigenen Rufe als glücklicher und stets solid gebliebener Unternehmer war ich es schuldig, von dem Agenten zu verlangen, daß er mir den Beweis liefere, die neue Erfindung leiste wirklich in jedem Betracht, was Heribert Treffliches von ihr sagt."

„Da forderst Du aber ja etwas ganz Unmögliches," fiel die Tochter ein. „Nun begreife ich, weshalb Heribert so ärgerlich, so einsylbig, so niedergeschlagen war, als er mir die Abschiedsvisite machte."

„Hätte ich etwas Unmögliches verlangt, mein Kind," erwiderte der Commercienrath, „so würde dieses Verlangen zugleich den Beweis liefern, daß die ganze Erfindung nicht viel tauge, daß ich also, wollte ich sie poussiren helfen, mein Geld buchstäblich in Wind anlegte und es mithin leichtsinnig in alle Winde zerstreute. Commercienrath von Sanftleben aber heißt nicht umsonst bei allen praktischen Genien unseres wissenden Jahrhunderts Nummer Sicher, er verdient auch diesen ehrenvollen Beinamen. Uebrigens hat der chinesische Agent, freilich ungern, wie ich bemerken konnte, diesen Beweis zu liefern versprochen."

„Heribert hat das gewagt?"

„Er hat versprochen, mir eine Probe seiner Windvögel, die — das sieht jeder Narr ein — die ganze Welt auf den Kopf stellen und allen Verkehr in nie zuvor geahnte Bahnen leiten müssen — vorzulegen."

Selinde schüttelte ungläubig ihr chinesisch frisirtes Köpfchen und erlaubte sich, spöttisch zu lächeln.

„Herr Commercienrath von Sanftleben, sprach der junge Mann," fuhr der Vater fort, „ich füge mich Ihrer Vorschrift. Geben Sie mir vierzehn Tage Zeit, und Sie sollen mit eigenen Augen sehen, was Sie jetzt zu glauben noch Anstand nehmen. In spätestens vierzehn Tagen fliege ich Ihnen eine Ente vor. Ich mache die schwierigsten Wendungen mit ihr, nahe der Erde, wie die Schwalben, wenn Gewitter im Anzuge sind, über den Häusern und hoch in reiner Aetherluft. Sind Sie zufrieden mit den Leistungen des von Menschenhand durch die Lüfte gesteuerten Vogels, dann steigen Sie mit mir ein, und wir fliegen selbander erst einen Strich nordwärts in die Kälte, dann wieder südwärts in die Hitze, damit Sie zugleich auch sehen, daß der unübertreffliche Erfinder dieser Sturm- und Wetterbesieger nichts unberücksichtigt gelassen hat. Seine trefflich construirten Vögel sind für jedes Klima, für alle Jahreszeiten eingerichtet und bieten den comfortabelsten Aufenthalt dar. Selbst eine Vorrichtung, um mitten in der Luft ruhig liegen zu bleiben, ist vorhanden, und sie leistet wirklich das Menschenmögliche!"

Selinde hörte mit der gespanntesten Aufmerksamkeit zu. Die Pause, welche jetzt ihr Vater machte, benutzte sie zu dem Einwurfe, „auf welche Weise denn Heribert diesen verheißenen Probeflug auszuführen gedenke, ohne von Vielen gesehen zu werden.“

„Nichts leichter, als das,“ versetzte der Commercienrath. „Der Agent hat versprochen, mich zuvor zu benachrichtigen, wenn sein Auftraggeber mit meinen Bedingungen sich einverstanden erklärt. Geschieht dies, so ist eine Reise Heriberts bis an die asiatische Gränze unerläßlich. Dort angekommen, findet er einen zweiten Sendling des Hofmechanicus mit ein paar Windvögeln vor. Er nimmt diese in Empfang, kehrt sofort in das Herz von Deutschland zurück und verfügt sich mit denselben nach einem Gute in der großen wendischen Haide. Dort, wo die Leute noch gar keine Ahnung von den Vorgängen in der übrigen Welt haben, treffen wir zusammen, und von meinem eingehegten Wildparke aus können wir die schönsten Versuche anstellen, ohne besonderes Aufsehen zu machen. Erblickt uns ein Ureinwohner jener Gegend, so hat das wenig auf sich. Er wird uns nachgaffen und den Kopf sich nicht weiter darüber zerbrechen. Es ist immer gut, wenn die Cultur die Welt nicht überall gleichmäßig stark beleckt. Einige Stellen als Oasen der Ruhe zum Insichgehen müssen immer vorhanden sein, hinter denen die allgemeine Weltcultur zurückbleibt. Geht die Sache nach Wunsch, so fliegen wir dann zuerst über das Gebirge nach Stockböhmen, wo es auch etwas später Tag wird, als anderwärts, später nach der Wasserpolackei u. s. w."

„Mich will bedünken, Papa," fiel Selinde ein, „Du täuschest Dich selbst!"

„Wie das, mein Kind?"

„Mit dem Transport des neuen Luftfuhrwerkes. Ein Windvogel, der wenigstens zwei Personen tragen soll, muß doch immer von einem anständigen Umfange sein."

„Ohne Frage," erwiderte von Sanftleben. „Darin aber besteht ja eben gerade das Herrliche der Erfindung unseres genialen Landsmannes. Seine einfachsten Enten sind so wenig umfangreich, daß man deren zwölf bis zwanzig in der Tasche mit sich herumtragen kann. Kommt Ort und Zeit, so läßt man eine steigen oder steigt mit ihr zugleich auf. Das Material dazu ist ein wunderbar feiner Stoff, dessen Verfertigung noch einige Zeit ein chinesisches Geheimniß bleiben dürfte. Doch das kümmert mich nicht; habe ich doch mit der Herstellung der Windvögel persönlich nichts zu thun, sondern nur dafür zu sorgen, daß man sie überhaupt in die Welt, richtiger in die Luft, setzen kann und zu schneller Vermehrung derselben beiträgt. Es wird Dir jetzt einleuchten, daß Heriberts Gepäck durch den Transport einiger dieser dehnbar eingerichteten Maschinen nicht eben sehr erschwert werden dürfte.“

Hier ließ sich ein eigenthümliches Geräusch in dem Arbeitszimmer des Commercienrathes hören, das an den kleinen Salon stieß, in welchem Vater und Tochter gemeinschaftlich das Frühstück einnahmen. Es glich dem Summen einer Hornisse oder Hummel.

„Eine Anfrage aus Asien!“ sprach von Sanftleben, die Serviette ablegend, die Stirnlocke mit geübter Hand spitz in die Höhe drehend und den Tisch verlassend. „Wir wollen doch sehen, was man mir von dort zu melden hat.“ Mit diesen Worten spitzte er die Lippen und empfing darauf lächelnd einen Kuß seiner schönen Tochter. „Auf Wiedersehen bei Tisch!“ sprach er, Selinden die Hand reichend. „Der Herr Correspondent wird unruhig, wie ich höre, denn er fragt schon zum zweiten Male. Ich muß eilen, damit ich nicht einem Späteren Platz zu machen habe. Er trat ins Nebenzimmer und verschloß hinter sich die Thüre.

3.

Der Commercienrath besucht die Börse und reist ab.

Der Commercienrath trat sogleich an seinen telegraphischen Apparat und gab Antwort. Nach wenigen Augenblicken begann der Apparat, dessen Einrichtung an Vollkommenheit Alles übertraf, was die Welt in Bezug auf telegraphische Vorrichtungen jemals wird leisten können, zu arbeiten. Statt der einfachen Depeschen, die man entziffern mußte, erhielt man schon seit einer Reihe von Jahren fest und sicher geschriebene Briefe. Man brauchte nur besonders zubereitetes Telegraphen-Papier aufzulegen, und auf der Stelle ging es an ein Schreiben, daß kaum das Auge dem darüber fliegenden Stift zu folgen vermochte. Zuerst schrieb dieser gleichsam denkende Stift Ort und Namen des Correspondenten, dann folgte die Mittheilung selbst. Die Schrift war nicht auf der Stelle lesbar, sie ward es erst durch Eintauchen des

Briefbogens in ein ebenfalls wieder eigens zu diesem Behufe präparirtes Wasser. Kaum hatte der Stift den letzten Punkt gemacht, so nahm der Commercienrath diese Operation vor. Eine schöne goldig schimmernde Schrift erschien auf dem dunkel werdenden Grunde. Diese Schrift lautete:

„Astrachan, 1. Juli 1959, Vormittags.

„So eben erhalte ich durch den Telegraphen Nachricht von dem Hof-Mechanicus, Herrn Albinowitsch in Peking. Derselbe wird sich gern Ihren Bedingungen unterwerfen. Innerhalb drei oder vier Tagen bin ich im Besitz der gewünschten Proben, die ich in Kabul, wohin ich aufbreche, so wie ich Antwort von Ihnen erhalten habe, in Empfang nehmen werde. Bestimmen Sie nur gefälligst, wo ich Sie bei meiner Rückkehr nach Deutschland erwarten soll. Ich hoffe, Sie werden recht zufrieden sein mit meinem Anerbieten und mir auch bei etwaigen ferneren Aufträgen Ihr geschätztes Vertrauen schenken. Apropos — heute Morgens lief hier das Gerücht um, es sei etwas passirt auf der submarinen Eisenbahn zwischen Marseille und der Nordküste von Afrika. Ich weiß, daß Sie stark engagirt sind mit afrikanischen Häusern, und möchte, falls Sie noch nicht unterrichtet sein sollten, Sie auf das Evenement vorbereiten. Ganz aus der Luft gegriffen ist es schwerlich. Tunnel-Actien und Wüstenbahn (südwestliche Abtheilung) wurden heute hier bedeutend niedriger notirt. Ein Sandsturm soll arge Verwüstungen angerichtet und sechs Züge mit mittelafrikanischen Producten vollständig verschüttet haben. Guten Morgen, Herr Commercienrath.

Ergebenst

„Heribert Stolzenberg."

„Wird gemacht!" sprach der Commercienrath schnell entschlossen, zog das Papier durch eine andere, bereit stehende Flüssigkeit, um die Schrift dem Auge jedes Unberufenen unsichtbar zu machen, reihte den nun wieder ganz weiß aussehenden Bogen auf einen an der Wand befestigten Silberdraht und ließ jetzt seinerseits den Telegraphen spielen. Die Antwort, kurz, aber möglichst instructiv, war bald besorgt. Am Schlusse derselben fügte der Commercienrath noch die Bemerkung hinzu, daß er wünsche, der sehr geehrte Herr Agent möge seine Abreise aus Astrachan bis nach Tische verschieben, weil er noch die Mittags-Depeschen und auch die zweite Ausgabe der „Gazellen-Zeitung" abwarten müsse, ehe er im Stande sei, ihm zu sagen, wann und wo er ihn bestimmt treffen könne. Nach Besorgung dieser Depesche, deren richtigen Empfang Heribert durch das brummende Geräusch im Apparate bestätigte, setzte sich der ungemein thätige Speculant an sein Pult und begann schon jetzt den Gewinn zu überschlagen, den ihm das neue Unternehmen abwerfen konnte, wenn er die Beschaffung der erforderlichen baaren Mittel ganz allein erhielt. Diese Berechnungen, verbunden mit den anderen nöthigen Vorkehrungen, nahmen seine Zeit bis gegen Abend in Anspruch.

„Fatal wäre es doch," sagte er, die Feder weglegend, „wenn sich das Unglück mit dem Tunnel bestätigen sollte. Die Reise nach Afrika hält mich auf und kostet unnützes Geld, das man viel besser verwenden könnte. Und außerdem muß ich Selinden ganz allein lassen, was mir gar nicht behagt. Die verdammten Badereisen! Wäre meine Schwester hier, ging' ich ganz sorglos von dannen. Die aber muß in Island Geyser trinken! Warum? Weil das jetzt fashionable ist! O Welt, Welt, wie bist du verrückt! Ich bin überzeugt, unsere Kindeskinder bringen zur Kräftigung ihrer Constitution ein paar Sommerwochen auf Spitzbergen zu oder in dem neuen Buen Retiro auf dem Feuerlande, wo eine so köstliche Luft wehen soll. Gottlob, daß ich es bald überstanden habe! Zehn Jahre noch, und ich fürchte, auch mir wird das Loos der meisten Sterblichen, daß sie die immer von Neuem sich verjüngende Welt entsetzlich finden, nicht erspart. Man strebt freilich, so lange man kann, aber die Jugend überflügelt immer die Aelteren, und so wie man das merkt, hat das Behagen, der Genuß des Lebens ein Ende.

Nach dieser etwas hypochondrischen Selbstbetrachtung kleidete sich der Commercienrath sehr sorgfältig an. Die neueste Mode gestattete weite, bequeme Gewänder. Der Orient machte sich in dieser Hinsicht sehr vortheilhaft geltend. Die Tracht war reich, farbig, malerisch. Röcke alten Schnittes, wie sie vor achtzig, hundert und mehr Jahren die geschmacklosen Künstler an der Seine formten, gab es längst nicht mehr. Ueberreste derselben fanden sich nur in Raritäten-Cabinetten, und wo man solch ein Unding aufbewahrte, da erregte es bei allen Besuchern stets die ungeheuerste Heiterkeit.

Ganz ohne einen Anstrich von Albernheit war aber auch die Tracht des Jahres 1959 nicht. Die Kopfbedeckung hatte nämlich die Form eines Schirmes oder schrägen Daches für alle Herren von Stand und Bildung. Und weil man in der Hauptstadt der Welt, in dem wundervollen Peking, um eine grobe Redensart zu gebrauchen, den Narren an dieser Kopfbedeckung gefressen hatte, war sie platterdings nicht zu beseitigen. Indeß hatte sie doch etwas Gutes, sie war an heißen Sommertagen praktisch, indem sie eben so gut die Sonnenstrahlen abhielt, als gegen Regen schützte. Und da man mittels einer Feder den Hut auch sofort in einen Schirm verwandeln konnte, so bediente sich kein Mensch mehr eines Regenschirmes. Damen trugen deshalb auch keine Sonnenschirme, sondern nur Fächer aus Pfauenfedern mit Flamingo-Gefieder eingefaßt, nicht weil es nöthig gewesen wäre, diese zu führen, sondern zum Schmuck, um damit zu tändeln oder graciös und liebenswürdig zu coquettiren. Und wirklich sahen die Schönen mit ihren niedlichen Dachhütchen aus duftigen Seidenstoffen ganz reizend aus. Sehr einverstanden waren dieselben auch mit der allerwärts gäng und geben Sitte, eine und dasselbe dieser kleidsamen Hütchen, die in Bezug auf die Form den Kopfbedeckungen der Männer vollständig glichen, immer nur höchstens eine Woche lang zu tragen. Jeder Regenschauer machte sofort die Anschaffung eines neuen nöthig, so daß in höchst liberaler Weise für das Gedeihen geschickter Modistinnen in reichlichem Maße gesorgt war.

Commercienrath von Sanftleben, obwohl längst schon über die Jahre hinaus, in denen auch bei Männern die Eitelkeit einigen Sinn hat, kleidete sich doch gern etwas stutzerhaft. Es machte dem ältlichen Herrn nun einmal Vergnügen, wenn er gelegentlich die Bemerkung vernahm, daß er immer geschmackvoll und propre gehe, und daß man ihn gern für zehn Jahre jünger halten könne.

Den am oberen Ende mit Edelsteinen besetzten Bambus in der Linken — Vornehme trugen nur Bambusstöcke, die hoch bezahlt wurden —, seinen echt chinesischen Dachhut am federumflorten Krystallknopfe zierlich zwischen den beringten Fingern haltend, sagte er seiner Tochter Lebewohl und ging an die Börse.

Auf den Straßen der belebten Handelsstadt gab es großes Gewühl und ziemlichen Lärm, obwohl die darin sich schiebenden und drängenden Leute eigentlich keine Zeit zum Lärmen hatten. Dieser entstand von dem Durcheinander der mannigfaltigsten Fuhrwerke, die jedoch nur ausnahmsweise von Pferden in Bewegung gesetzt wurden. Mitten in den Hauptstraßen gab es drei parallel gelegte Geleise für Eisenbahn-Waggons, deren zahllose durch die Straßen rollten. Diese wurden aber nicht von dampfspeienden Locomotiven geschleppt, sondern hatten sogenannte Selbstbeweger, kleine, niedliche, mechanische Kunstwerke von blitzendem Messing, die wie Uhren aufgezogen wurden und dann, je nachdem man sie stellte, kürzere oder längere Zeit frisch darauf los arbeiteten. Damit nun aber dieser höchst inventiöse Mechanismus beliebig in jedem Augenblicke angehalten werden konnte, saß neben dem Selbstbeweger der Moderator, ein junger Mensch, immer ganz modisch nach chinesischem Geschmacke gekleidet. Auch Herrschaften bedienten sich für ihre

Equipagen größtentheils der Selbstbeweger, da sie viel billiger waren, als Pferde.

Zu beiden Seiten an den Straßen auf sehr breiten, mit eisernen Geländern umzäumten Trottoirs wanderten die Fußgänger. Die Häuser selbst sahen seltsam genug aus, indem zahllose Dräthe zwischen den Fensterreihen fortliefen und selbst an den Dächern hinkrochen. Dies waren die Telegraphendräthe, deren Zahl Legion genannt werden mußte. Es fiel diese Vergitterung oder Umpanzerung der Häuser Niemandem auf, da eben Jeder daran gewöhnt war.

Von Sanftleben ging achtlos seines Weges, Begegnenden, die ihn nur durch Aufheben der Hand grüßten, in gleicher Weise dankend. Das Hutabnehmen war längst als eine barbarische Sitte des an Thorheiten so überaus reichen neunzehnten Jahrhunderts selbst in allen deutschen Bundesstaaten abgeschafft worden.

An der Börse ging es sehr lebhaft zu. Man riß sich um die neuesten Blätter, die eben frisch von der Presse kamen. Am gesuchtesten waren die fremden großen Zeitungen, wie die „Gazellen-Zeitung“ und die chinesische Hof-Zeitung „Der Stern des Ostens“. Auch der „Karfunkel“, der indeß nicht immer für ganz zuverlässig galt, ward viel begehrt. Man mußte ihn wenigstens ansehen, da er die neuesten Nachrichten von den Sunda-Inseln brachte und namentlich mit den Zuständen Borneo's, wo er gute Correspondenten hielt, sehr vertraut war. Ab und an aber enthielt er lügenhafte Nachrichten, und dann wurde es manchem Geschäftsmanne, der sich zu sehr auf dieses Blatt verlassen hatte, karfunkelroth vor den Augen.

An dem Hasten, Fragen, Stürmen, Stoßen und Brummen der Menge sah der Commercienrath schon von Weitem, daß ungewöhnliche Nachrichten eingelaufen sein mußten. Und so war es auch. Die „Gazellen-Zeitung" brachte die traurige Bestätigung des Unglückes im submarinen Tunnel, der sich unter dem Boden des Mittelmeeres fortzog. Ungefähr in der Mitte, bei der fünften Station, die man künstlich erbaut hatte und die als herrlicher Garten mit eleganten, geräumigen Gebäuden gleichsam auf dem durchsichtigen Azur des Meeres schwamm, hatte das Erdfeuer die Wölbung gesprengt und so diese ungeheuer wichtige Pulsader des Verkehrs zwischen Europa und Afrika momentan verstopft. Man hielt den Einbruch der unterirdischen Flammen zwar nicht für sehr gefährlich, allein störend war er doch. Die Actien dieses großartigen Unternehmens gingen begreiflicher Weise stark zurück, und von Sanftleben bekam dabei eine tüchtige Schlappe.

Mehr Sensation noch machte die zweite schlimme Zeitung von den Verwüstungen des Samum auf der großen Central-Wüstenbahn. Den allerdings nur noch unklaren Andeutungen zufolge mußten dabei zahllose Millionen zu Grunde gegangen sein. Weil diese Bahn direct in das Herz von Afrika führte und bisher mehr rentirt hatte, als jedes andere Unternehmen ähnlicher Art, hatte sich so ziemlich Jedermann dabei betheiligt, und die Verluste waren höchst empfindlich.

Niedergedrückt von diesen erschütternden Nachrichten, wurden nur sehr geringe Geschäfte gemacht. Es war Alles flau, und die meisten Course schlossen ganz miserabel. Dongola, sonst so gesucht, war gar nicht zu begeben, Biledulgerid ganz still, selbst Timbuctu schwer zu lassen. Es fehlte wenig, so wäre eine Panique eingetreten, die von den gewichtigsten Folgen sein konnte. Nur der Besonnenheit einiger hervorragenden Persönlichkeiten, unter denen von Sanftleben sich auszeichnete, gelang es, die Schrecken zu beschwören. Er berührte dabei einen richtigen Punkt.

„Es kann eine Finte, eine Intrigue sein, meine Herren,“ sprach er. „Die Afrikaner streben schon längst danach, sich ganz von dem Einflusse Europa's zu emancipiren, und wenn sie es so gescheidt anzufangen verständen, wie vor dreißig Jahren die Asiaten, was jedoch glücklicher Weise nicht zu befürchten ist, so würde es ihnen auch gelingen. Ich meines Theils glaube nicht die Hälfte des Gemeldeten. Aber ich will wissen, wie die Sachen stehen. Noch heute reise ich ab nach Afrika. Ich werde an der fünften Station der submarinen Tunnelbahn landen, mich erkundigen und sofort telegraphiren. Dann eile ich vollends hinüber, um mich mit eigenen Augen von der Lage der Dinge im Innern zu überzeugen. Halten Sie an sich, meine Herren, und bleiben Sie fest! Sehen die dicklippigen Herren in Afrika, daß wir uns nicht schrecken lassen, so geben sie den Schwindel auf, und was sie zu räubern gedachten, fällt uns zu."

Von Sanftleben schlug mit vielsagender Handbewegung an sein weitbauschiges Beinkleid, und seine Anrede hatte die erwünschte Wirkung. Viele drängten sich an ihn, um ihm persönlich für die bewiesene Ruhe, für die Würde und Weisheit, die er gezeigt hatte, Dank zu sagen, und die Börse schloß in leidlicher Ruhe.

Auf dem Rückwege nach seiner Wohnung überschlug der Commercienrath nochmals den möglichen Gewinn des Geschäftes, das er mit dem Agenten aus China abzuschließen jetzt fest entschlossen war. An der Börse konnte noch nichts davon bekannt sein, sonst hätte doch jedenfalls der Eine oder der Andere versteckte Fragen an Diesen oder Jenen gerichtet. Es war ihm lieb, wenn man nichts ahnte, und wenn die eben erhaltenen Nachrichten sich vielleicht doch noch bestätigten, so ließen diese sich leichter verschmerzen, sobald das lucrative Unternehmen mit China zu gedeihlichem Abschlusse kam.

Daheim expedirte von Sanftleben zuerst eine kurze Depesche an Heribert. Diese enthielt nur die kurze Meldung, daß er mit dem nächsten Zuge nach Frankreich abreise, um einen Besuch in Afrika zu machen. Ein Zusammentreffen mit dem jungen Agenten müsse unter diesen Umständen auf vierzehn Tage wenigstens verschoben bleiben.

Hierauf speis'te von Sanftleben vergnügt mit seiner Tochter, theilte dieser das Vorgefallene mit, ermahnte sie, während seiner Abwesenheit sich zu Haus zu halten, und ließ packen.

„Täglich bitte ich mir einen Bericht über Dein Befinden aus, Kindchen," sprach er zärtlich, „von mir sollst Du vom afrikanischen Boden aus zwei Mal täglich Nachricht erhalten. Bleibe munter, kleiner Schelm, und halte reinen Mund, du weißt, worüber!"

„Hm! Hm! Hm!" brummte Selinde mit fest verschlossenen Lippen, half dem eiligen Vater seine Siebensachen ordnen, legte ihm noch ein paar mädchenhafte Wünsche an's Herz, die namentlich ein neues Parfum betrafen, das als etwas ganz Exquisites gelobt wurde, und gab dann dem Scheidenden das Geleit bis auf den Hof. Hier stand schon der Wagen mit dem Selbstbeweger bereit, der Moderator, als chinesischer

Groom gekleidet, ein schlanker Bursche von siebenzehn Jahren, saß auf dem bequemen Drehstuhle vor dem aufgezogenen Mechanismus, und nachdem von Sanftleben eingestiegen war und Selinden noch eine Kußhand zugeworfen hatte, setzte der Druck einer Feder das Kunstwerk in Bewegung, und schnell wie der Blitz ging es hinaus aus dem Hofe auf die beschiente Straße, wo es nach wenigen Augenblicken nicht mehr sichtbar war.

4.

Geheimnissvolle Correspondenz.

Selinde lag mit geschlossenen Augen im Divan und ließ sich von Bertha den neuesten neunzehnbändigen Roman des berühmten Dichters Mama-Sing, der wie alle Werke von bleibendem Werthe gleichzeitig in sieben Sprachen gedruckt wurde, vorlesen. Er war so spannend, daß jeder, der ihn las oder lesen hörte, fortwährend zitterte, dabei aber von dem erhabensten Idealismus getragen. Ueberhaupt hatte die Weltliteratur — eine andere existirte nicht mehr — bewunderswürdige Fortschritte gemacht. Je materieller die Welt und das Streben der Völker als Massen geworden war, desto idealer hatten sich Literatur und Kunst gestaltet. So ergänzten sich die Extreme vortrefflich. Während man arbeitend nur Reelles verehrte, schwärmte man, von der Arbeit ausruhend, in einer wahrhaft göttlichen Welt des Idealen, und so blieb eigentlich für alle Erdbewohner, wenn sie nur recht begütert waren, wenig oder nichts mehr zu wünschen übrig. Die Erde war nach menschlichen Begriffen vollkommen geworden. Hätte man das Sterben abschaffen können, so würde man eines Himmels nicht weiter bedurft haben. So weit hatte es die Wissenschaft aber doch nicht gebracht, indeß an Aussichten, die ein so herrliches Ziel in der Ferne zeigten, fehlte es nicht ganz.

Mama-Sings Roman, „Der Jongleur von Kiachta" betitelt, entlockte dem tiefempfindenden Mädchen die süßesten Thränen. Sie bedauerte nur, daß Bertha nicht rascher lesen konnte, denn am liebsten hätte sie das köstliche Werk buchstäblich verschlungen, um es recht gemüthlich verdauen zu können. Schwelgend in diesem Hochgenusse, hörte sie weniger auf die Worte, als sie bemüht war, nur den Sinn des Ganzen in sich aufzunehmen.

Plötzlich stockte Bertha und blieb mitten in einem der genialsten Aussprüche dieses hochpoetischen Jongleurs stecken.

„Nanu," sprach Selinde und schlug die Augen auf, „erschreckt Dich ein erhabener Gedanke dergestalt, daß Du Anstand nimmst, ihn laut auszusprechen? Gib her, Thörin! Ich mag solche zimperliche Zierpuppen nicht leiden!"

Selinde wollte Bertha das Buch entreißen, diese aber hob bedeutungsvoll den Finger, deutete auf die nur angelehnte Flügelthür, die ganz aus geschliffenen Krystallscheiben bestand, und sagte: „Hören Sie nichts, gnädiges Fräulein?“

Selinde richtete sich auf, stützte das träumerische Haupt auf ihre kleine volle Hand und sah sehnsüchtig, mit schwimmenden Augen, nach der Thür.

Ein Geräusch, welches der Zofe aufgefallen war, wiederholte sich.

Sogleich richtete Selinde sich auf, eilte schnell an Bertha vorüber und trat in das Nebengemach. Das Geräusch ließ sich zum dritten Male hören.

„Der Telegraph will sprechen,“ sagte das schöne Mädchen, ein wenig erschrocken. „Ob wohl Papa schon die Küste erreicht hat? Ich muß ihm doch antworten, daß ich bereit bin, ihn anzuhören.“

Sie trippelte tänzelnd und nur mit den Zehen den flaumenweichen Teppich aus Persien berührend, nach dem Apparate im Arbeitszimmer des Vaters, während Bertha neugierig nachschlich, den spannenden Roman Mama-Sings hinter sich haltend, als dürfe Niemand wissen, daß sie ein Buch in der Hand habe.

Selinde antwortete dem Fragenden. Darauf begann folgende kurze Unterhaltung:

„Selinde?“

„Ich bin es, sprich nur!“

„Heribert grüßt.“

„Heribert!“

Die Tochter des Commercienrathes vergaß, dem fernen Frager mehr zu sagen, oder sie wußte nicht, was sie ihm mittheilen sollte. Heribert war weniger scrupulös. Er rief der schönen Selinde ohne Säumen zu: „Das Kästchen mit den Seidenbändern!“

Jetzt ward es paradieseshell in dem klugen Köpfchen der reichen Erbin.

Sie rief: „Bertha!“

Diese stand schon dicht hinter ihr und erwiderte, zerstreut in dem Buche blätternd: „Was befehlen gnädiges Fräulein?“

„Das Kästchen, Du kennst es ja! Geschwind, geschwind!“

Bertha eilte, um das Verlangte herbeizuschaffen. Inzwischen begann der Apparat zu arbeiten, denn Selinde hatte schnell das ihr zur Genüge bekannte Papier untergelegt, über dessen glänzende Fläche jetzt der geheimnißvolle Stift in gar wunderlichen Figuren fuhr. Als Bertha mit dem Kästchen zurückkam, war der Apparat noch in voller Thätigkeit. Selinde ergriff vor Ungeduld bebend das Geschenk Heriberts, öffnete es und entnahm demselben die Bänder mit den geheimnißvollen Charakteren. Dann schickte sie die Zofe durch einen gebieterischen Wink wieder fort.

Während der Apparat arbeitete, folgte sie mit gespannter Aufmerksamkeit dem schreibenden Stift; wie er aber nun still stand, hörte sie das Klopfen ihres Herzens. In größter Eile machte Selinde die Schriftzüge leserlich, die vermöge des in ihren Händen befindlichen Schlüssels nur ihr ganz allein verständlich waren. Immer glänzender wurden die Augen des schönen Mädchens, ihr Busen wogte sichtlich unter dem seidenen faltigen Gewande, als sie die Geheimschrift entzifferte. Endlich hatte sie sich den Inhalt derselben ganz zu eigen gemacht. Sie war so überrascht davon, daß sie eine Zeit lang ausruhen mußte, ehe sie zu einer Antwort sich fähig fühlte. Sie faßte sich sehr kurz; denn die wenigen Worte, welche sie Heribert zuflüsterte, lauteten:

„Ich bin entzückt, es soll geschehen!"

Darauf machte Selinde die Schriftzüge auf ihrer Depesche wieder unsichtbar und zerriß sie sorgsam in zahllose kleine Stückchen, öffnete das Fenster und ließ sie einzeln in die Luft hinaus flattern. Als das letzte ihren zarten Fingern entglitt, sprach sie zufriedengestellt zu sich: „So, diese Depesche kann mein Geheimniß Niemandem verrathen! Aber es wird Zeit, daß ich handle. Bertha muß doch bis zu einem gewissen

Grade unterrichtet werden; denn wer anders, als sie, kann hier statt meiner mit dem Vater correspondiren, während ich abwesend bin und mich ohne Zweifel göttlich amüsire! — Heribert, Heribert, Du wagst, was noch kein Sterblicher gewagt hat! Aber gerade deshalb liebe ich Dich! Du besitzest Geist, Energie, schrickst nicht zurück vor einer kühnen That, und darum wird das Glück Dir immer treu bleiben! — Was aber, o Himmel! was wird mein Vater sagen, wenn er sieht, daß er getäuscht worden ist? Die kecke That Heriberts kostet ihm Millionen, und wer der Anstifter dieser beunruhigenden Nachrichten war, die jetzt wohl schon an beiden Polen nachzittern dürften, muß er doch binnen Kurzem erfahren! Wenn der Schreck über diese Entdeckung nur seiner Gesundheit nicht schadet! Geliebter Heribert, ich fürchte mich vor Dir, und doch bin ich unendlich glücklich in dem Bewußtsein, daß die Liebe Alles wagt!"

Sie warf noch einen Blick auf den Apparat und ging dann, eine ernste, sinnende Miene annehmend, zurück in ihr Boudoir, das Kästchen mit den zeichengeschmückten Bändern an ihre Brust drückend.

Bertha saß neben dem Divan und schien, vertieft in die Lectüre des tiefsinnigen Romans von Mama-Sing, das Kommen ihrer Gebieterin gar nicht zu bemerken.

„Bertha!“ sagte Selinde halblaut und etwas zagend.

„Gnädiges Fräulein?“

„Wir müssen uns trennen.“

„Trennen? Sie wollen mich fortschicken?“

Es fehlte wenig, so wäre die niedliche Zofe in heftiges Weinen ausgebrochen.

„Nein,“ versetzte Selinde, „fortschicken werde ich Dich nicht; ich aber bin genöthigt, auf einige Tage zu verreisen.“

Bertha machte große Augen, aus denen sie jedoch nicht mehr traurig, sondern verschmitzt ihre Gebieterin ansah.

„Verreisen, gnädiges Fräulein,“ sagte sie ungläubig, „in Abwesenheit des Herrn Commercienrathes?“

„Es muß sein, und Du wirst Dich jeder Bemerkung über mein Handeln enthalten,“ fiel Selinde sehr bestimmt ein. „Meinen Vater riefen wichtige Geschäfte ab, mir geht es eben so. Uebrigens kehre ich vor seiner Heimkunft wieder zurück. Auf Deine Treue, Deine Klugheit, Bertha, verlasse ich mich. Du kannst verschwiegen sein, wenn Du willst, und bist Du es ganz und zu meiner vollkommensten Zufriedenheit, so wirst Du Dich über Mangel an Dankbarkeit von meiner Seite nicht zu beklagen haben. Entschließe Dich schnell, denn ich habe keine Minute zu verlieren.“

Bertha kreuzte die Hände über ihrer vollen Brust, blickte Selinde schelmisch an und verbeugte sich auf orientalische Art. Diese Verbeugung war durch die ganze Welt Sitte geworden und zeigte immer an, daß der sich Verbeugende dem Willen eines Anderen unbedingt sich zu fügen bereit sei. Die Gewohnheit früherer Jahrzehnde, wo der Dienende bei Entgegennahme eines Befehles zerstreut „Ja" oder etwa „Was beliebt?" antwortete, hatte man als geschmacklos und unehrerbietig längst aller Orten abgeschafft.

„So höre denn, was Dir von Stund' an zu thun obliegt," sprach hierauf Selinde. „Du wirst Dich unmittelbar nach meiner Entfernung fortwährend im Arbeitszimmer meines Vaters aufhalten und genau auf den telegraphischen Apparat achten. Wenn die summenden Federn umschwingen, so gibst Du auf der Stelle Antwort, empfängst und liesest die eingehenden Depeschen, gleichviel, von wem und woher sie kommen, und antwortest meinem Vater in meinem Namen. Geschäftliche Anfragen verlangen weiter nichts, als die Meldung an den Correspondenten, daß der Commercienrath zur Zeit abwesend sei. Mit mir bleibst Du ebenfalls in fortwährender Verbindung und stattest mir genau Bericht ab über alles Vorgekommene. Du erhälst meine Adresse später zugesendet.

„Zu dienen, mein gnädiges Fräulein,“ versetzte die Zofe. „Ich werde nicht unterlassen, pünktlich und zuverlässig zu sein.“

„Von dem Hausgesinde erfährt Keiner meine Abwesenheit.“

„Keiner, gnädiges Fräulein!“

„Etwaige Besuche werden mit der Bemerkung, ich litte an Migraine, abgewiesen!“

„Nicht mehr wie billig.“

„Sobald es dunkelt, verlasse ich das Haus zu Fuß. Du begleitest mich bis an die nächste Straßenecke. Dort besteige ich eine der stets bereit stehenden Miethselbstbeweger und gebe dem Moderator meine weiteren Befehle; Du aber eilst zurück, noch ehe die Maschine sich in Bewegung setzt.“

„Ganz, wie Sie befehlen, gnädiges Fräulein.“

„Und nun sei mir behülflich beim Ankleiden. An Gepäck nehme ich nur die golddurchwirkte Robe mit dem silbergestickten Gürtel nebst einer Morgen-Tunica mit. Ich mag mich nicht beschweren.“

„Sehr wohl, gnädiges Fräulein!“

Selinde sah nach ihrem Chronometer. „In einer halben Stunde muß ich an Ort und Stelle sein,“ sprach sie, „laß uns daher nicht zaudern.“

Bertha verbeugte sich wieder graziös und lächelte, wo möglich noch schelmischer als zuvor.

„Findest Du meinen Entschluß so komisch?“ fragte Selinde.

„Im Gegentheil, gnädiges Fräulein, ich finde ihn klug und überlegt.“

„Du ahnst, wohin ich gehe?“

„Ich ahne gar nichts, denn ich denke nicht!“

Selinde klopfte Bertha sanft auf die runde Wange. „Du bist ein treffliches Geschöpf,“ sprach sie, „und wenn Dir einmal ein junger Mann besonders gut gefällt, und Du verstehst es, ihn zu fesseln, so brauchst Du Dich um eine gute Mitgift nicht zu sorgen.“

„Tausend Dank, gnädiges Fräulein! Vorläufig wünsche ich nur noch recht lange in Ihren Diensten zu bleiben, denn unter den Männern, welche mir gefallen, würde mir die Wahl sehr schwer werden.“

„Du hast also Deine Augen wirklich schon unter der Männerwelt herumspaziren lassen?“

„Ich nehme mir in allen Dingen meine gnädige Herrin zum Muster und Vorbild.“

„Unartiger Schalk!“ sagte Selinde, und ihre kleine Hand fiel mit leichtem Schwunge auf die Wange der erröthenden Zofe. „Ziehe den Gürtel fester und reiche mir den Hut! — Halt! Meine Smaragdarmbänder und das Collier von Brillanten! Auch die Schachtel mit dem diamantenen Haarschmuck muß ich mitnehmen.“

Bertha holte das Verlangte und bedeckte ihren hübschen Kopf mit einer schwarzsammtnen Kappe. „Gnädiges Fräulein befehlen doch die Capucen-Ueberwürfe?“

„Ich möchte gern unerkannt bleiben. Hole sie!“

Bertha ging und kam mit zwei braunen Ueberwürfen von Seide zurück, die den Domino's ähnlich waren, welche Damen auf Maskenbällen zu tragen pflegen, nur daß sie Capucen hatten, die sich über den Kopf stülpen ließen. Beide junge Mädchen glichen in diesen Hüllen ein paar Mönchen, und da sie noch dichte Schleier vornahmen, so konnten Vorüberwandelnde sie kaum erkennen.

Bertha trug die Schachtel mit der Robe, Selinde das Kästchen mit dem Schmuck, und so verließen Beide das Haus. Fünf Minuten später kehrte die kichernde Zofe schon wieder zurück in das Haus des Commercienrathes, Selinde aber stieg etwas später auf dem Südbahnhofe ab, um mit dem Courierzuge nach der Residenz zu fahren, wo ihre verheirathete Freundin Wanda lebte und ihre Gespielin erwartete.

5.

Ein freundschaftliches Abkommen.

Unter der Veranda eines geschmackvollen Landhauses am malerischen Gestade des kaspischen Meeres war eine heitere Gesellschaft junger Männer versammelt. Die Sonne war eben hinter den Kuppen des fernen Gebirges hinabgesunken, und violetter Schimmer dämmerte über dem ruhigen Spiegel des gewaltigen Sees. An einigen Stellen am Ufer blitzten zahlreiche Lichter auf, die dicht in unabsehbaren Linien neben einander standen und illuminirte Alleen darstellten, welche sich erst in unabsehbarer Weite verloren. Man konnte sich eine prachtvollere Beleuchtung, die mit der zunehmenden Dunkelheit immer herrlicher die Nacht durchstrahlte, gar nicht denken. Nur die Stadt Astrachan und ihre nächsten Umgebungen einige Meilen in der Runde besaß zur Zeit diese unübertrefflich schöne Beleuchtung. Sie rührte von der Benutzung der

Naphthaflammen bei Baku her, welche neuerdings in Folge angelegter unterirdischer Leitungen mit ihrem schönen Licht die Straßen und Eisenbahnen um den See erleuchteten. Es ging lustig zu in der Veranda, denn die jungen Männer pflegten sich eben beim wohlbesetzten Nachtische.

„Auf baldiges Wiedersehen in Deutschland!" sagte jetzt Zapsala, der tatarische Tänzer, welcher seither die vornehme und reiche Welt Astrachans durch seine außerordentlichen Leistungen als Groteskränzer entzückt hatte. „Sobald ich hier meine Verbindlichkeiten abgewickelt habe, wozu einige Geschicklichkeit gehört, komme ich Dir nach mit meiner ganzen Gesellschaft. Ich habe heute mit dem Director des kaiserlichen Hoftheaters in Peking abgeschlossen. Der Kaiser verläßt auf zwei Wochen seine Residenz, um sich in die idyllische Einsamkeit des Hindukusch zurückzuziehen und dort zum Besten der Welt über die Einführung weiser Gesetze und noch vollkommenerer Institutionen nachzüdenken. Seine Abreise wird den Hof veröden und die kaiserlichen Kunstinstitute bedeutend leeren. Darum sollen dieselben sammt und sonders geschlossen werden, und ich habe das bisher noch nie erhörte Glück gehabt. die berühmte Schauspieler-Gesellschaft Fu-Fan-Tschings zu meiner Disposition gestellt zu sehen. Mit diesen unübertrefflichen Meistern der Kunst trete ich zuerst in der Residenz Deines Vaterlandes auf und hoffe Ehre und Ruhm nebst großen Schätzen zu ernten. Deine Landsleute sollen sich wundern, wie weit voraus die Chinesen, wie in allen anderen Fertigkeiten, so auch in der Kunst der Menschen-Darstellung den ermatteten Europäern sind! Viel Glück zur Reise und Erfüllung Deiner heißesten Wünsche!"

Schäumender Wein perlte in den krystallenen Gläsern, die man unter wiederholtem Anstoßen leerte.

„Ich danke Dir, Zapsala, für Deine freundlichen Gesinnungen," versetzte Heribert Stolzenberg, dem Tänzer und designirten Director einer chinesischen Schauspielertruppe vertraulich die Hand schüttelnd. „Mein Plan scheint allen Anzeichen nach gelingen zu wollen. Freilich spiele ich ein gefährliches Spiel, allein gewinne ich es, wer ist dann auch glücklicher als ich? Um Mitternacht schon reise ich ab."

„Du wirst sehr eilen müssen, willst Du die kurze Zeit zu Deinem Vortheil benutzen," sagte ein Stutzer, der es nicht begreifen konnte, wie es möglich sei, einem bestimmten Gegenstande sein Herz ausschließlich zu schenken. „Kommt erst Herr von Sanftleben dahinter, daß man ihn getäuscht hat, so fährt er wie der Sturmwind zurück und überrascht Dich am Ende noch bei Deinem Schäfchen. Ich lachte mich todt, wenn der alte Speculant in einem heftigen Wuthanfalle sich zu einer Herausforderung mit Dir fortreißen ließe."

„Das befürchte ich nicht," versetzte Heribert. „Ich habe meine Vorkehrungen sehr umsichtig getroffen, so daß nur längeres Forschen, wobei der Telegraph in allen Himmelsgegenden Nachfrage halten muß, mich als den Anstifter der alarmirenden Gerüchte nennen kann. Bis dahin habe ich Alles ins Reine gebracht. Gesetzt aber, der Commercienrath könnte mir wirklich ernsthaft böse werden, so bin ich für diesen Fall im Besitz eines besänftigenden Mittels, dessen beruhigende Wirkung mich nicht im Stiche lassen wird."

„Deine Windvögel!" lachte Zapfala. „Wahrhaftig, diese Flugmaschinen sind die Krone aller Erfindungen, deren die Menschheit sich rühmen kann! Weißt Du, Heribert, daß Du mir einen großen Gefallen erweisen könntest? Ich gebe Dir gern für Dich, Dein Schätzchen und deren ganze Verwandtschaft Freibillets zu allen Vorstellungen."

„Wenn ich kann, diene ich gern, das weißt Du," versetzte Heribert.

„Ueberlasse mir so viele Windvögel, als ich brauche, um meine Truppe nach Deutschland zu schaffen," sagte Zapfala. „Ich spare dabei ein paar Lak Rupien an Reisekosten; denn diese kaiserlichen Mimen sind verteufelt prätentiös, verlangen erster Classe mit Spiegelscheiben zu fahren, um stets die Aussicht ungestört genießen zu können, und den Küchenzettel machen sie noch obendrein nach Belieben. Stecke ich das Volk aber in die neuen Flugmaschinen, so müssen sie sich das gefallen lassen, da die Beförderung mir anheimgegeben ist. Je schneller es geht, desto besser für mich. Sicher scheint mir der Windvogel nach den Proben, denen ich beiwohnte, zu sein, und wenn ich mit meinem Geschwader durch die Luft angerauscht komme, so trägt dies viel bei zur Vermehrung des Aufsehens, das wir nothwendig machen müssen. Das ist tausendmal besser, als die geschulteste Claque, die ohnehin auch malitiös viel Geld kostet, ohne doch immer Wirkung zu thun. Aber ein Flug durch die Luft, etwa hundert Windvögel stark, in deren Gefieder an die dreihundert Personen hangen, das packt! Das ist etwas so vollkommen Neues, daß es Jung und Alt die Köpfe verrücken muß! Schade nur, daß man dabei nicht noch klappern oder ordentlich Musik machen kann!"

„Warum denn nicht?" meinte Heribert. „Du lässest Deiner Truppe ein volles Orchester vorausfliegen, das, um Abwechselung und Geschmack in die Sache zu bringen, zur Hälfte aus europäischen, zur Hälfte aus echt asiatischen Musikern bestehen müßte. Ein Bißchen Lärm kann im weiten Reich der Lüfte wohl nicht schaden. Damit aber alle Welt staunend und zagend zugleich Eurer Ankunft entgegenharrte, müßte dieselbe vorher telegraphisch gemeldet werden."

„Du trittst mir also eine beliebige Anzahl Deiner Windvögel ab?" fragte Zapsala.

„Mit Vergnügen," versetzte Heribert. „Dein Vorschlag paßt mir ganz vorzüglich. Ich brauche die Dinger dann an der Gränze Europa's nicht erst zu versteuern, was ohnehin mit Schwierigkeiten verbunden sein würde, da ich nicht recht weiß, unter welche Rubrik ich sie bringen soll. Oben in der Luft können die Gränzzöllner ihnen nichts anhaben, und wenn Ihr nur ein Bißchen hoch aufsteigen wollt, so werdet Ihr kaum bemerkt, oder man hält Euch für eine vorübergehende Wolke."

„Abgemacht!" rief Zapsala aus, dem Agenten die Hand reichend. „Du lieferst die Windvögel, ich zahle für die Dauer der Benutzung — —"

„Keinen Kreuzer," fiel Heribert ein. „Eine Freundschaft ist der anderen werth, und der Gebrauch meines Artikels thut ihm gar keinen Schaden. Wie viel Stück glaubst Du haben zu müssen?"

„Hast Du hundert Stück zur Disposition für meinen Trupp?"

„Schwerlich, Du müßtest denn einige sechssitzige Enten mitnehmen. Sie lassen sich schwerer steuern und fliegen nicht ganz so schnell, wie die für zwei oder drei Personen eingerichteten."

Zapsala machte ein bedenkliches Gesicht. „Wenn man nur nicht Unglück damit hat!" sagte er etwas zögernd.

„Unglück!" wiederholte Heribert. „Nicht daran zu denken! Aber ich will Dich durchaus nicht bereden. Ich habe mein Probelager glücklicher Weise gleich zur Hand, da Albinowitsch mir eine Anzahl nachgeschickt hat, und will sehen, was ich Dir ablassen kann. Ein einziges Stück nur, meine Leibente, auf die ich mich gut eingeübt habe und die ich meinem zukünftigen Schwiegervater in spe vorfliegen will, muß ich mir für eigenen Gebrauch zurückbehalten."

Er stand auf, trat aus der Veranda ins Zimmer und kam mit einem Packet zurück, das etwa zwei Fuß ins Quadrat hielt. Heribert balancirte dasselbe, warf es in die Luft und fing es wieder auf.

„Leichte, luftige Waare, wie Du siehst!" sprach er. „Wer in und durch die Luft Geschäfte machen will, muß sich auch auf das Aetherische verstehen. Nun laß uns sehen, was da ist."

Die Gäste Heriberts rückten zusammen, dieser löste die Schnüre des Packets und zählte die meistentheils nur handgroßen leichten und fast durchsichtigen Hülsen, welche es neben einer Anzahl größerer enthielt.

„Achtzig, keine mehr und keine weniger, kannst Du bekommen," sprach er, die abgezählten schimmernden Dinger dem Tänzer zuschiebend. „Wie man damit umgeht, hast Du von mir ja gesehen."

„So genau, daß ich mich getraue, selbst Andere darin unterweisen zu können. Es gehört nichts dazu, als ein Bißchen Gas."

„Die Fabrik kenne ich."

„Und ich werde Dir eine Empfehlung mitgeben, damit man Dich nicht übertheuert. Hier — meine Karte und diese wenigen Worte genügen. Nur sieh Dich vor beim Auffliegen! Da die Enten des Albinowitsch ganz anders eingerichtet sind, als die bisher üblichen Ballons, und auch mit anders zubereitetem Gase, das sich nie und nimmer entzünden kann, gefüllt werden, so muß man sie auch anders handhaben. Es ist Alles darin elastisch, auch die bewegende Maschinerie, welche das Genie ihres Erfinders in diese kleine, platte Dose zusammenzudrängen verstand. Die dadurch hervorgebrachten Bewegungen sind die eines Vogels und Fisches zugleich, also gewisser Maßen eines fliegenden Fisches. Daraus folgt, daß man ein Element haben muß, in dem der künstliche Vogel sich naturgemäß und ohne Hinderniß bewegen kann. Dies ist aber nur dadurch möglich, daß er, Flügel und Flossen entfaltend, von einer Höhe, gerade wie der lebendige

Vogel, ein wenig abwärts schießt, hier seine Kraft erprobt und dann mit gekräftigten Schwingen rasch und sicher aufwärts steigt. Du hast Dir also zur Abreise einen erhöhten Ort auszuwählen, oder, was noch besser ist, ein Gerüst aufzuschlagen, und es wird ein wahrer Genuß sein, Dich mit Deiner chinesischen Truppe in den reinen, gränzenlosen, von keiner Zollstätte beengten Aether emporsteigen zu sehen."

Zapsala leuchtete dies ein. Er erkundigte sich nur noch nach einigen unbedeutenden Nebendingen, unter anderem nach der Art der Verproviantirung der Windvögel für die Dauer ihrer Reise, und Heribert, als Mann von Bildung, stand natürlich nicht an, auch in dieser Beziehung seinem Freunde die nöthigen Anweisungen und Rathschläge zu geben. Der tatarische Tänzer war überrascht von dem praktischen Genie des Chinesen, das sich kaum je glänzender bewährt hatte, wie gerade bei Verproviantirung dieses Luftgevögels. Es war auch der unbedeutendste Raum benutzt, und weil eben Alles elastisch dehnbar und streckbar war, so ließ sich überall etwas unterbringen, so daß selbst Platz für sehr consistente Dinge geschafft werden konnte, falls man glaubte, es könne während der Reise von dergleichen Gebrauch gemacht werden.

Man kam schließlich überein, einen Tag festzusetzen, wo man sich wieder sehen wolle. Heribert drang Anfangs auf Bestimmung einer Stunde, ja, wäre es ihm nachgegangen, so würde er es noch viel lieber gesehen haben, wenn man Stunde und Minute festgesetzt hätte, wo dieses Wiedersehen, sei es auf Erden, sei es in der Luft, stattfinden sollte. Zapsala aber, als echter Künstler, war anderer Meinung. Er blieb dabei, man könne nie im Voraus alle Möglichkeiten berechnen, und wenn er selbst persönlich auch so pünktlich sei, wie der größte chinesische Banquier, so könne er sich doch nicht anheischig machen, daß sämmtliche Mitglieder der kaiserlichen Truppe dieselben Eigenschaften besäßen. Ein Schnupfen, eine leichte Erkältung, ja, bloß ein schiefes Ansehen alterire oft die sehr empfindlichen Schönen darunter, und da er doch, auch dem Freunde gegenüber, nicht gern in den Ruf der Unsolidität kommen wolle, so ziehe er unter allen Umständen das Sichere dem Unsichern vor.

Heribert mußte nachgeben, und der Tag des Wiedersehens ward im Beisein der übrigen Freunde notirt. Darauf packte Zapsala die von dem Agenten geliehenen Enten sorgfältig ein, die Gläser wurden nochmals gefüllt und jubelnd geleert, und Alle brachen nach Archangel auf, um den glücklichen Freund zu dem wunderbar erhellten Bahnhofe am Nordende der Stadt zu begleiten, von welchem aus der Schonung des zu Besserem verwendbaren Bodens wegen auf gewaltigen Pfeilern und über kühn geschwungene Schwibbogen .die Bahn sich über die Thalebene des Sees nach dem höheren Plateau fortzog. Die Glocken in Astrachan verkündigten eben die Mitternachtsstunde, als der harmonische Ton eines Accordions das Zeichen zur Abfahrt gab. Diese erfolgte so geräuschlos, daß man sie kaum gewahrte. Ohne die herrlichen Melodieen, welche das von der Locomotive getriebene Riesen-Accordion spielte, würde Niemand gewußt haben, daß ein Zug von mehr als hundert kolossalen Wagen in Windeseile aus dem taghell erleuchteten Thalkessel des Sees dem düsteren Norden entgegenbrauste.

6.

Zwei Freundinnen von Anno 1959.

Die Jugendfreundinnen Wanda und Selinde saßen traulich plaudernd neben einander. Sie hatten sich viel mitzutheilen, denn zwischen dem letzten und diesem gegenwärtigen Zusammentreffen lagen Monate.

Wanda war zwei Jahre älter, als Selinde, und konnte für eine große Schönheit gelten. Ihre Ehe jedoch, obwohl dem Anscheine nach die Verhältnisse glänzend waren, ließ gar Manches zu wünschen übrig. Ihr Gatte, der Geheimerath Falter, war dreißig Jahre älter, als die jugendlich blühende Frau, voller Eigenheiten und, was am meisten peinigte, entsetzlich eifersüchtig. Hätte es sich thun lassen, so würde er seine Frau, die schon durch ihre Figur Aufsehen erregte, am liebsten eingesperrt haben, damit außer ihm kein Anderer das Vergnügen habe, sie mit Wohlgefallen zu betrachten. Da dies nicht möglich war, so begleitete

Falter Wanda auf Schritt und Tritt und überwachte jede ihrer Bewegungen, jede ihrer Blicke mit Argusaugen. Vorstellungen halfen nichts, Bitten erzürnten den Eifersüchtigen, und nahm Wanda ihre Zuflucht zu Thränen, so schalt er und knüpfte an die unerquicklichen Scheltworte langweilige Vorlesungen über die Pflichten einer ehrbaren Frau.

Diesen unaufhörlichen Quängeleien gegenüber war es für Wanda Pflicht der Selbsterhaltung, auf Mittel zu denken, um von Zeit zu Zeit diesen abscheulichen Beaufsichtigungen des eifersüchtigen Mannes sich zu entziehen. Wanda hätte nicht Weib, nicht jung und lebenslustig sein müssen, wenn es ihr schwer gefallen wäre, zum Zwecke zu kommen. Falter war ehrgeizig, rühmte sich gern seines Wissens, seiner Thätigkeit, und konnte einen Auftrag, der ihn ehrte, niemals ablehnen. Darauf stützte Wanda ihren Plan. Sie wußte es geschickt einzuleiten, daß man ihn mit einer Mission betraute, bei welcher die Begleitung einer Frau undenkbar war. Der Geheimerath konnte sich dem ehrenvollen Auftrage nicht entziehen, und zum ersten Male vielleicht sah er es ungern, daß man gerade seine Persönlichkeit dazu ausersehen hatte. Ehe er aber abreis'te, nahm er Wanda das feierliche Versprechen ab, während seiner Abwesenheit in keine Gesellschaft zu gehen, jeden Tag an ihn zu schreiben und ihm Rechenschaft über die Verwendung ihrer Zeit abzulegen. Wanda that dies ohne Bedenken. Sie war ja längst einig mit sich und wußte, daß sie buchstäblich ihre Zusage halten könne, ohne sich selbst im Lichte zu stehen.

Kaum war Falter abgereis't, so begann Wanda nach allen Seiten hin an ihre Freunde und Freundinnen, Verheirathete und Unverheirathete, zu telegraphiren. Sie wollte nicht in Gesellschaft gehen, aber Gesellschaft bei sich sehen. Daß die junge Frau darauf verfallen könne, war dem Geheimenrath nie in den Sinn gekommen, weil er sich wohl hütete, ein offenes Haus zu machen. Außer einigen alten steifen Herren mit ihren verwitterten, ceremoniösen Weibern sah er nie Jemanden bei sich. Wanda gedachte dies anders einzurichten. Sie wollte nur junges, ausgelassenes Volk um sich sammeln, und damit das Vergnügen möglichst vielseitig sich gestalte, machte sie den weitesten Gebrauch von ihrer Gastfreiheit. Leute, von denen sie nur gehört hatte, daß sie gute Gesellschafter seien, erhielten von ihr Einladungen. Der Stand galt ihr wenig, die Befähigung Alles. Auch zog sie bei ihren intimeren Freundinnen Erkundigungen nach den Persönlichkeiten ein, mit denen diese vorzugsweise gern verkehrten. Dieses führte dann von selbst zu ganz allerliebsten Paarungen; denn auch die verschwiegensten Freundinnen Wanda's vermochten die Selbstbeherrschung nicht so weit zu treiben, daß sie die Namen gerade des ihnen angenehmsten Mannes ihr verschwiegen.

Selinde, die an der Einwilligung ihres Vaters nicht zweifelte, nannte unter ihren Bekannten gleich zuerst den interessanten Agenten aus China, und wußte so viel Liebes von ihm zu sagen, daß Wanda auch Heribert zu ihrem Feste einlud. Dieser sagte natürlich zu, ward aber sehr unangenehm durch eine später ihm zugehende Depesche überrascht, die ihm meldete, daß Selinde nicht erscheinen werde. Die Veranlassung dieses Nichterscheinens war angegeben.

Heribert aber war ein Mann, der vor Hindernissen nicht zurückschrak. Er ging so weit, der gütigen Wanda die Versicherung zu geben, daß Selinde unbedingt erscheinen werde, er selbst wolle ihr die geliebte Freundin zuführen.

Letzteres geschah nun zwar nicht. Selinde aber kam, und zwar ein paar Tage vor dem Feste, und die beiden Freundinnen waren selig in der Gewißheit, daß sie eine Reihe köstlicher Stunden und Tage in ungestörtem Genusse würden verleben können.

„Ich durchschaue jetzt vollkommen die schlaue Intrigue Heriberts," sagte Selinde. „Du wirst mich beneiden, denn er ist wirklich ein ausgezeichneter Mensch. Wie göttlich klug hat er einen im Innern Afrika's wüthenden Sturmwind, der ein paar Menschen im

Wüstensande begrub und eine Eisenbahn auf erbärmliche hundert Meilen unfahrbar machte, benutzt, um zunächst seinen Ideen Eingang bei meinem etwas schwierig werdenden Vater zu verschaffen! Er weiß, daß er ihm augenblicklich große Verluste zufügt, aber er schrickt des größeren Zweckes wegen nicht davor zurück. Hat er doch das Heilmittel schon in Bereitschaft, das Alles wieder ins Gleiche bringt! Und uns schafft er das Vergnügen persönlichen Widersehens, mündlicher Unterhaltung! Glaube mir, Wanda, Heribert ist wirklich ein Engel!"

„Hat er sich gegen Dich schon erklärt?"

„Mit Worten nicht, aber seine Augen . . . ."

„Machen Dir Herzklopfen," fiel Wanda ein. „Nun ja, das kennt man," setzte sie seufzend hinzu.

„Hattest Du auch Herzklopfen, als Dein Falter Dich anblickte?"

„Gewiß — gewiß —, aber das ist schon einige Zeit her," versetzte Wanda etwas pressirt. „Jetzt habe ich das so ziemlich überwunden."

„Heribert wird Dir gefallen," sprach Selinde. „Sein Benehmen ist ganz chinesisch, seine Kleidung tadellos vollkommen, und nie habe ich noch einen Mann gesehen, dem die Stirnlocke so wunderbar schön zu Gesichte steht."

„Falter trägt keine," bemerkte mit aufgeworfener Lippe die Geheimeräthin.

„Weshalb denn nicht?"

„Weshalb? — Hm, weil er keine hat. Eine falsche wollte er sich zulegen; ich dankte aber ergebenst, indem ich mit meinem freundlichsten Lächeln ihm die Versicherung gab, daß seine helle, klare Stirn mir viel lieber sei, als das alberne Haargekräusel junger Stutzer, die es noch nicht einmal zu klaren Gedanken gebracht hätten."

Selinde lachte und erzählte der Freundin, auf welche Weise sie ihre Zofe instruirt habe, damit sie immer genau von den Stimmungen, Ansichten und Intentionen ihres Vaters unterrichtet werde. „Hier treffen darf mich Papa durchaus nicht," schloß sie diese Mittheilungen; „denn wenn er mich auch mit der innigsten Zärtlichkeit liebt, würde er doch einen Ungehorsam, wie ich ihn mir, freilich nur aus Liebe zu Dir, erlaubt habe, schwerlich vergeben. Und erführe er gar, daß der pfiffige Agent seine Hand dabei im Spiele hat, um gelegentlich längere Zeit mit mir verleben zu können, so würde dies ein momentanes Erkalten seiner väterlichen Liebe zu mir herbeiführen, das unter Umständen sogar einen bedenklichen Charakter annehmen könnte. Papa ist gar so sehr für das Solide! Lust am Vergnügen nennt er Leichtsinn, und wenn ein Mädchen dem Zuge ihres Herzens sich hingibt, so ist er gleich mit seinem verdammenden Worte: „Alteuropäisch!" bei der Hand."

„Wir wollen schon auf unserer Hut sein, meine beste Selinde," erwiderte Wanda; „befinden wir uns doch fast in ganz gleicher Lage. Mein ehrwürdiger Falter hat schwerlich viel Ruhe im Auslande. Er wird sich also, auch wenn ich ihm täglich die schönsten Beruhigungs-Depeschen mit Zärtlichkeits-Annexen zusende, schwerlich länger, als hochnöthig ist, aufhalten. Ueberraschte er aber mich im Jubel eines Tanzfestes, wie ich es zu arrangiren mir vorgenommen habe, dann möchte ich nicht Zeuge des Donnerwetters sein, das sich über den Häuptern dieser Fröhlichen, am schrecklichsten aber freilich über meinem armen Kopfe entladen würde. Komm jetzt, meine Liebe, und laß uns gleich vorbeugen. Du kannst Dich meines Privat-Telegraphen nach mir ungenirt bedienen."

Wanda öffnete die Glaskuppel, unter welcher sich, um ihn gegen Staub zu schützen, der Apparat befand, meldete einen Gruß an den fernen Gatten und plauderte ihm die vergnüglichsten Lügen vor, die je eine junge Frau in Atlasschuhen, ohne zu erröthen, über ihre Lippen brachte. Selinde stand dabei und sah der liebenswürdigen Heuchlerin mit einiger Verwunderung zu.

„Ist das auch recht, Wanda?" sprach sie schüchtern, als sie die zärtliche Lügen-Epistel durchgelesen hatte.

„Ich weiß es nicht, liebes Herz," erwiderte diese sehr gelassen. „Sage mir, wie ich mir anders helfen soll, und ich gebe es gern auf, mir den Kopf mit solchen Albernheiten zu zerbrechen. War es recht, mir diesen eifersüchtigen Pedanten als Mann aufzuschwatzen, so muß es mir doch erlaubt sein, mich der Fesseln, die mich drücken, zu entledigen, so oft sich Gelegenheit dazu bietet. Uebrigens thue ich ja nichts Böses. Ich suche mich nur meinen Jahren gemäß zu vergnügen, und wenn ich dies in Abwesenheit Falters thue, dem solche Vergnügungen ein Gräuel sind, so zeige ich gerade dadurch, daß ich ihn achte und nicht einmal seine Eigenheiten verletzen mag. Sieh, da ist die Antwort schon da! Und wie lieb, wie zärtlich! O, Falter wäre Marzipan für mich, wenn ich ihm als meinem Großpapa respectvoll die Hand küssen dürfte! — Gottlob, für heute ist der Bär mit reinstem Honig abgespeis't. Jetzt mache Du Deine Kunststücke und nimm Theil an meinem unschuldigen Lügengewebe."

Selinde sah ein, daß die Weltanschauung der Freundin klug und zweckmäßig sei, und ließ sich nicht lange bitten. Sie wechselte Fragen und Antworten mit der schelmischen Bertha und erhielt von dieser die sehr beruhigende Mittheilung, daß der Herr Commercienrath sich auf dem schnellsten Dampfer, der im Hafen lag, dem „Flügelwallroß", eingeschifft habe, um noch vor Abend die afrikanische Küste zu erreichen. Er habe versprochen, am nächsten Morgen wieder etwas von sich hören zu lassen. So viel sehe er schon jetzt ein, daß der Schaden sich geringer herausstelle, als er vermuthet habe. Im unterseeischen Tunnel habe nur eine Sackung stattgefunden, was ihn für einige Zeit unpraktikabel mache; die Geschichte mit dem Einbruch des Erdfeuers aber sei die Erfindung entweder eines müssigen Kopfes oder eines intriguanten Menschen der an irgend einer besuchten Börse wahrscheinlich auf die Baisse gewisser Papiere speculirt habe, um mühe-los ein paar Millionen einzusacken. Eine dahin zei-gende Spur habe er bereits entdeckt, und um diese zu verfolgen und den Urheber des falschen Gerüchtes, wo möglich, zu ermitteln, werde er vielleicht einen oder zwei Tage länger in Afrika verweilen, seinen Rückweg aber quer durch das Land, über Abyssinien, das stei-nige Arabien und Syrien einschlagen. Diese Tour sei ihm von Kennern schon auf dem „Flügelwallroß" als vorzüglich geschildert worden, und so wolle er sich denn in aller Geschwindigkeit auch diese Ecke der Welt ansehen.

Beide Freundinnen waren entzückt über diese glück-liche Wendung, die ihnen für die nächsten Tage reiche Genüsse und ein Leben voll Scherz, Lust und erlaubter Schelmerei aller Art versprach.

Selinde gab Bertha ihre vollste Zufriedenheit zu erkennen, verhieß ihr bei ihrer Rückkehr ein glänzendes Geschenk, und forderte sie auf, ja recht wachsam, treu und pünktlich in ihren Mittheilungen zu sein.

5.

Das gestörte Ballfest.

Zur festgesetzten Stunde füllten sich die festlich geschmückten Gemächer in Wanda's Wohnung mit jugendfrohen, glücklichen Menschen. Nicht ein einziger Vergrämter war unter der sehr zahlreichen Gesellschaft zu entdecken. Wanda hatte wirklich nur lauter junge Leute, Bekannte, Vertraute und völlig Fremde, eingeladen, um so recht in einem Meer von Glück und Freude zu schwelgen.

Bei der großen Vervollkommnung aller Verkehrsmittel und bei der ungeheuren Schnelligkeit, mit welcher man im Jahre 1959 schon reiste, gab es fast gar keine Entfernungen mehr. Es war also leicht, selbst aus verhältnißmäßig großen Entfernungen Gäste herbeizuziehen. Die Kosten für derartige Vergnügungsreisen, auch wenn sie nur einer zerstreuenden Zusammenkunft galten, brauchte man nicht zu scheuen. Die

Eröffnung des ganzen Orients und die Erschließung des schätzereichen Afrikas hatte eine so unglaubliche Menge Reichthümer zu Tage gefördert und diese wieder in Folge eben der außerordentlich vervollkommneten Verkehrsmittel und des grandios gestalteten Welthandels über die ganze Erde ausgestreut, daß es nur noch Wenige gab, welche bisweilen Mangel an Geld litten. Es kam also Niemandem auf eine Hand voll Gold mehr oder weniger an. So schnell man es verausgabte, so rasch kehrte es verdoppelt wieder zurück.

Wanda hatte diese Vortheile geschickt zu benutzen verstanden und sich recht nach ihrem Belieben mit allen Freundinnen und Freunden, von denen sie überzeugt war, sie würden durch ihre Gegenwart das heitere Fest verherrlichen helfen, umgeben. Damit jedoch begnügte sie sich nicht. Neben dem Zweck, den sie zunächst im Auge hatte, und der vorzugsweise auf größtmögliche Erlustigung gerichtet war, wollte sie auch glänzen. Darum zog sie die fremde Jugend mit in ihre Kreise.

Da gab es nun eine reiche Auswahl. Die Residenz, eine der glänzendsten, größten und von Fremden aus allen Welttheilen ihrer reichen Kunstschätze wegen sehr stark besucht, beherbergte namentlich im Sommer zahlreiche Tausende reicher Touristen. Unter diesen waren die so hoch gebildeten und deshalb überall mit großer Zuvorkommenheit aufgenommenen Asiaten vorzugsweise stark vertreten. Eingeborene des Pendschab, fein geschulte Söhne recht aus dem innersten Kern des Reiches der Mitte, hoch gewachsene Männer und Frauen aus Tibet, mongolische Steppenbesitzer, Anwohner des Amur und andere dem aufgeklärten Rußland entstammte Kinder des Lichtes weilten in Menge in der Residenz. Selbst von Borneo und anderen Inseln des indischen Archipels waren Fremde anwesend, und so gab es wirklich ein sehr interessantes Ensemble für größere Salons. Es war eine so meisterhaft gemischte Gesellschaft in Wanda's Hause versammelt, daß jeder Einzelne sich wohl und gleichsam daheim fühlen mußte. Die Conversation ward in etwa einem Dutzend Sprachen geführt; am meisten jedoch sprach man Chinesisch, was allgemein für höchst vornehm galt und die jedem wahrhaft Gebildeten geläufigste Sprache war. Es bedienten sich deshalb auch alle Cabinette und die gesammte Diplomatie derselben bei ihren Verhandlungen und etwaigen Notenwechseln. Ein Jahrhundert früher würde man dies kaum für möglich gehalten haben, und doch war nichts leichter und angenehmer, als eine Conversation, eine Correspondenz im Chinesischen. Wo man ein Wort nicht aussprechen wollte, stellte sich immer ein vielsagendes

Zeichen zur rechten Zeit ein. Und so hatte bei sehr großen Gesellschaften auch die allerlebhafteste Conversation im Chinesischen den ungemeinen Vortheil, daß sie ziemlich geräuschlos und doch allgemein verständlich geführt werden konnte. Am allerglücklichsten wußten plaudernde junge Mädchen und schalkhafte Frauen sich dieser köstlichen chinesischen Zeichen im Gespräch zu bedienen, und nur bisweilen vernahm man bald da, bald dort aus einer Gruppe Sprechender einige tiefe oder hohe lang gezogene Nasen- oder Gaumentöne, die sich immer melodisch auf ing, ang, ung oder ong endigten. Wo man sie hörte, zeigten sie die Beendigung eines längeren Gespräches oder den Ausspruch eines tiefen Gedankens, einer schlagenden Wahrheit an.

Zu den letzten Ankömmlingen in Wanda's Behausung gehörte Heribert Stolzenberg. Selinde war schon unruhig geworden und hatte wiederholt ein lebhaftes Zeichengespräch mit Wanda angeknüpft, das sich auf das Ausbleiben ihres sehnlichst erwarteten Freundes bezog. Um so größer war die Freude, als der jugendliche Agent endlich erschien.

Heribert machte Aufsehen durch seine vornehme Haltung und seine in der That ungewöhnliche männliche Schönheit. Unter allen anwesenden Männern gab es entschieden keinen Schöneren, in seinen Manieren

Gebildeteren. Alles an ihm war echt Chinesisch, ganz Peiho. Selbst Eingeborene des himmlischen Reiches und dort in den berühmtesten Pensionen Erzogene konnten es dem gewandten Einwanderer aus Deutschland in nichts zuvor thun. Heribert war der vollendetste Gentleman seines Jahrzehends.

Selinde konnte es doch nicht unterlassen, dem Geliebten wegen seines verspäteten Kommens sanfte Vorwürfe zu machen. Sie that es aber nur in Zeichen, ohne einen einzigen Gaumenlaut auszustoßen; denn sie wünschte kein Aufsehen zu machen. Uebrigens durfte sie nicht fürchten, von Vielen verstanden zu werden. Heribert sprach nämlich das Peiho in Zeichen so rasch, daß große Uebung dazu gehörte, ihn zu verstehen. Nur Selinde, die es oft mit dem jungen Agenten geübt hatte, war eine Meisterin darin und vermochte die schwierige Sprache eben so schnell und sicher zu reden.

„Empfangen Sie zunächst meinen innigsten Dank, theuerste Selinde," sprach er, „daß Sie meine Vorschläge nicht von der Hand gewiesen haben. Ich weiß dieses Opfer zu schätzen, und wenn es in meiner Kraft stehen sollte, Ihnen fortan das Leben zum Paradiese zu machen, so würde ich es gewiß thun! Glauben Sie es?"

„Der geringste Zweifel meinerseits müßte Sie beleidigen," versetzte die reiche Erbin mit Lächeln.

„Wie aber kommt es denn, daß Sie so lange auf Sich warten ließen?"

„Geschäfte, leidige Geschäfte," erwiderte Heribert. „Wir Agenten sind geplagte Leute und werden es noch mehr werden, sobald die großartige Erfindung, deren Einführung in der ganzen Welt eben der Zweck meines rastlosen Umherfliegens ist, sich Eingang verschafft. Ruhe gibt es für uns alsdann nicht mehr, nur in ununterbrochener Bewegung, in wahrhafter Windeseile werden wir leben müssen."

„Umherfliegen, sagen Sie?" lächelte Selinde. „Ist daran etwas Wahres?"

„Buchstäblich, theures Fräulein," erwiderte der Agent. „Ich war, wie Sie wissen, in Astrachan, von wo aus ich Ihnen meine Winke zugehen zu lassen mir erlaubte. Im Besitz Ihrer mich hoch beglückenden Erwiederung reiste ich sofort ab. Mein Weg führte mich jedoch nicht direct in Ihre unschätzbare Nähe, sondern nöthigte mich zu einigen kleinen Abstechern. Ich hatte oben an den Ufern der Angora zu thun und auch am Südabhange des Kaukasus. Da galt es Eile, Eile im Reisen wie im Handeln. Dennoch habe ich es durchgesetzt, nicht nur zur rechten Zeit, sondern volle achtundzwanzig Stunden früher hier einzutreffen, als ich in diesem gastfreien Hause erwartet wurde."

„Das kann man allerdings herumfliegen nennen," sagte Selinde heiter lächelnd. „Wenige nur werden es Ihnen gleich thun, und eben deshalb haben Sie keinen Concurrenten zu fürchten."

„Doch, doch, mein Fräulein!" erwiderte Heribert. „Ich selbst schaffe mir die Concurrenten, muß sie mir schaffen, weil der Geist der Zeit dies einmal gebietet. Ich mache ja in Luftseglern."

Selinde lachte laut auf. „Also mit den Wolken, mit den Boten Gottes wollen Sie um die Palme ringen?"

„Es ist schon entschieden, und die Entscheidung ist dem Erfindungsgeiste des Menschen günstig gewesen. Noch einige Monate, höchstens ein Jahr — und die Luft bevölkert sich eben so sehr mit fliegenden Menschen, wie sie jetzt noch das alleinige Eigenthum von der Natur beschwingt geschaffener Creaturen ist. Es wird den Vögeln unter dem Himmel nach einem Jahrzehend ergehen, wie es vor hundert und mehr Jahren den armen Indianern Nordamerika's erging. Man wird die armen Wehrlosen in ihren Jagdgründen, wenn nicht vertreiben, doch sehr stören. Das ist so Menschenart, mein Fräulein, und es ist immer wieder der weiße Mann, dieses Mal zugleich auch ein Mensch, der Weiß heißt, welcher diese neue und erlaubte Thierquälerei zum Heile der Menschen erfunden hat!"

„O, Sie sprechen von dem Hof-Mechanicus Albinowitsch!“ sagte Selinde. „Ist das derselbe ...“

„Ganz recht, derselbe!“ fiel Heribert ein. „Es ist jener weise Mann, der durch seine Erfindung und durch seine Vermittlung dazu beitragen soll, dem Herrn Commercienrath von Sanftleben eine Bürgerkrone zu verschaffen! Ohne diesen klugen, chinesisch geschulten Kopf, was wäre ich! Ohne seine Erfindung, wie könnte ich es wagen, nur den Wunsch zu hegen, recht oft, lange, ungestört in Ihre Augen, theuerste Selinde, zu schauen?“

„Lassen Sie uns abbrechen, man achtet auf uns!“ sprach das fröhliche Mädchen. „Ohnehin ist es Zeit, sich zum Tanz zu ordnen. Dort an dem Marmorpfeiler finden Sie mich bei den ersten Klängen der Musik. Sie werden doch Theil nehmen an dem Braminen-Galopp? Einen köstlicheren Tanz kenne ich gar nicht. Man tanzt nicht mehr, man fliegt nur noch!“

„Falls Sie nicht schon für diesen erhabensten aller Tänze versagt sind, meine Gnädigste, würde ich um die Vergünstigung bitten, Sie auf diesem Fluge durch die Flucht dieser brillanten Zimmer begleiten zu dürfen,“ versetzte der Agent. „Sie werden dann mit ungleich größerem Interesse der Erzählung meiner ersten, freilich nur satzweise vorgenommenen Reise durch die Luft zuhören und das Verlangen in sich erwachen fühlen, recht bald den Hochgenuß zu kosten, den solches Schwingen, Schweben, Fallen, Schwimmen, Steigen und Treiben uns gewährt."

Selinde hörte dem verführerischen Schwätzer schon wieder mit gespannter Aufmerksamkeit zu, und sie würde sich neuerdings vielleicht in ein noch längeres Gespräch mit Heribert vertieft haben, wäre nicht die Musik mit rauschenden Klängen eingefallen."

Die Liebenden trennten sich, zu Paaren geordnet trat die tanzlustige Jugend zusammen, und bald sah man nur noch ein Gewimmel hüpfender, sich drehender, hier glücklich lächelnder, dort heiß athmender Menschen unter den Girandolen und an den großen in die Wände eingefügten Spiegeln vorüberschweben.

Der Braminen-Galopp war der vierte Tanz. Da man ihn nur in sehr raschem Tempo tanzen konnte und Niemand früher aufhörte, als bis ihm der Athem verging, so vermochten nur sehr kräftige Naturen daran Theil zu nehmen. Die Musik zu diesem Tanz hatte man, so wie den Tanz selbst, erst kürzlich aus Indien nach Europa gebracht. Sie war sehr originell, weniger melodisch als kreischend. Trompeten, Pauken, Klapphörner, ein Dutzend Triangel und einige sehr große, überaus laut klirrende hindostanische Becken rasselten genial durch einander und trugen nicht wenig zur Erhöhung des Entzückens der Tanzenden bei, das schließlich in wirkliche bacchantische Verzückung überging.

Nur Unverheirathete traten zu diesem beliebten Tanze zusammen, die Uebrigen vertheilten sich in den Gemächern, um zuschauend an dem Genusse des Braminen-Galoppes Theil zu nehmen. Auch Wanda, die Veranstalterin des Festes, mußte aus Schicklichkeitsrücksichten auf den seltsamen Tanz verzichten. Sie nahm Platz in einem Schaukelsessel, der in Form eines Palankins neben der offenen Flügelthür des Hauptsalons stand. Konnte die junge Frau nicht im Tanze fliegen, so verschaffte sie sich doch durch die sanft schaukelnde Bewegung des bequemen Polsterstuhles ein Gefühl, das mindestens entfernte Aehnlichkeit mit leichtem Schweben hatte.

Ueber eine Viertelstunde schon lärmte die Musik des Braminen-Galoppes durch die Festsäle und machte Tanzenden wie Zuschauern fast die Sinne vergehen, und noch war keines der schwebenden Paare des entzückenden Schwingens müde. Da bemerkte Selinde, von dem Arme Heriberts umfaßt, im Vorübergaukeln an dem Schaukelstuhle, daß Wanda plötzlich hastig aufsprang und flüchtig durch das nächste Zimmer lief.

„Laß es genug sein, Heribert,“ flüsterte sie ihrem Tänzer zu. „Ich bin so ermüdet, daß ich am ganzen Körper zittere!“

Heribert trat sofort aus dem weiter taumelnden Reigen, der sich jetzt schnell lichtete. Alle Tänzer waren erschöpft bis zum Umsinken. Jetzt zeigte sich Wanda wieder, aber bleich, offenbar erschrocken oder von Angst gepeinigt. Ihr Auge heftete sich auf die an ihr noch immer vorüber wirbelnden oder rasenden Paare.

„Es muß etwas Unangenehmes vorgefallen sein," lallte Selinde, noch athemlos an der Schulter Heriberts lehnend. „Meine Freundin sucht mich; ich muß zu ihr."

„Vertrauen Sie mir, Theuerste, ich führe Sie sicher unserer liebenswürdigen Wirthin zu," versetzte der Agent, schlang seinen Arm um die Taille des noch bebenden Mädchens und glitt behutsam mit ihr an den Spiegelwänden fort.

„Selinde!" rief Wanda ihr zu, als sie die Freundin erblickte. „Folge mir eiligst, wir sind verloren!"

„Verloren?" stammelte die vom Tanze Glühende.

„Der Telegraph! der Telegraph!" lispelte Wanda.

Selinde legte ihren Arm in den Arm der Freundin, um sie zu begleiten. Heribert folgte unbemerkt in einiger Entfernung. Das schrille, ungeduldige Schwirren des Federbüschels, das in großer Geschwindigkeit umflog, war schon im nächsten Zimmer zu vernehmen.

„Was ist es denn?“ fragte Selinde.

„Bertha ruft ununterbrochen nach Dir,“ erwiderte Wanda. „Sie muß Dir eine, ich fürchte, eben so wichtige als unangenehme Meldung zu machen haben.“

Ohne Antwort zu geben, trat Selinde an den Apparat. Sie gab der Zofe das Zeichen, daß sie zur Stelle sei, schob das bereit liegende Papier unter den Stift, und sah diesen gleich darauf eiligst darüber hingleiten. Jetzt rastete er. Selinde nahm die Schrift und machte sie lesbar. Kaum aber hatte sie ihre Augen darauf gerichtet, so brach sie mit einem gellenden Aufschrei zusammen. Mit diesem Schrei verstummte die Musik, und gleichzeitig blieben alle noch Tanzenden, als hätte sie der Stab eines Zauberers berührt, wie festgewurzelt im Boden stehen.

8.

Kluge Vorkehrungen.

Die luxuriösen Gemächer der Geheimräthin Falter lagen still und dunkel. Die jubelnde Gesellschaft hatte sich bis auf einige Wenige entfernt, und diese gingen lebhaft sprechend in dem Studirzimmer des Geheimrathes auf und nieder. Unter ihnen befand sich auch Heribert Stolzenberg. Durch den Spalt der nur angelehnten Flügelthür rief jetzt eine weiche Frauenstimme seinen Namen.

„Ist das Fräulein wieder zu sich gekommen?“ fragte Heribert, ebenfalls leise.

„Selinde wünscht Sie nach einigen Minuten zu sprechen,“ erwiderte Wanda.

„Ums Himmels willen, gnädige Frau, sprechen Sie der Aermsten Muth ein! Später will ich mein Heil versuchen. Es ist nichts, gar nichts verloren! Aber freilich, wir müssen rasch, behutsam und einig handeln. —

Ich habe Alles voraus berechnet, und es wäre das erste Mal, daß eine besonnen ausgeklügelte Rechnung mich tröge!"

„Fräulein Selinde bittet, an ihrer Statt, sobald sie wieder ruhig sprechen kann, die Unterredung mit der zagenden Bertha fortzusetzen."

„Mit Vergnügen werde ich der Dolmetscher des gnädigen Fräuleins sein."

Wanda zog sich zurück, und die Freunde waren wieder allein.

„Es ist so einfach, meine Herren," fuhr Heribert, sein abgebrochenes Gespräch wieder anknüpfend, fort, „daß sich Jeder von Ihnen wundern wird, wie man sich ewig lange Zeit unnütz den Kopf darüber hat zerbrechen können. Lange vor uns hat man Automaten bewundert, die wie Menschen sprachen, vortrefflich schrieben, zierliche Zeichnungen entwarfen und durch andere Kunststücke Staunen erregten, und nun wundert man sich, daß wir endlich einmal das Fliegen gelernt haben! Ich hätte geschwiegen ohne diesen Zwischenfall, auf den ich nicht gefaßt war. Aber so ist es! Diese klugen, sonnendurchglühten Hitzköpfe oben an den Quellen des Nils, die sich für die echten Nachkommen der weisen Baumeister und wissenden Menschen unter den Pharaonen ausgeben, haben ganz in der Stille, so recht hinterm Rücken, uns ein Paroli gebogen, und so kommt der Herr Commercienrath zu früh hinter mein doch gewiß sehr unschuldiges Manöver. Es gilt, meine Ehre, meine Wahrheitsliebe zu retten und nebenbei das Glück meines ganzen Lebens sicher zu stellen. Unter solchen Umständen noch länger schweigen zu wollen, wäre Verrath an sich selbst. Lassen Sie also den Herrn Commercienrath von Sanftleben immer zurückkommen, an jedem seiner zehn Finger einen Prozeß für mich, ich muß doch als Sieger aus dieser Meinungsschlacht hervorgehen! — Man ruft wieder. — Ich verlasse Sie, meine Herren, mit der an Sie gerichteten dringenden Bitte: seien Sie übermorgen mit dem Schlage Zwölf auf der großen Waldwiese mit dem hohen Baumstumpfe! Dort will ich Ihnen den Beweis liefern, wozu der Mensch, dem es gelingt, die Kräfte der Natur sich dienstbar zu machen, berufen ist!"

Heribert empfahl sich, um Wanda's Ruf zu folgen. Selinde war äußerst blaß, aber sie lächelte doch beim Anblick des Agenten, dessen zuversichtliche Haltung ihr neuen Muth einflößte.

„Zürnen Sie mir ob meiner Schwäche?" fragte sie schüchtern. „Die Nachricht traf mich zu unerwartet, und ich liebe meinen Vater zu sehr!"

„Wenn Sie mir nur vergeben wollen, daß ich so viel gewagt habe, dann bin ich glücklich, Selinde, und

Ihr verehrter Herr Vater wird sich leicht versöhnen lassen. Mit Ihrer gütigen Erlaubniß will ich jetzt die schelmische Bertha ein wenig ausholen."

Selinde gab dazu ihre Einwilligung, und Heribert knüpfte eine längere telegraphische Unterhaltung mit der zurückgebliebenen, in das Geheimniß ihrer Herrin gezogenen Zofe an. Als er dieselbe geendigt hatte, trat er zu der inzwischen wieder unruhiger gewordenen Selinde.

„Der Herr Commercienrath scheint einen gelinden Anfall von Tollwuth zu haben," sagte er ironisch lächelnd. „Mich dünkt, es wird klug sein, ihn nicht darin zu stören. Sein ganzer Zorn gilt mir, ich also bin jedenfalls auch diejenige Person, die ihn besänftigen kann, wenn er mich nur erst zu Worte oder zum Handeln kommen läßt. Von Ihrer Abwesenheit weiß er offenbar noch nichts. Es wäre daher wohl rathsam, daß Sie vor der Rückkehr des Herrn Vaters, der jetzt mit größter Eile heimwärts strebt, in Ihrer Behausung wieder ankämen.

„Aber das ist unmöglich!" rief Selinde verzagt. „Ich habe mehr als dreihundert Meilen zurückzulegen, und Papa sendet uns seine telegraphischen Drohungen aus einer Entfernung von nur hundertundachtzig Meilen!"

„Eben deshalb müssen auch wir eilen, geliebtes Herz," erwiderte Heribert, die Fingerspitzen der

Angebeteten küssend. „Gestatten Sie, daß ich Ihnen auf gut Chinesisch, d. h. ohne Ceremonie, auf der Stelle Lebewohl sagen darf. Hier ist etwas, das uns Alle rettet!" Er zog sein Taschenbuch und ließ ein leichtes Gewebe in die Luft flattern. „Dieser chinesische Windvogel wird mich leicht und sicher dem Zürnenden entgegentragen und genügen, ihm Sonne und Wind abzuschneiden. An der vorletzten Station erwarte ich den Herrn Commercienrath in aller Ruhe. Gewahrt er mich, so denkt er nicht mehr ans Reisen. Sie gewinnen also Zeit, Sich gemächlich nach Hause zu verfügen und ganz gemüthlich daselbst einzurichten. Trifft dann der Herr Commercienrath ein, so findet er Alles in schönster Ordnung. Weiteres bis auf Wiedersehen!"

Der Agent aus China empfahl sich den Damen, die ihn gnädigst entließen. Einige Minuten später lag die Residenz schon weit hinter ihm, und als der Morgennebel über den Fluren dampfte, ging der junge Mann, eine parfumirte Kaiser-Cigarre aus Peking mit großer Seelenruhe rauchend, auf dem Perron der Eisenbahn auf und nieder, um die Ankunft des Eilzuges zu erwarten, der den Commercienrath von Sanftleben jedenfalls unter seinen Passagieren zählte.

9.

Die Ente fliegt.

Nach Verlauf etwa einer Viertelstunde ward der Zug gemeldet. Bald sah man auch den Rauch der Locomotive und vernahm das Gerassel der Räder auf den Eisenschienen. Heribert Stolzenberg lehnte sich an einen der in pompejanischem Geschmack gemalten und mit allegorischen Bildern geschmückten Pfeiler zunächst der Passagierhalle, um hier jeden Aussteigenden bequem ins Auge fassen zu können.

Im dritten Glas-Waggon saß der Commercienrath. Heribert gewahrte ihn schon durch die Scheiben. Das Gesicht des berühmten Speculanten, für gewöhnlich nur fein geröthet, wie man es häufig bei ausgezeichneten Lebemännern findet, die den Genuß des Lebens systematisch betreiben, war heute hochroth, ein sicheres Zeichen, daß der gealterte Herr von der raschen Reise angegriffen und wohl auch etwas alterirt sei. Heribert ließ sich dadurch indeß nicht in seinem sicheren Gleichmuth stören. Er lächelte, stieß mit dem Nagel des kleinen Fingers die Asche von seiner Cigarre ab, lüftete den eleganten Dachhut, zog seinen funkelnden Perlmutterkamm hervor, um seine Stirnlocke modisch aufzustreichen, und stellte sich dann gerade vor die breite Ausgangsthür. Der Commercienrath mußte hier den Agenten, wenn er sehr eilig war, anrennen.

Es kam Alles ganz so, wie Heribert berechnet hatte. Der Commercienrath war offenbar voller Aerger und hatte große Eile. Ohne rechts oder links zu blicken, schob er, den Kopf vornüber gebeugt, als wäre er nöthigenfalls bereit, sich stoßweise Bahn zu brechen, vorwärts, und stieß mit dem schönen Krystallknopfe seines Hutes an den Arm des ihn scharf beobachtenden Agenten.

„Guten Morgen, Herr Commercienrath," sprach dieser, zur Seite tretend und mit größter Höflichkeit den Hut ziehend, während ein feines Lächeln, das man gern für Spott halten konnte, seine Lippen umspielte. „Es freut mich, Sie bei so guter Gesundheit begrüßen zu können."

Der Commercienrath blieb wie versteinert stehen. Er ward roth und blau; Zorn und Aerger ließen ihn keine Worte finden.

„Wünschen der Herr Commercienrath eine Erfrischung einzunehmen?“ fuhr Heribert, immer lächelnd, fort. „In Eis gekühlte Semata kann ich als vorzügliches Getränk empfehlen. Ich war von einer anstrengenden Nachttour sehr ermüdet, bin aber jetzt so frisch, als hätte ich die ganze Nacht auf Daunen geruht.“

„Sie sind ein nichtswürdiger Herr, wissen Sie das!“ stieß jetzt, sich ermannend, der Commercienrath heraus und wollte an Heribert vorübergehen. Dieser jedoch erfaßte ihn am Arm und hielt ihn fest. Sein Gesicht ward sehr ernst.

„Meinen Sie mich, Herr von Sanftleben?“ fragte er scharf.

„Sie! Sie ganz allein!“ versetzte der Commercienrath. „Aber Sie sollen an mich denken!“

„Ich hoffe, Sie haben mich niemals vergessen!“

„Vor Gericht will ich Sie zur Verantwortlichkeit ziehen!“

„Sie werden hoffentlich nicht anstehen, zuvor Ihr beleidigendes Wort zurück zu nehmen?“

„Nichts nehme ich zurück, aber ich denke, Sie werden eine anständige Entschädigungssumme an mich zu zahlen verurtheilt werden.“

„Ich? Ich soll Ihnen eine Entschädigungssumme zahlen?“ erwiderte Heribert in sehr heiterer Laune.

„O, Sie scherzen, Herr von Sanftleben, und ich sehe jetzt erst ein, daß auch Ihr vorher so herb klingender Morgengruß nichts als der Ausdruck glücklichster Laune war! Wundern kann mich das freilich nicht. Sie haben ein schönes und interessantes Stück Welt gesehen, und kehren reich an Erfahrungen, entzückt über die gewinnreichen Entdeckungen, welche Sie machten, zurück in Ihre glückliche Heimath! Nun denken Sie bereits an unser vorläufig getroffenes Abkommen und können es kaum erwarten, meine Versprechungen realisirt zu sehen.“

„Herr,“ erwiderte mit zornfunkelndem Auge der Commercienrath, „ich kann es kaum erwarten, Sie als einen Ränkemacher, einen betrügerischen Agenten der Welt zu enthüllen; denn daß Sie Beides sind, kann ich beweisen. Ich bin so vorsichtig gewesen, die Beweise aus Afrika mitzubringen, und Sie sollen, mein Herr, für die Frechheit, mit der Sie mich getäuscht und in ungeheuren Schaden gebracht haben, büßen, oder es müßte in der Welt kein verbessertes chinesisches Gesetzbuch mehr geben.“

Heribert brach in ein so lautes und herzliches Lachen aus, daß der Commercienrath in die größte Verlegenheit gerieth. Der Gedanke, es möge der junge Mann seines Verstandes nicht ganz mächtig sein, stieg in ihm auf, und er fühlte eine Art Mitleid mit dem Unglücklichen, der in diesem Falle allerdings höchlichst zu bedauern war. Nur harmonirte mit dieser Annahme die ganze Haltung und die merkwürdige zuversichtliche Unbefangenheit des Agenten nicht. Gleichzeitig ergriff dieser den Arm des Commercienrathes und zog ihn mit sich fort.

„Mein sehr werther Herr von Sanftleben," sagte er, sich die Thränen, welche das Lachen ihm ausgepreßt hatte, von den Wimpern streichend, „Sie verkennen ganz und gar meine Intentionen, wenn Sie wirklich glauben sollten, ich hätte Ihnen in irgend einer Weise Schaden zufügen wollen."

„Aber, Herr, ich trage ja doch die Beweise Ihres unverantwortlichen, ja, — ich muß es noch einmal sagen — Ihres nichtswürdigen Verfahrens bei mir!" rief der Commercienrath erbittert. „Halten Sie mich denn für einen Pinsel, weil ich zufällig Ihr gepriesenes China noch nicht besucht habe? Man hat, mein' ich, auch etwas erlebt, und die Europäer, zumal aber die Deutschen, waren zu einer Zeit, wo ganz China sich höchstens durch seine classische Zopf-Cultur auszeichnete, doch schon recht gescheidte Menschen."

„Wenn irgend Jemand Ihren Geist, Ihr Talent, Ihre Begabung, große Dinge vollbringen zu helfen, bewundert, so bin ich es, Herr von Sanftleben!" sprach Heribert wieder ganz ernsthaft.

„Und das sagen Sie mir, dem Sie durch Ihre Machinationen, ich weiß gar nicht, wie viele Millionen aus der Tasche escamotirt haben?“

„Das sage ich, Heribert Stolzenberg, Agent des kaiserlich chinesischen Hofmechanicus Albinowitsch, der Ihnen keinen Deut aus der Tasche escamotirt, diese vielmehr nur zur Aufnahme unzähliger Millionen praktisch eingerichtet hat!“

Diese dreiste Behauptung klang dem Commercienrath, der seine Verluste nur zu genau kannte, denn doch so komisch, daß er sich eines Lächelns nicht enthalten konnte. Man gab das Zeichen zur Abfahrt, der aufgeregte und so ganz in das Gespräch mit dem Agenten vertiefte alte Herr aber achtete gar nicht darauf.

„Ich muß Sie wirklich ad absurdum führen,“ versetzte er, „wenn ich nicht ob solcher an Narrheit gränzenden Behauptungen zuletzt selbst toll werden soll.“

„Thun Sie es, Herr Commercienrath, und können Sie es ermöglichen, so mache ich mich anheischig, jeden beliebigen Schadenersatz zu leisten!“

„Sie haben gut versprechen, Sie — Herr aus — aus . . .“

„Aus der Residenz Seiner glorreichen kaiserlichen Majestät Ming-Mang-Mong I.,“ fiel Heribert ein.

„Dieser Mann bin ich, und denke es mit Hülfe meines Kopfes und durch Ihre freundliche Unterstützung auch noch einige Zeit zu bleiben.“

Herr von Sanftleben drückte seinen Dachhut tiefer in die Stirn, preßte die Lippen zusammen und verschluckte einen neuen Ausruf der Ungeduld. Darauf griff er in seine Brusttasche und zog ein ganzes Convolut Zeitungen, Papiere, Courszettel und dergleichen Herrlichkeiten mehr hervor.

„Was ist das?“ fragte er Heribert, das oberste der Zeitungsblätter entrollend.

„Die Gazellen-Zeitung,“ versetzte Heribert, sie flüchtig betrachtend.

„Was steht da, Spalte 8, Zeile 699?“

„Daß sich im submarinen Tunnel ein Unglück ernster Art zugetragen hat.“

„Und hier?“

„Hier berichtet man aus Inner-Afrika die Verschüttung sechs der größten Güterzüge durch Sandorkane.“

Der Commercienrath rollte die Zeitungsblätter wieder zusammen und nahm einige der Papiere, die er Heribert ebenfalls vorhielt.

„Kennen Sie diese Notirungen?“ fuhr er in sehr mürrischem Tone fort.

„Vortrefflich, Herr von Sanftleben! Ich besitze sie alle als gewissenhafter Geschäftsmann selbst.“

„Dann kann Ihnen auch der Stand der darauf verzeichneten Actien nicht entgangen sein.“

„Ich kenne ihn sehr wohl.“

„Wußten Sie, daß ich derartige Actien in Menge besaß?“

„Ich wußte es, und weiß auch, daß Sie dieselben in einigen Tagen nicht mehr besitzen werden.“

„Zehn bis fünfzehn Procent sind sie gefallen in Folge dieser Zeitungsnachrichten, und Niemand hat dabei größere Verluste erlitten, als ich!“

„Das scheint mir glaublich, Herr von Sanftleben.“

Der Commercienrath warf Heribert einen wüthenden Blick zu, knüllte die Papiere zusammen, und ließ abermals ein paar große Zeitungsblätter in der Morgenluft flattern. Der Schnellzug sauste wie ein Sturmwind aus der Halle.

„Was liest man hier?“ fragte er barsch den Agenten, der sich gelassen eine neue Cigarre anzündete.

„Ich kenne die ganze Geschichte,“ sprach Heribert lächelnd. „Es werden in dieser Nummer der Gazellen-Zeitung die früheren Angaben so ziemlich ganz widerrufen, und dabei wird die Bemerkung mit eingeflochten, daß jene falschen Angaben nur aus dem Grunde veröffentlicht worden seien, um durch eine künstlich hervorgerufene Baisse mit Einem Schlage enorme Geschäfte zu machen."

„Wie nennen Sie das, mein Herr?"

„Als Geschäftsmann nenne ich es speculiren."

„Und als Ehrenmann?"

„Klug und vorsichtig handeln."

„Soll ich Ihnen meine Meinung sagen?"

„Ist nicht nöthig, denn Sie stimmen mir bei."

„Keineswegs, mein Herr Agent aus . . ."

„Aus China, zu dienen!"

„Ich nenne das erbärmlich, gemein, unehrenhaft!" rief der Commercienrath empört.

Heribert schüttelte den Kopf. Seine Cigarre war ihm ausgegangen, und indem er sie gemüthlich wieder anzündete, erwiderte er mit großer Seelenruhe: „Das thun Sie bloß, weil Sie Sich selbst nicht kennen, Herr von Sanftleben. Wollen Sie die Güte haben, mir jetzt ebenfalls einige kurze Fragen so ehrlich und offen zu beantworten, wie ich es gethan habe?"

„Wenn ich Sinn und Verstand darin entdecken kann, werde ich mit meinen Ansichten gewiß nicht zurückhalten."

„Waren Sie es nicht, Herr von Sanftleben," hob darauf Heribert an, Arm in Arm mit dem Commercienrathe dem Ausgange des Bahnhofes zuschreitend, „durch dessen Energie der submarine Tunnel zu Stande kam?"

„Ich bin so stolz, mich dessen zu rühmen!“

„Sie förderten ferner mit gleicher Energie die Erbauung der Central-Wüstenbahn.“

„Bei der ich jetzt durch die falschen Depeschen und Zeitungsnachrichten allein zum armen Mann werden müßte, hätte ich all mein Vermögen nur diesem Einen Unternehmen gewidmet.“

„Eben dadurch, daß Sie dies nicht, daß Sie es überhaupt nie thaten, haben Sie Ihren Beruf als Speculant und glücklicher Unternehmer dargethan, und der Ruf Ihres Namens fliegt bewundert von einem Pole zum anderen!“

„Bitte, bitte, keine Schmeichelei! Damit können Sie mir die verursachten Verluste nicht wieder ersetzen!“

„Sie haben Sich ganz vor Kurzem, noch während meines Aufenthaltes in Astrachan, wie die von Ihnen mir zugeschickte Depesche darthut, bereit erklärt, das neue Unternehmen, das ich zu vertreten und zu begünstigen die Ehre habe, durch die Wucht Ihrer Capitalien zu unterstützen.“

„Ich läugne nicht, daß ich Thor genug war, auf Ihre Vorspiegelungen mich einzulassen. Jetzt nehme ich mein Wort zurück! Sie haben mich getäuscht, ich werde Sie deshalb verklagen. Einmal ist auch der Vorsichtigste zu hintergehen, ein zweites Mal will ich mich hüten. Behalten Sie Ihre chinesische Erfindung für sich und brüten Sie Ihre Windeier selbst aus oder lassen Sie sie von Tataren, Tschuktschen, Jakuten und Samojeden ausbrüten, die dem himmlischen Reiche ohnehin näher wohnen, als wir der Vergangenheit angehörigen Europäer!"

„Wenn ich mich mit dieser Erklärung zufrieden gäbe, Herr von Sanftleben," erwiderte Heribert, „dann allerdings würden Sie das vollste Recht haben, mich Betrüger zu nennen und Schadenersatz von mir zu beanspruchen. Aber ich bin weder so gutmüthig, noch so unehrlich, um einen Mann von Ihrem Geiste, Ihren Kenntnissen, Ihrer Redlichkeit so spitzbübisch zu hintergehen und mich in widerrechtlicher Weise nur selbst zu bereichern. Deshalb halte ich Sie beim Worte und verlange in aller Entschiedenheit, daß Sie Ihre Zusage pünktlich halten!"

„Und ich erkläre Ihnen, mein Herr, daß ich thun werde, was mir beliebt! Drohungen, aus Wind gewoben, können mich nicht einschüchtern."

„Es käme auf einen Versuch an," versetzte Heribert. „Indeß hoffentlich wird es ernstlicher Demonstrationen meinerseits nicht bedürfen, Sie, verehrter Herr Commercienrath, anderen Sinnes zu machen. Habe ich nur erst noch einmal die Versicherung von Ihnen erhalten, daß Sie die Hand nicht zurückziehen..."

„Niemals werden Sie diese erhalten!" fiel der Commercienrath ein. „Ich will von Ihrem windigen Unternehmen nichts hören!"

„Auch nichts sehen?" fragte Heribert spöttisch lächelnd.

„Es wird Niemand jemals etwas davon zu sehen bekommen!"

„Lassen Sie uns noch ein wenig spazieren, Herr von Sanftleben," erwiderte Heribert. „Wir müssen doch den zweiten Zug abwarten, wenn wir zuvor nicht eine schnellere Gelegenheit zum Fortkommen finden, was kaum wahrscheinlich ist. Diese herrliche Luft erquickt Seele und Leib. Ein kurzer Gang durch den nahen Wald wird uns Beiden wohl thun, auch bietet er uns Gelegenheit, eine Verständigung wenigstens einzuleiten."

Der Commercienrath sah ein, daß es schwerlich möglich sein werde, dem eigenthümlich zuversichtlich auftretenden jungen Manne zu entgehen. Er ließ es daher geschehen, daß dieser ihn auf schmalem Fußpfade nach dem nahen Walde führte.

„Als Sie sich meinen Anerbietungen nicht abgeneigt zeigten," begann Heribert nach kurzem Schweigen, „machte ich mich anheischig, Ihnen einen Beweis von der Vortrefflichkeit des Artikels zu liefern, der mich neuerdings aus China nach Dentschland geführt hat. Um mein Versprechen halten zu können, mußte ich nach Astrachan eilen, wo einer unserer Commissionäre für das nördliche Sibirien meiner Befehle harrte. Ich bin jetzt so glücklich, den Beweis zu liefern, daß ich immer nur die redlichsten Absichten mit Ihnen hatte."

„Auch, als Sie mir leichtsinnig so schwere Verluste zufügten?"

„Auch damals, obwohl die Verluste nicht Leichtsinn, sondern berechnende Speculation Ihnen verursachte."

„Begreife das, wer kann!"

„Sie werden es sogleich begreifen."

Der Wald lichtete sich, ein schöner, stiller, lauschiger Platz, von majestätischen uralten Eichen und Buchen umgränzt, lag vor den beiden Spaziergängern.

„Wollen Sie gefälligst hier ruhen," fuhr Heribert fort, „so will ich Ihnen eines der kleinsten und zierlichsten Exemplare meiner Windvögel zeigen. Dieses Exemplar hat für mich einen außerordentlichen Werth, denn ich hoffe, es wird mir mit Hülfe desselben ein Leben voll Lust, Liebe, Freude, Glanz und Ruhm sich eröffnen. Haben Sie Acht, Herr Commercienrath! Sie sehen, mein Apparat, welcher die Welt mit dem Leben in der Luft vertraut machen soll, ist sehr handlich. Da liegt er vor Ihnen, wie ein zusammengefaltetes großes Blatt Papier. Ich hebe ihn auf und lasse ihn sich entfalten. Schon hat er die Größe eines riesigen Vogels. Nun fülle ich ihn mit diesem Gas, dessen Bereitung noch das Geheimniß seines Erfinders ist. Wie dehnt er sich schon, wie nimmt er mehr und mehr die Gestalt eines Vogels an! Wie regen sich Schwingen, Füße, Hals und Kopf! Sie erlauben, daß ich mich schnell auf seinen elastischen Rücken schwinge. So! Jetzt fasse ich hier diese Halsfeder, um ihn ein wenig steigen zu lassen. Wie prächtig trägt er mich, wie bewegt er sich stolz, als verstände er, welchen Dienst er der Menschheit zu leisten berufen ist! Nun bringe ich die elastische Druckmaschine durch Theilung des Rudergefieders in Bewegung, und somit — Adieu, Herr von Sanftleben!"

Der Commercienrath sprang auf und beugte den Kopf so weit in den Nacken, daß er den Hut verlor. Aber er sah hoch oben in der Luft nur noch einen Punkt von der Größe eines gewöhnlichen Kinderballes, der sich mit unglaublicher Schnelligkeit hin und her bewegte, bald horizontal in der Luft fortglitt, bald Wellenlinien oder Zickzacks beschrieb, dann wieder rasch abwärts fuhr und eben so geschwind wieder in die höheren Regionen der Luft sich erhob. Diese Manöver währten gegen zwanzig Minuten. Hierauf glitt der wunderbare Ballon in anmuthigen Spirallinien außerordentlich schnell erdwärts und ließ sich zuletzt langsam an den laubigen Aesten der Waldung auf die Wiese niedergleiten. Ein leiser Druck, und der künstliche Vogel fiel geräuschlos zusammen; Heribert raffte ihn auf wie ein leichtes Gewand und näherte sich lächelnd, aber auch sehr siegesgewiß dem noch immer starr und sprachlos dastehenden Commercienrathe.

„Wie gefällt Ihnen dieser Probeflug, mein verehrter Freund?“ redete er den Staunenden an. „Werden Sie nach diesem Augenzeugniß noch darauf beharren, Ihr mir gegebenes Wort zurückzunehmen? Zwingen will ich Sie nicht, Herr Commercienrath, ich hoffe aber, Sie errathen schon jetzt vollständig meine Intentionen und wissen das Vertrauen zu schätzen, das ich in Ihre Einsicht, in Ihren Unternehmungsgeist setzte.“

Herr von Sanftleben hob seinen Hut vom Boden auf und bedeckte sich damit. Dann streckte er dem Agenten beide Hände entgegen.

„An meine Brust, Sie Unbegreiflicher!“ rief er gerührt aus. „Ich erlebe es hoffentlich noch, daß man Ihnen wie dem Erfinder dieses Wind- oder Luftvogels ein Denkmal setzt, obwohl ich nicht weiß, wo man es hinstellen sollte. Aber dafür wird die Intelligenz der Zukunft sorgen. Ich für meine Person würde eine sich selbst bewegende und regulirende

Maschine, gewisser Maßen einen kunstvoll nachgeahmten Erdkörper in Vorschlag bringen, der kometenartig durch die Luft rollte und bald da, bald dort auf Erden sichtbar würde. Dann hätten alle Erdbewohner das Vergnügen, die wirklichen Bändiger der Winde, die gebietenden Herrscher im Reiche der Luft von Zeit zu Zeit im Bilde mit Muße betrachten zu können. Und hier Manneswort mit Manneshandschlag! Das Unternehmen unterstütze ich! Sie und Ihr kaiserlicher Hof-Mechanicus haben bei mir unbeschränkten Credit!"

„Sie wollen mich also nicht wegen Schadenersatzes gerichtlich belangen?"

„Ich weiß nichts davon, ich weiß überhaupt gar nichts von der Vergangenheit! Die Gegenwart sogar wird mir fremd, und nur in der Zukunft, der geheimnißvoll-unergründlichen, liegt meine Heimath auf Erden."

Heribert zog den ganz entzückten Commercienrath näher an sich und flüsterte ihm leise die Worte ins Ohr: „Wollen Sie nicht lieber den ganzen Schwindel angehäufter Actien auf gewöhnliche wie auf Schnell-Eisenbahnen, auf alt und neu construirte Dampfschiffe, namentlich aber auf den submarinen Tunnel in möglichster Eile losschlagen? Jetzt verlieren Sie noch nichts, denn seit es bekannt wurde, daß die alarmirenden Gerüchte nur durch die unbedeutenden Sackungen im

Tunnel und durch die noch unwichtigere Sandhose, welche die Central-Wüstenbahn beunruhigte, hervorgerufen worden sind, ist bereits wieder starke Nachfrage danach. Später dürften sie schnell und bedeutend fallen, denn mit dem Bekanntwerden des chinesischen Windvogels, und sobald ein ganzes Geschwader dieser mittels Ihres Geldes flügge gewordenen Enten aus der Wiege der Menschheit herüber flattert nach Europa, wird es Jeder vorziehen, größere Reisen nur in diesen sicheren elastischen Luftfuhrwerken zu machen. Also ..."

„Ich durchschaue ganz Ihren fein angelegten Plan und bin Ihnen ewig dankbar dafür!" fiel der beglückte Commercienrath ein. „Alle anderen Actien müssen fallen, das ist gar nicht anders denkbar! Sie wollten mich warnen, mich aufmerksam machen auf die Unsicherheit meines sogenannten Besitzes. Ich weiß dies zu schätzen. Sie haben nur noch zu bestimmen, in welchen Massen Sie mit Ihren herrlichen Windvögeln in Europa einziehen wollen."

„Davon ein nächstes Mal," sagte Heribert. „Ich bin augenblicklich pressirt, da ich heute Mittag einige Freunde von ihrem Unglauben bekehren will. Indeß, wollen Sie mich begleiten, Herr von Sanftleben, so würde mir dies sehr angenehm sein, und wir könnten das Weitere hoch oben in reinster Aetherluft, fern von der dunstigen Erde und fern allem gemeinen Treiben der scheelsüchtigen Welt, recht con amore und in aller Ruhe besprechen. Heute Abend kommen Sie immer noch nach Hause."

„Sie meinen, ich soll mit Ihnen Ihr Flügelroß besteigen?"

„Gewiß! Wie anders könnte ich sonst einige Hundert Meilen innerhalb zweier bis dreier Stunden zurücklegen?"

„Ich danke für Ihr geschätztes Anerbieten, mein werther Freund und Gönner," versetzte der Commercienrath, „allein für heute kann ich doch noch keinen Gebrauch davon machen. Ich bin stark echauffirt, und das macht mich immer schwindelig. Wenn ich aber das Gleichgewicht während unseres Fluges durch die Luft verlöre, so könnte ein solcher Fall gleichsam aus dem Himmel auf die Erde doch den übelsten Eindruck auf mich machen. Auch würde ein mir zustoßendes Unglück das ganze Unternehmen gefährden. Lassen Sie uns vorsichtig sein, lieber Freund, und darum fliegen Sie einstweilen noch einmal allein! Für heute will ich mich noch der veralteten Locomotive bedienen."

„Ihre Umsicht erwirbt Ihnen meine ganze Bewunderung und steigert mein Vertrauen ins Gränzenlose," sprach Heribert Stolzenberg. „Ich verlasse Sie mit dem Versprechen, heute Abend bei Ihnen den Thee zu nehmen, wenn Sie mir die Vergünstigung eines Besuches gestatten. Dann wollen wir das Geschäft zum Abschluß bringen. Vielleicht gewinnen wir auch noch Zeit zur Besprechung rein persönlicher Angelegenheiten, und da Sie gütig gegen mich sind, so wäre es möglich, ich träte mit einer Forderung eigenthümlicher Art an Sie heran."

„Sie können nichts von mir fordern, was ich Ihnen nicht gewähre, vorausgesetzt, daß die Gewährung von meinem Willen und meiner Macht abhängt."

„Diese Versicherung genügt, mich glücklich zu machen," sagte Heribert. „Sie erlauben, daß ich bis nach Abgang des eben angekommenen Zuges warte!"

Der Commercienrath drückte dem Agenten schweigend die Hand und nahm Platz in einem Privat-Coupé. Das Accordion gab durch einen lang aushallenden Accord das Zeichen zur Abfahrt.

„Wissen Sie, wer unendlich glücklich sein wird über die Nachricht, die ich nach Hause bringe?" sagte von Sanftleben. „Meine Tochter Selinde! das Kind hat mir Tage lang Vorwürfe gemacht, daß ich mich auf Ihren Antrag, den sie übrigens nur sehr unvollkommen kennt, nicht ohne Weiteres einlassen wollte. Dem kleinen Schalk geht nichts über das Luftige! Das Reich der Luft ist des verwöhnten Kindes wahres

Lebenselement. Sie wird jubeln, daß ich meine liebe Noth mit dem schmeichelnden Eigensinn bekommen werde. Denn ein Eigensinn ist Selinde. Wer einmal mit ihrer Hand beglückt wird, bekommt etwas zu thun. Sie hat ein niedliches Köpfchen, aber sie versteht es so resolut aufzusetzen, als sei's der Kopf eines Khans!"

Heribert verbeugte sich lächelnd vor dem Commercienrathe. Das Accordion erklang zum zweiten Male, und der Zug glitt von dannen.

Ein paar Minuten später schwebte der Agent als sicherer Leiter seines elastischen Windvogels hoch über Felder, Wälder und Dörfer der Residenz zu, um seinen Freunden durch die That zu beweisen, daß die neue Art, durch die Luft zu fliegen, kein leerer Wahn mehr sei.

10.

Glückliches Wiedersehen.

Bertha war sehr angegriffen, als Selinde sie wieder sah. Die muntere Zofe konnte gar nicht begreifen, wie Alles zugegangen war, und wie sie selbst bei den heftigen Worten des Commercienrathes ihre Besonnenheit noch zu behalten vermocht hatte. Jetzt saß sie neben ihrer ebenfalls erschöpften Gebieterin und ließ sich erzählen, was Selinde ihr mitzutheilen für gut fand. Bei der lebhaften Schilderung der Ballfreuden seufzte Bertha.

„Ach, dergleichen kann unser einer niemals genießen!“ rief sie aus.

„Du sollst es doch, Bertha,“ tröstete Selinde die kleine Unglückliche. „Wenn ich mich vermähle . . .“

„Da werde ich, wie bisher, das Zusehen haben,“ fiel Bertha schmollend ein.

„Sei nicht so naseweis und unzufrieden,“ sagte Selinde verweisend, „und höre erst, was ich sagen will, ehe Du urtheilst! Wenn ich mich vermähle, nehme ich Dich ganz zu mir und sorge für Dein Fortkommen. Du sollst eine gute Partie machen, und damit trittst Du in die Gesellschaft.“

„Ist es wahr, gnädiges Fräulein?“

„Ganz gewiß! Wenn ich vermählt bin, sollst Du nicht lange mehr ledig bleiben.“

Auf der Straße ward es in diesem Augenblicke sehr geräuschvoll. Bertha stand auf und sah hinaus.

„Der Zug muß angekommen sein,“ sprach sie. „Ein Selbstbeweger folgt dem anderen. Ob nun wohl der Herr Commercienrath mit angekommen sein wird? Es muß ihm doch etwas zugestoßen sein unterwegs.“

„Das befürchte ich nicht,“ erwiderte Selinde. „Das schnelle Reisen, verbunden mit den starken Aufregungen, denen er nicht entgehen konnte, wird meinen Vater ermüdet haben. Nahe der Heimath, gönnte er sich eine kurze Zeit Ruhe, um gestärkt vor mich hinzutreten und sagen zu können: „Siehst Du, mein Kind, trotz meiner sechszig Jahre nehme ich es doch allenfalls noch mit jedem der jetzigen Windmacher auf.“

„Wahrhaftig, da kommt der Herr Commercienrath!“ rief Bertha, die Hände zusammenschlagend, aus. „Der kleine John biegt schon ab in den Hofraum. Welch' ein Glück, gnädiges Fräulein, daß es Ihnen doch noch gelungen ist, volle drei Stunden früher zurückzukommen! Ich wäre vor Angst gestorben oder hätte mich in Eau de Jeddo ertränkt, wenn der gnädige Herr mich allein im Hause fand und die Angst mich weder zu Worte kommen, noch die Wahrheit, in die gehaltvollsten Entschuldigungen eingewickelt, sagen ließ! Nie im Leben biete ich wieder die Hand zu so einem gefahrvollen Unternehmen!"

„Ausgenommen, wenn ich Dich darum bitte, nicht wahr, Bertha?"

Die Stimme des Commercienrathes, die laut und heiter klang, brach jede weitere Unterhaltung ab. Selinde beeilte sich, dem Vater entgegen zu gehen, um ihn mit der unbefangensten Miene von der Welt zu begrüßen. Das junge Mädchen war sehr verwundert, den Vater heiterer und jugendlicher von Aussehen zu finden, als er von ihr gegangen war, und der Gedanke, es möge ein Anderer als ihr Vater, vielleicht Jemand, der um ihren Ausflug wußte und sie nur necken wollte, die heftige Correspondenz in seinem Namen geführt haben, machte sie etwas befangen. Der Commercienrath gewahrte dies jedoch nicht. Er war zu glücklich, und dann hatte er für Fremdes wenig Sinn.

Lachend umarmte er die schöne, blühende Tochter, indem er scherzend sagte:

„Ich habe einen echten Schwabenstreich gemacht, wie er einem Manne in meinen Jahren eigentlich nicht mehr passiren sollte. Aber Alter schützt vor Thorheit nicht! Das wird ewig wahr bleiben, mögen wir nun gehen, fahren oder fliegen. Die Geschichte mit dem Tunnel, mit der Verschüttung der Central-Wüstenbahn war chinesischer Guh-Muh — Puff, wie unsere Voreltern, Humbug, wie die spitznasigen, lang-beinigen und grobdräthigen Amerikaner heute noch sagen! Ich hätte es mir eigentlich denken können, daß irgend eine Finte dahinter steckt; aber man kann als Geschäftsmann nie vorsichtig genug sein, und da hab' ich denn Zeit und Geld hinausgeworfen, umsonst kann ich freilich nicht sagen, und das beruhigt mich denn über meine Leichtgläubigkeit. Aber was ist denn das, Kind? Was hast Du vor?"

Herrn von Sanftlebens Blicke glitten forschend und staunend zugleich an der Gestalt seiner Tochter hinab, die jetzt erst erschreckend gewahrte, daß sie noch das Reise-Costume trug, in dem sie von ihrer Freundin Wanda zurückgekehrt war. „Du wolltest doch keinen Ausflug machen? Bedenke, gegen das ausdrückliche Verbot Deines Vaters!"

Selinde war schnell resolvirt.

„Gewiß trug ich mich mit diesem verwerflichen revolutionären Gedanken, theuerster Papa," versetzte sie heiter. „Die Sorge um Dich, Väterchen, raubte mir alle Ruhe. Vor drei Stunden schon erwartete ich Dich, und da John ohne Dich vom Bahnhofe zurückkehrte, fürchtete ich, es könne Dir irgend etwas Unangenehmes begegnet sein. Ich war daher fest entschlossen, hätte der kürzlich eingetroffene Zug Dich mir nicht wiedergebracht, gleich mit dem zunächst abgehenden Dir entgegen zu fahren. Diese Ueberschreitung Deines Befehles glaubte ich vor Deinem väterlichen Herzen verantworten zu können. Auch Bertha redete mir zu."

„Ja, das weiß Gott!" sprach die Zofe und schlug ihre schelmischen Augen unschuldig zum Himmel auf.

Der Commercienrath küßte Selinde auf die Stirn und fuhr sich mit der Hand gerührt über die Augen.

„Es ist schon gut, es ist überhaupt Alles gut," sprach er. „Nie war ich so zufrieden mit der Welt, nie hab' ich deutlicher erkannt, daß unser Geschlecht sich immer mehr vervollkommnet! Du — und auch Bertha — Ihr sollt jetzt Beide alsbald Euer blaues Wunder sehen. Was meint Ihr, wollen wir nächste Weihnachten oder lieber zu Ostern — denn dann ist's hoffentlich schöner, warmer Frühling — auf einige Tage nach Peking reisen?"

„Nach Peking?“ rief Bertha aus.

„Wir sollen diese Wunderstadt, dieses vollkommenste Land der Erde wirklich mit eigenen Augen sehen, Papa?“ sagte Selinde.

„Ich habe sehr große Lust dazu,“ erwiderte der Commercienrath. „Zu bedenken ist dabei nicht viel, wie ich jetzt sehr genau weiß. Auch wird mir der Ausflug wenig oder gar nichts kosten. In Peking nimmt man uns unbedingt mit offenen Armen auf, vielleicht auch kehre ich mit werthvollen Orden geschmückt wieder zurück. Der Kaiser Ming-Mang-Mong kann mir eine Audienz nicht verweigern, und so werdet auch Ihr beiden Neugierigen die Herrlichkeiten dieser glanzvollsten Hofhaltung der Welt staunend kennen lernen und reich beschenkt die Rückreise antreten. Der chinesische Kaiser ist kein Knicker. Er versteht als Oberhaupt des Reiches, dessen Wohl ihm anvertraut wurde, sein Geschäft aus dem FF! Also dürft Ihr Euch, als die ersten ausgezeichneten deutschen Privatleute, welche dieser großen Ehre theilhaftig werden, auf etwas Ordentliches gefaßt machen! — Und nun noch Eins! Du, Bertha, sorgst heute Abend für ein exquisites Souper. Ich selbst habe Appetit nach etwas Leckerem, außerdem aber erwarte ich auch noch, wenn auch etwas spät, einen mir sehr lieben und werthen Gast.“

„Eine neue Bekanntschaft etwa, die Du unterwegs machtest?“

„Vielmehr eine alte, die sich aber ganz neu gestaltet hat. Du bist ja so glücklich im Rathen, rathe also, wen ich wohl meinen mag!“

Selinde rieth absichtlich nicht den Rechten, obwohl ihr klopfendes Herz immer nur einen Namen nannte.

„Hast kein Glück heute, Närrchen,“ unterbrach sie der Vater. „Deine Leute sind sehr, sehr liebe Menschen, gegen meinen Gast gehalten aber schrumpfen sie in wahre Wichtelmännchen zusammen. Heribert Stolzenberg will den Thee bei uns trinken.“

„Der Agent aus China?“ riefen beide Mädchen zugleich.

„Der größte Mann der Zeit, d. h. als Agent!“

„Er war ja in Astrachan, als Du abreisen wolltest!“ setzte Selinde hinzu.

„War! war!“ sagte der Commercienrath ungeduldig. „Es ist schon viel in der Welt gewesen! und es wird noch weit mehr sein, als je gewesen ist. Wer aber kann von dem Agenten aus China sagen: er war da, oder dort! Dieser große Mensch, dieser wirkliche, bis jetzt auch noch einzige Ueberall und Nirgends ist da, wo er sein will! Man könnte ihn im Vergleich mit allen anderen Menschen den Allgegenwärtigen nennen!“

„Hast Du ihn gesprochen?“

„Ein paar Stunden lang! Mit seinem Flügelrosse fiel er dem dampfenden Ungeheuer, das uns über die holprige Erde schleppte, gerade in die Zügel.“

„Es ist also wahr? unbestrittene Thatsache?“

„Wir fliegen fortan!“ sprach der Commercienrath mit dem erhabenen Stolze eines Gottes. „Ich bin es und will es sein, der die gesammte Menschheit mit Flügeln oder mit fliegenden Enten versieht, und das erste Geschwader dieser weltbeglückenden Vögel, deren Seele der Wille des Menschen ist, soll uns mit in die Luft emporheben und leicht über Länder und Meere weit nach China, dem Lande der Verheißung, dem wirklichen Reiche der Mitte, tragen!“

Selinde hing, sprachlos vor Seligkeit, am Halse ihres Vaters, Bertha aber ging wie begeistert von Zimmer zu Zimmer, machte, ohne es zu wissen, die Bewegungen eines flatternden Vogels, der seine Schwingen prüft, und rief einmal über das andere aus: „Wir fliegen! Wir fliegen! Zu Ostern fliegen wir nach China!“

11.

Wind zu Wind.

Im geschäftlichen Leben geht nichts über die Pünktlichkeit. Deshalb pflegt man auch einen recht thätigen und pünktlichen Geschäftsmann die Seele des Geschäftes zu nennen. Heribert Stolzenberg wußte das. Er scheute daher auch weder Mühe noch Geld, noch nahm er Rücksicht auf seine Gesundheit oder gar seine persönliche Bequemlichkeit, wenn es galt, ein gegebenes Wort zu halten. Herr von Sanftleben war über die Maßen erstaunt, als er den jungen Mann siebenzehn Secunden vor der Zeit, wo bei ihm Thee getrunken zu werden pflegte, in tadelloser Toilette eintreten sah.

„Ist's möglich!" rief er aus. „Sie schon hier, Herr Stolzenberg? Und die Uhr ist noch nicht auf den Schlag Neun!"

„Es fehlen jetzt gerade noch neun Secunden," versetzte der Agent, die erröthende Tochter des Hauses anstandsvoll begrüßend. Bertha lauschte an der Thür. Von ihr sah man nur eine durch den Spalt flatternde Schmachtlocke. „Mein Chronometer ist ein Meisterwerk der Uhrmacherkunst. Ich verlasse mich immer auf ihn, weil ich dann bestimmt weiß, daß ich nicht irren kann. Sie erlauben, gnädiges Fräulein?“

Er schob zwei der prachtvollen Lehnsessel — echt chinesisches Fabrikat — an den eleganten Theetisch, hielt seine noch behandschuhte Hand Selinden hin, die den Mittelfinger ihrer Rechten leise darauf legte und sich so von dem jungen Manne zum Tische geleiten ließ. Herr von Sanftleben als Hausherr nahm, wie das damals in ganz kleinen Cirkeln Sitte war, auf japanische Manier den halb zum Liegen, halb zum Sitzen eingerichteten Divan ein.

„Es ist und bleibt mir unbegreiflich, wie Sie in so kurzer Zeit den weiten Weg zurücklegen mochten,“ sprach der Commercienrath, „und fast komme ich auf den Gedanken, daß Sie Ihr Vorhaben gar nicht ausgeführt haben.“

„Im Gegentheil, verehrter Herr und Freund,“ erwiderte Heribert. „Es ist Alles geschehen, was ich vor unserem Scheiden Ihnen mitzutheilen mir erlaubte. Ich habe nicht nur mein Versprechen gehalten, ich habe auch Bewunderung durch die Leistungen dieses vollendetsten aller Mechanismen hervorgerufen. Dies ist's, was mich beglückte und was mich wohl auch veranlaßte, meinen wackern Windvogel etwas über Gebühr anzustrengen. Dafür trage ich ihn auch wohl verwahrt bei mir, und will ihn hier an meiner Brust, wie die Henne ihr Küchlein oder die Mutter ihr Kind, pflegen. Uebrigens halte ich es für zweckmäßig, daß wir schon in den allernächsten Tagen mit einer gewichtigen Ankündigung vor das Publicum treten."

„Noch ehe ich meine ausführliche Berechnung gemacht habe?" fiel der Commercienrath beunruhigt ein.

„Auch mit dieser werden Sie bis dahin glücklich zu Stande gekommen sein," erwiderte Heribert. „Meine Gründe für diese Eile werden Sie billigen. Der Probeflug, den ich mit meiner Privatente in Gegenwart der auserlesensten Löwen der Residenz machte, hat diese förmlich entzückt. Entzückte Menschen können nicht schweigen, das kenne ich, und obwohl ich allen meinen Freunden streng verboten habe — natürlich bloß pro forma —, von dem Gesehenen zu sprechen, bin ich doch fest überzeugt, daß bis zu nächstem Sonnenaufgang wenigstens die halbe Stadt Kenntniß davon hat. Fahren wir nun in diese flüsternde, augenrollende, summende und brummende Aufregung schnell mit einer recht pomphaften Ankündigung hinein, so haben wir blitzschnell unser Glück gemacht. Am Schlusse dieser Ankündigung muß nur auf das bevorstehende große Ereigniß, das den Gleichmuth der Welt unbedingt zum Wanken bringt, hingewiesen werden."

„Welches Ereigniß meinen Sie?" fragte der Commercienrath.

„Die Ankunft der kaiserlichen Hofschauspieler und Hoftänzer aus Peking. Es sind, wie Sie wissen, die ersten Künstler dieser Art, die China an Europa abgibt, um die wahre Kunst auf den Brettern, welche die Welt bedeuten, wieder mehr heimisch zu machen. Herr Zapsala, unbedingt der genialste Tanzvirtuose der Welt, welcher die Direction der merkwürdigen Truppe interimistisch übernommen hat, hofft mit seinen Vorstellungen größere Sensation zu machen, als mancher seiner Vorgänger vor hundert und mehr Jahren mit den damals üblichen Pferdedramen, obwohl diese ihrer Zeit, wie man in den neuesten Theater-Geschichten nachlesen kann, großes Furore machten und enthusiastischen Beifall fanden."

„Sollen diese Künstler schon nächstens eintreffen?" fragte Selinde.

„Eine Depesche von Zapsala, die ich unmittelbar vor meinem Wegfluge aus der Residenz erhielt," versetzte Heribert, „meldet die Ankunft derselben am vierten Tage von heute an kurz vor Sonnenuntergang."

„Mit besonderer Gelegenheit also?“ warf der Commercienrath ein.

„Die sehr genaue Angabe der Zeit ihres Eintreffens deutet dies schon an. Mich hat die Depesche entzückt. Es liegt in ihr die Bestätigung des Sieges, welchen die menschliche Erfindungskraft über die Elemente, überhaupt über alle Naturkräfte davon getragen hat. Auf seine Bitten nämlich überließ ich meinem Freunde Zapsala eine Anzahl ein- und zweisitziger Enten zu schneller Beförderung seiner Gesellschaft. Heute Mittag ist dieses erste Geschwader unserer künstlichen Windvögel abgesegelt, und zwar in so köstlicher Ordnung, so schnell und sicher, daß allgemeiner Jubel unter den nahezu dreihundert Künstlern herrscht. Die ganze Gesellschaft hat sich vor wenigen Stunden mitten auf der Krim niedergelassen, um die Nacht hier zuzubringen. Es befinden sich an jener Stelle Ueberbleibsel einer tatarischen Stadt, welche beim Wiederauffliegen den Reisenden trefflich zu Statten kommen. Die zweite Nacht dürfte Zapsala, da er morgen etwas langsamer die Lüfte zu durchschneiden gedenkt, in Bessarabien auf einsamer Steppe zubringen, wo die vielen Tumuli beim Aufsteigen wieder gute Dienste thun. Seiner Berechnung nach kann er also um die angegebene Zeit auf den weiten Exercierplätzen vor der Residenz eintreffen. Es ist nun meine Absicht, verehrter Herr

Commercienrath, die erwartete Ankunft dieses ersten Entenfluges aus dem Innern China's am Schlusse unserer Ankündigung mit zu annonciren und eine zweckentsprechende Illustration beizufügen. Diese Ankündigungen müssen in ungeheuren Massen vorläufig nur durch Deutschland und an allen Straßenecken größerer Städte angeschlagen werden. Ich möchte wohl dem Augenaufreißen beiwohnen, das sie bei manchem Gimpel zur Folge haben werden. Die Residenz-Bewohner dagegen, schon vorbereitet von meinen verschwiegenen Freunden, rücken sicherlich zu Hunderttausenden aus, um unseren gelungenen Entenflug anrauschen zu sehen und zu hören. Denken Sie sich, werther Herr Commercienrath, den Eindruck eines solchen Fait accompli! Etwas Aehnliches hat es entschieden noch nicht gegeben, und Ihre Actien werden steigen rapid, wie die Enten, deren Ausbrütung Sie befördern helfen sollen. Und so sehe ich mit siegesgewissem Vertrauen unserer Zukunft und einem Leben entgegen, wie es **vor** dieser sublimen Erfindung keinem Sterblichen noch beschieden gewesen ist!"

Bertha, die sehr bedauerte, dem Gespräche nicht immer zuhören zu können, hatte inzwischen den Thee bereitet. Vier Bediente ordneten im Nebenzimmer die Tafel. Der Commercienrath erhob sich aus seiner nachlässigen Lage und sagte befriedigt:

„Wie so oft schon heute, muß ich Ihnen auch jetzt wieder beistimmen, Herr Stolzenberg, ja, ich fühle mich beinahe gedrungen, Ihnen im Stillen meines gehegten Mißtrauens wegen Abbitte zu leisten. Morgen soll die ganze Sache in Ordnung kommen. Sie besorgen alsdann die Anfertigung der Illustration, ich treffe Anstalten für Papier und Druck. Ist dies alles gethan . . ."

„Dann reisen wir allesammt ohne Säumen nach der Residenz, nicht wahr, Papa?" fiel Selinde ein.

„Allesammt?"

„Ich meine, wir drei und — und Bertha."

„Finde ich gar nicht nöthig, mein Kind," erwiderte der Commercienrath. „Es wird ein beispielloses Gedränge geben, und da könntet Ihr zartgebauten, fein gegliederten, weichen Geschöpfchen leicht zu Schaden kommen. Nein! nein! Ihr bleibt daheim. Bin ich aber erst im Besitz von einer hinlänglichen Auswahl Enten, so will ich Dir eine recht niedliche, leicht zu steuernde schenken, damit Du dich mit ihr einüben und dann kleine Lustausflüge in die Umgegend, nur nicht über hundert Meilen-weit, nach Belieben machen kannst."

Selinde runzelte die Stirn und warf schmollend die Lippe auf. Heribert fuhr mit seinem Perlmutterkamm durch die schön gepflegte Stirnlocke. „Erlauben

Sie, Herr Commercienrath, daß ich einen Vorschlag mache?" sagte er.

„Wenn Sie sprechen, mein lieber junger Freund, so höre ich mit hundert Ohren; denn Ihre Rede ist stets Weisheit, Weisheit aus dem Osten, von woher doch stets der ganzen Menschheit alle Erkenntniß gekommen ist."

„Es war meine Absicht, sowohl Sie, Herr Commercienrath, wie auch Fräulein Selinde zu diesem interessanten Schauspiele abzuholen."

„Doch nicht mit Ihrem Windvogel?"

„Allerdings. Ich besitze deren zwei, und der größere trägt gerade drei Personen."

„Sie machen sich in jeder Hinsicht verdient um mein Haus, junger Freund," versetzte von Sanftleben, „und deshalb bleibe ich Ihnen stets verpflichtet, allein zu diesem Schritt in die Luft kann ich mich doch nicht entschließen."

„Was hält Sie davon ab? Habe ich Ihnen nicht das ganz Gefahrlose auf das einleuchtendste dargethan?"

„Das alles ist Ihrerseits geschehen, aber bedenken Sie meine Anlage zum Schwindel! Mich plagt schon der einfache Schwindel auf fester Erde, was sollte aus mir werden, erhöbe ich mich bei dieser mir angeborenen Naturschwäche in die Luft und es befiele mich dort oben der gewiß noch viel entsetzlichere höhere Schwindel? Nein, mein Freund! Ich bin bereit, mich als kühner Speculant für das Wohl der zukünftigen Geschlechter aufzuopfern, das persönliche Mitmachen dieser schwindelerregenden Luftreisen aber muß ich jüngeren und kräftigeren Naturen überlassen."

„Bereden möchte ich Sie nicht," entgegnete Heribert. „Denn was der Mensch nicht gern thut, schlägt selten für ihn zum Guten aus. Da Sie aber meine Vorsicht und meine Gewandtheit in richtiger Steuerung der Enten kennen, so erlauben Sie doch gewiß, daß Fräulein Selinde mich nach der Residenz begleitet?"

„Lieber Herr Stolzenberg," versetzte darauf der Commercienrath, „nehmen Sie mir's nicht übel, wenn ich dieses Ansinnen mit der einfachen Antwort zurückweise: Das klingt alteuropäisch, ja, sogar altfranzösisch! Ein junger Herr und ein junges Mädchen, mutterseelenallein durch die Lüfte schwebend? Meinen Sie, die Erfindung des Herrn Hans Weiß, genannt Albinowitsch, werde uns vor der Zeit zu Engeln machen?"

„Bertha würde Ihrer Gebieterin gewiß gern Gesellschaft leisten."

„Bitte, bitte, Papa, lassen Sie uns den Flug mitmachen!"

„Auch Du, mein Kind?"

„Herr Stolzenberg ist so brav, so zuvorkommend, so lieb!"

„Das weißt Du? Ich möchte Dich doch ermahnen . . ."

„Unterlassen Sie dies lieber, mein väterlicher Freund," unterbrach Heribert den Commercienrath. „Heute früh, als wir uns trafen und ich das Vergnügen hatte, Sie für mein Unternehmen zu begeistern, erlaubten Sie mir, eine Bitte an Sie zu richten, mit der Zusicherung, es würde jede, wie immer sie heißen möge, von Ihnen genehmigt werden."

„Das Glück des Augenblicks riß mich zu diesem, wie ich jetzt einsehe, zu raschen und unüberlegten Versprechen hin. Freilich konnte ich auch nicht daran denken, daß ein Mann Ihrer Bildung . . ."

„Auf den Einfall kommen werde, mit einem geliebten Wesen, das ihm fast mehr noch als die Erfindung der Windvögel am Herzen liegt, ein ungestörtes Tête-à-Tête in der Luft zu verleben wünsche? Herr Commercienrath . . ."

„Herr Stolzenberg," unterbrach Herr von Sanftleben den Agenten, „Sie scheinen sich in allen Dingen hoch versteigen zu wollen!"

„Vielleicht haben Sie Recht, Herr Commercienrath," versetzte Heribert. „Ein achtjähriger Aufenthalt in China, wo sich Niemand mit niedrigen Dingen befaßt, ist auf meinen strebsamen Charakter nicht ohne bildenden Einfluß geblieben. Ja, ich gestehe es, etwas zu Großes, zu Kühnes, zu Gewagtes gibt es für mich nicht. Darum wagte ich auch meine Augen zu Ihrer von mir angebeteten Tochter zu erheben. Selinde forderte nicht, daß ich mich von ihr abwenden solle, sie lächelte vielmehr recht gnädig, und als ich zu sprechen, meine Gefühle ihr zu schildern wagte . . ."

„Da war sie mädchenhaft genug," fiel der Commercienrath ein, „und so eitel und gefallsüchtig, wie alle Weiber, gleichviel, ob sie in Treckschuyten auf sumpfigen Canälen fahren oder unter den Flügeln chinesischer Windvögel durch den Aether fliegen, mit niedergeschlagenen Augen zuzuhören und zuletzt einen schwimmenden Blick unklaren Sehnens auf den geübten Sprecher zu werfen! Ach, wir kennen das, mein lieber Freund aus China! Wir sind auch einmal jung gewesen und dürfen uns mit einigem Stolz süßer Erfahrungen rühmen. Trotz alledem aber bin ich doch nicht zu überzeugen, daß sich diese Luftfahrt für ein junges, wohlerzogenes Mädchen schicke. Wenn man Euch sähe . . ."

„So würde man uns für eben Verlobte oder für neu Vermählte halten," sprach Heribert.

„Was Ihr nicht seid!"

„Hoffentlich aber alsbald sein werden!"

Der Commercienrath sah auf Selinde, die schon vor ihm niederkniete und seine Hand mit Küssen und Thränen bedeckte.

„Weg mit den Thränen!“ sagte Herr von Sanftleben. „Wer die Erde mit der Luft vertauschen will, um ungestörter mit einem Geliebten plaudern zu können, der muß sich das gewöhnliche, nur auf Erden übliche Weinen abgewöhnen. Hört mich an, und dann thut, was Euch gefällt! Das Geschäft ist meinerseits als abgeschlossen zu betrachten. Es rentirt, darüber kann gar kein Zweifel herrschen, oder Luft hörte auf, Luft zu sein; es wird mithin auch so viel abwerfen, daß eine gute Ausstattung dabei abfällt. Winselnde Mädchen, die ungestillte Liebe martert, liebe ich nicht, und darum — Luft zu Luft, will sagen Sehnsucht zu Verlangen! Ich betrachte Euch als Verlobte, und wenn Ihr die Lachtaube Bertha zur Luftfahrt nach der Residenz mitnehmen wollt, so will ich mich nicht länger sträuben.“

Bertha lachte, daß es Selinden auffiel. Sie kehrte sich um und sah sie mißbilligend an.

„Ich kann mir nicht helfen, gnädiges Fräulein,“ sagte die Zofe, „wenn aber der Herr Commercienrath wüßte . . .“

„Was sollte ich wissen?“

Bertha erschrak und verstummte.

„Rede," gebot der Commercienrath, „oder Du erfährst nicht, wie sanft sich's auf einer chinesischen Ente durch die Luft fliegen läßt!"

Bertha warf einen fragenden Blick auf Selinde. „Ich erlaube Dir, die ganze Wahrheit zu sagen," sprach diese. Da machte Bertha eine ihrer tiefsten und devotesten Verbeugungen vor dem Commercienrathe und plauderte aus, was sie wußte. Von Sanftleben hörte gelassen zu. Als die Zofe ihre Erzählung endigte, sagte er: „Es ist gut, daß ich nur eine Tochter habe. Besäße ich deren mehrere, so würde mir bange werden vor der neuen Erfindung. Denn war es früher schon schwer, verliebte Mädchen zu hüten, daß sie einem nicht hinterrücks entschlüpften, so wird es später ganz unmöglich werden, sie sittsam im Hause zu halten. Wie sonst nur die Hexen in der verrufenen Walpurgisnacht auf Besen und Ofengabeln aus allen Schornsteinen und von Dachfirsten in die Luft aufstiegen, um nach dem Blocksberge zur Soiree Seiner unterirdischen Majestät zu wallfahren, so wird in Zukunft die flügge werdende Brut in ihren Separat-Windvögeln bei hellem Sonnenscheine und zum Verdruß ihrer grollenden Eltern jedem Wildfange nachfliegen, der ihnen gefällt. Also nur immer eingepackt, alle Drei! Am Tage nach Eurer ersten Luftreise werden die Verlobungs-Karten ausgegeben, und sobald

Sie, Herr Schwiegersohn in spe, die erste Lieferung der neuen Verkehrsmittel abgeliefert haben, treffe ich Anstalt zu einem solennen Hochzeitsfeste!“

Heribert stand bereits neben Selinde, um die Geliebte aus der Hand des Vaters zu empfangen, und Bertha wußte vor Ausgelassenheit nicht, was sie beginnen sollte. Sehr zu rechter Zeit meldete der Bediente, daß das Souper angerichtet sei.

„Gottlob!“ rief der Commercienrath. „Endlich wieder etwas derb Solides! Wenn man immer nur von Luft, Wind, Fliegen und Flattern hört, wird unserm sterblichen Theile zuletzt ganz flau!“

12.

Sie kommen!

Die Wirkung der besprochenen Ankündigung, welche zu lebhafter Theilnahme an der neuen Erfindung der chinesischen Windvögel aufforderte, die man, um doch einen bestimmten Namen für eine noch nicht dagewesene Sache zu haben, „fliegende Enten" nannte, war eine ganz außerordentliche. Es gab nur sehr Wenige, die von dieser Publication nicht elektrisirt wurden. Konnte auch Keiner einsehen, auf welche Weise der kluge Mechanicus, bei dem Archimedes selbst noch hätte in die Schule gehen können, seine wunderbaren Vögel zum Fliegen und zum Tragen schwerer Gegenstände fähig machte, so mußte sich doch Jeder, sogar der beschränkteste Kopf, sagen, daß mit dieser Erfindung für die ganze Welt eine neue Aera beginne. Humbug oder Gub-Muh, wie man sich lieber, weil feiner, ausdrückte, konnte es nicht sein, da Augenzeugen bereits einem höchst genial ausgeführten Entenfluge beigewohnt hatten. Auch würde der Commercienrath von Sanftleben, den man allgemein als einen höchst ehrbaren, streng rechtlichen Mann kannte, sich um allen Credit gebracht haben, hätte er sich bewegen lassen, seinen Namen zu einem schwindelhaften Unternehmen herzugeben.

Nirgends war die Aufregung größer als in der Residenz. Die Spannung Aller stieg aufs Höchste dadurch, daß die neue Erfindung, so zu sagen, wie sie leibte und lebte, mitten in das gewöhnliche Alltagstreiben hineinfallen sollte. Man wollte nicht bloß das Modell eines kunstreichen Windvogels den Wißbegierigen vorzeigen, nein, man zeigte im Voraus an, daß diese vom Geist des Menschen erfundenen und belebten Wundergeschöpfe gleich massenhaft, wie ein Heer Heuschrecken, aus ihrer fernen asiatischen Heimath angerauscht kommen würden. Und mit ihnen erwartete man die classische Truppe chinesischer Hof-Schauspieler und ein Corps de Ballet, wie es Europa jedenfalls auch noch niemals gesehen hatte.

Die Intendantur des sehr brillanten Hoftheaters der Residenz hatte sich ebenfalls schon vernehmen lassen. Anschlagzettel, die vom Erdboden bis hinauf zum obersten Stockwerk der Häuser reichten, machten in ellenhohen Buchstaben die Vorübergehenden auf den seltenen Kunstgenuß aufmerksam. Besonders ward eines chinesischen Ballets: „Die verwandelte Lotusblume", Erwähnung gethan, worin der Director der Gesellschaft, der große tatarische Solo- und Grotesk-Tänzer Zapsala, Wunder der Tanzkunst vollbringen sollte.

Am Tage der Ankunft dieser Fremdlinge war das Gedränge an den Thoren und selbst in den belebtesten Straßen der Residenz lebensgefährlich. Keiner wollte zurückbleiben, Jeder wo möglich der Nächste dem Orte sein, wo der Schwarm der chinesischen Windvögel mit ihren Insassen niederfallen sollte.

Heribert ließ seine leichtbeschwingte Ente rechtzeitig auffliegen. Er hatte dabei das Vergnügen, seine Geliebte in wahrhaft seliger Stimmung zu sehen. Bertha, die lustige Zofe, lachte fortwährend und meinte, die Welt wäre durch diese gescheidte Erfindung erst recht bewohnbar für den Menschen geworden. Das Fahren habe sie nie leiden mögen, denn auch der bequemste Wagen werfe und stoße gelegentlich, in solcher Ente aber, wo man noch dazu luftig und doch gegen Wind und Wetter geschützt, wie in einer gläsernen Kugel sitze, fühle man nur die angenehme Bewegung des Schwebens, und zwar in so köstlicher Weise, daß selbst der munterste Tanz weit dahinter zurückstehe.

Um nicht entdeckt zu werden, gebrauchte Heribert die Vorsicht, ziemlich hoch zu steigen. Das gab nun die wunderbarsten und unterhaltendsten Aussichten, an denen Selinde und Bertha sich wahrhaft erlabten. Bald schwebten sie über Städten, die wie von Kinderspielzeug erbaut aussahen; bald zog der Wundervogel über weite Strecken dichten Waldes, grün schimmernden Sammtflecken vergleichbar, fort. Teiche blickten wie mitten ins Land gestellte große silberne Teller herauf in die klare, sonnige Luft, Ströme und Flüsse konnte man für Silberfäden halten, die in malerischen Krümmungen aus der Luft herab auf die Erde gefallen seien. Ganz entzückend aber war die wunderbare Ruhe in diesem von Erdendunst nicht mehr berührten Aether. Das leiseste Geflüster klang melodisch, und wenn es gar einem liebenden Herzen entstammte, so hörte es sich an wie liebliche Sphärenmusik.

Gegen Abend schwebten die drei Glücklichen in unmittelbarer Nähe der Residenz. Die unter ihnen liegende Erde bot jetzt einen gar seltsamen Anblick. Staub und Qualm ließen sie wie in Flammen gehüllt erscheinen. Und in diesem brandrothen Dunste krabbelten die Menschen zu Hunderttausenden herum, wie Ameisen, denen eine feindliche Hand ihren Bau zerstört hat.

Es war nicht wahrscheinlich, daß die oft aufwärts blickenden Neugierigen selbst mit guten Ferngläsern den einsam schwebenden Windvogel bemerken, oder, geschah dies, ihn für das erkennen sollten, was er wirklich war. Heribert stieß die Schwimmflossen heraus, so daß der belebte Vogel langsam immer im Kreise auf den leise zitternden Luftwellen trieb. Auf diese Weise konnte man sich bei ruhigem Wetter Stunden lang auf einer Stelle halten. Ab und an öffnete und schloß Heribert zur Abwechselung die Ventile und verursachte dadurch einige Male ein so schnelles Sinken, daß Bertha angstvoll aufschrie, weil sie zu fallen glaubte. Einmal näherte sich bei diesem Manöver die Ente der Erde so sehr, daß man deutlich das dumpfe Brausen der harrenden Menge vernahm. Einzelne unter den Harrenden mußten den sinkenden Windvogel entdeckt haben, denn während Heribert wieder langsam aufstieg, gewahrte er, daß die dunkle, bisher fast schwarz aussehende Masse jetzt plötzlich wie von einem weißen Schilde bedeckt erschien. Diese Veränderung brachten die vielen dem Himmel zugekehrten Gesichter der harrenden Menschen hervor.

Auch Heribert bediente sich von Zeit zu Zeit seines Fernrohres. Am schärfsten beobachtete er den südöstlichen Horizont, weil er aus dieser Richtung den ersten Schwarm der fliegenden Enten erwartete. Die

Sonne stand nur noch einige Mondbreiten über dem Horizonte, als Heribert hoch erfreut ausrief: „Da sind sie!“

Er hatte Mühe, Selinden und die noch viel neugierigere Bertha ruhig zu erhalten. Die jungen Mädchen vergaßen ganz, daß sie eine halbe Meile über dem Erdballe im Innern einer fast durchsichtig zu nennenden Blase standen, die wohl sanfte Bewegungen vermöge ihrer großen Elasticität, nicht aber hartes Trampeln und Stampfen vertrug. Den beiden bodenlos neugierigen Geschöpfen war aber nicht eher Vernunft beizubringen, als bis Heribert ganz aus seiner Natur herausging und als gebieterischer Tyrann auftrat. Die Drohung, Eine oder die Andere müsse heraus aus dem Windvogel, sonst zerflattere er bei so consequent fortgesetztem Getrampel in alle Lüfte oder bekomme wenigstens einen unheilbaren Bruch, brachte die Ungeduldigen endlich zur Ruhe.

Der Flug des Geschwaders kam jetzt schnell näher. Er ging ziemlich tief, so daß man ihn von der Erde aus bald gewahrte. Heribert hielt sich etwas höher, um das eigenthümliche Schauspiel, von dem er selbst noch keine rechte Vorstellung hatte, recht genau betrachten zu können.

Zapsala, der Sinn für Symmetrie besaß, ließ den Zug in Form eines Keiles vorgehen, der sich bald verkürzte, bald wieder verlängerte. Dann schwärmten auch wieder auf beiden Seiten eine Anzahl aus, die anderen zogen sich mehr zusammen, und das ganze Geschwader rückte in Gestalt eines gespannten Bogens vor. Zuletzt formirte der Schwarm ein geschlossenes Quarrée, in dessen Mitte Zapsala, umgeben von dem Dirigenten der Musik, welche die Truppe führte, wie ein Feldherr unter seinen Generalen und Adjutanten graciöse Bewegungen beschrieb. So rauschte, von der Erde aus unhörbar, der Zug der chinesischen Kunstjünger über die Stadt der Paläste, welche die Vorstädte bildeten, stand still über den sandigen Exercirplätzen und ließ sich, immer im Kreise drehend, so sicher zur bereits dunkelnden Erde nieder, als flatterten Flaumfedern geräuschlos aus der Luft herab. Die Landung machte durchaus keine Schwierigkeit, und ehe noch die bewundernde Menge den Fremdlingen nahe kam, waren die Windvögel schon zusammen gefallen. Man traf die Chinesen, wie sie eben im Begriffe standen, die luftigen Fuhrwerke durch das Reich der Lüfte zusammen zu rollen und zu sich zu stecken.

Die neugierige Menge ward darüber sehr ungehalten, und es würde ohne Zweifel zu argen Excessen, wo nicht gar zu revolutionären Auftritten gekommen sein, hätte nicht Heribert, der aus seiner sicheren Höhe den ganzen Vorgang mit jubelndem Entzücken ansah, sich beschwichtigend ins Mittel gelegt. Mitten in den Kreis der chinesischen Mimen und Tänzerinnen ließ er sich jetzt langsam nieder, lüftete das elastische Gefieder seines zitternden Windvogels und stieg, von Selinde und Bertha begleitet, aus. Einigen Hundert der Zunächststehenden zeigte er bereitwillig die Einrichtung der merkwürdigen Erfindung, ließ die genau wie ein Vogel gestaltete Hülle einige Male emporsteigen und sich wieder senken, und stellte solchergestalt die Ruhe wieder her.

Diejenigen, welche dennoch gar nichts sahen, mußten sich doch zufrieden geben. Der Einbruch der Nacht gestattete ein ferneres Demonstriren nicht, auch war Heribert wenig daran gelegen. Er wollte gar nicht jedem Uneingeweihten das wunderbare Geheimniß verrathen, das seine Windvögel belebte. Erst das Geschäft, dann das Vergnügen! pflegte der praktische Agent zu sagen, und daß nach diesem glücklichen Niedergange des ersten Geschwaders der fliegenden Enten aus China sein Geschäft mit denselben sich höchst brillant gestalten werde, durfte er zuversichtlich erwarten.

Unter dem Eindrucke dieses gewaltigen Ereignisses trat natürlich alles Andere gänzlich in den Hintergrund. Die Verlobung Selinde's von Sanftleben mit

Heribert Stolzenberg ward nur deshalb beachtet und besprochen, weil sie gewisser Maßen mit der neuen Erfindung zusammen hing. Der glückliche Agent aus China, den man bis dahin wenig beachtet hatte, führte das reichste Mädchen des Landes als Braut heim. Tausende nicht so glückliche ihrer Schwestern beneideten Selinde, und jede wohl hätte gern mit ihr getauscht. Schon daß allgemein erzählt ward, das junge reiche Paar werde unmittelbar nach der Hochzeit, begleitet von einer Schaar auserlesener Freunde des Agenten, wahrscheinlich sogar von Sendlingen des großen Kaisers abgeholt, nach China reisen, und zwar durch die Luft, machte unglaublich viel von sich reden. China war das Losungswort des Tages, eine Reise nach dem so verführerisch geschilderten Reiche der Mitte der Wunsch ungezählter Tausender. Selbst Wanda Falter, die doch im Ganzen mit ihrem Schicksale wohl zufrieden sein konnte, ward von einem leisen Unmuthe beschlichen, als sie die mit chinesischen Lettern gedruckte Verlobungskarte der Glücklichen erhielt. Sie beherrschte sich jedoch als Frau von Bildung und empfing die Verlobten mit großer Herzlichkeit.

„Erst richte Dich gemüthlich ein, Kindchen,“ sagte sie heiter zur glücklichen Freundin, „bist Du dann ganz in Ordnung gekommen, so gib mir einen Wink, und mag dann mein guter Falter ein schiefes oder krummes Gesicht schneiden, ich lasse mich von nichts zurückschrecken. Er muß mich mit einer fliegenden Ente beschenken und mit mir, mag da kommen, was will, nach China fliegen."

Commercienrath von Sanftleben war nie in seinem Leben glücklicher gewesen. Das Unternehmen rentirte und machte in unglaublich kurzer Zeit seine Reise um die Welt. Jedermann wollte sich daran betheiligen. Die Actien auf die fliegenden Enten stiegen eben so enorm, wie die auf frühere, bis dahin ebenfalls einträgliche, Unternehmungen fielen. Wer sollte sich auch noch zu Geschäfts- und Lustreisen der Eisenbahnen und Dampfschiffe bedienen, da man viel schneller und angenehmer durch die Luft segeln konnte? Dabei blieb es Jedem unbenommen, nach Belieben bei jeder neuen Reise Kreuz- und Querzüge zu machen. Nur zur Fortbewegung schwerer Gegenstände, also für alle Waaren, bediente man sich der alten bekannten Verkehrs-Einrichtungen. Denn so vollkommen die fliegenden Enten auch gleich von Anfang an waren, stark beschweren durfte man sie nicht. Sie wurden deshalb immer nur für drei bis vier Personen eingerichtet und boten in ihrem elastischen Körper gerade so viel Raum dar, daß sich in demselben ein Gabelfrühstück nebst erforderlichen Getränken unterbringen ließ. Dies genügte. Hatte man nämlich sehr weite Reisen vor, so ließ der Reisende sich gegen Abend auf die Erde nieder, um gemächlich zu übernachten und seinen Körper gehörig zu pflegen. Mußte man Meere überfliegen, so bedurfte es Anfangs einiger Enthaltsamkeit, um während der Reise den mitgenommenen Proviant nicht ganz zu verzehren. Gewöhnlich aber ließen sich auch weite Meere in Zeit von vierundzwanzig Stunden überfliegen. Bei Reisen über den großen Ocean, zu denen man sich erst später verstieg, boten die Inseln erwünschte Niederlassungs- und Ruhepunkte, so daß auch diese Schwierigkeiten, vor denen selbst die Kühnsten anfänglich zurückschraken, schon nach einem Jahre für gänzlich überwunden gelten konnten.

Zapsala mit seiner Truppe machte außerordentliches Glück. Mehr noch als das chinesische Schauspiel, das von Kennern sehr hoch geschätzt wurde, gefiel das Ballet. Es bot dies allerdings nie zuvor Gesehenes, indem wirklich flammende Feuer und sprudelnde Fontainen tanzten und die Zuschauer immer zu neuem Entzücken fortrissen. Zapsala sah sich, um die Schaulust der kunstsinnigen Residenz-Bewohner zu befriedigen, genöthigt, drei Vorstellungen täglich zu geben, und als sein Contract mit dem Intendanten abgelaufen war, kehrte er bewundert, reich beschenkt und durch seine Kunst reich geworden, nach Peking zurück, mit dem Versprechen aus dem Kreise seiner zahllosen Bewunderer scheidend, daß er später mit einer weit größeren und noch viel vollendeteren Truppe wieder kommen werde.

Die Vermählung Selinde's mit dem kühnen Agenten Heribert Stolzenberg fand schon im Herbste Statt, die Reise nach China verschob aber das junge Paar bis zum nächsten Frühjahr, weil der Commercienrath seiner Tochter das Versprechen gab, alsdann den Spaß auch mitmachen zu wollen. Nur mußte Heribert sich anheischig machen, bis dahin eine so vollendete Ente zu liefern, daß der etwas bequeme und knitterig gewordene alte Herr nichts daran auszusetzen finde.

Heribert gelobte dies und hielt sein Wort. Das junge Ehepaar trat, von dem Commercienrath, zwei Bedienten und der lustigen Bertha begleitet, acht Tage nach Ostern die Reise an. Im Juni kehrte von Sanftleben mit seinen Bedienten sehr befriedigt wieder nach Deutschland zurück. Er hat uns versprochen, ausführliche Berichte über seine Erlebnisse während dieser höchst interessanten Reise, so wie über die Abenteuer seiner Tochter in China, welche Selinde in ihre Tagebücher sorgsam und wahrheitsgetreu verzeichnete, mitzutheilen, und wir werden nicht ermangeln, diese, sobald wir erst in deren Besitz gelangt sind, dem bildungshungerigen Publikum vorzulegen.

Druck von Gebrüder Katz in Dessau.